# 臨床に活かす
# 基礎心理学

坂本真士・杉山 崇・伊藤絵美――［編］

東京大学出版会

Making Use of Basic Human Psychology for Clinical Practice:
Collaboration between Reserchers and Practitioners
Shinji SAKAMOTO, Takashi SUGIYAMA, and Emi ITO, editors
University of Tokyo Press, 2010
ISBN 978-4-13-012104-0

# はじめに

　心理臨床家の方々は，人間の心理に関する基礎的な話よりも心理臨床に直接役に立つ話を聴きたがるかもしれません．これは臨床家としてある面，当然でしょう．しかし，ちょっと立ち止まって考えてください．クライアントは紛れもなく「人間」なのですが，われわれはどれだけ心理学が明らかにしてきた「人間の心理」について知っているのでしょうか．

　心理臨床の実践のために人間に関する理解が欠かせないと思っている人は，ぜひ本書を読んでください．一方で，「"人間の心理"なんて知らなくても実践はできる」と思っている人もいることでしょう．でも，本当にそうなのでしょうか．最後まで本書を読んでいただければ，この考えは古いものだと，きっとわかってもらえると思います．

　この本は，心理臨床家向けの，ふだんから「使ってもらう」ことを意図して作られた，日本人が執筆したおそらく最初の基礎心理学の本です．もちろん，よりよい心理臨床を目指したものです．

## 本書のねらい

　本書の編者（坂本・杉山・伊藤）は，異なる研究・実践の背景を持っています．坂本は社会心理学を専攻しながら，心の健康や心理臨床の現場に，社会心理学の視点を持ち込めないか考察していました．杉山は，広い意味での力動的アプローチを主とした実践を行っていましたが，村瀬孝雄に師事しつつ心理臨床の基礎を模索していました．伊藤は，認知心理学を専攻していましたが，のちに認知行動療法に関心を持ち，認知行動療法の実践を積むと同時に，認知心理学と認知行動療法のインターフェースに関する検討を重ねていました．このように別々の背景を持つ編者らですが，「基礎心理学と臨床心理学は相互協力によって発展することができる」「心理臨床は基礎心理学の知見を活かすことでよりよいものにすることができる」という点で意見は一致しており，日本心理臨床学会や日本心理学会で自主シンポジウムやワークショップを開いてきました．

このような思いの下，本書は企画されました．本書のねらいは，以下の四つの点に集約されます．

**本書のねらい1：基礎心理学における「人間観」の提供**
　本書はタイトルが示す通り，基礎心理学での知見（宝の山，知恵袋）を臨床に活かすことを意図しています．本書では，心理臨床に必要とされる基礎心理学のエッセンスを，臨床心理学を専攻する大学院生やすでに現場に出ている心理臨床家に提供したいと考えています．編者らが心理臨床に携わる人たちと接していてしばしば感じるのは，クライアントをとらえる枠組みが固定化していることです（例えば精神分析を専門とする人は，もっぱら精神分析的な視点だけに基づいてクライアントを見ようとする傾向がある，など）．このような視点の偏りは，心理臨床においてあまり好ましいものとは言えないでしょう．クライアントは多様な面を持つ存在です．当然，心理臨床家が設定する枠組みでは理解しづらいケースもあるでしょうし，クライアント自身が，心理臨床家が設定する枠組みを理解できなかったり，それに合わなかったりする場合もあるでしょう．心理臨床を成功させるには，クライアントの協力を得ながらクライアントを理解し，症状や悩み，訴えに対応していくことが必要ですが，そのためには人間とはどういう存在なのかに関する複眼的な視点が必要だと思われます．

　一方，基礎心理学領域は，様々な「人間観」（人間をどのような存在としてとらえるかの枠組みや，人間行動を理解する枠組み）を持ちながら発展してきました．例えば「ヒトと，ヒト以外の霊長類とを連続的にとらえる」「人間を情報処理するシステムにたとえる」「人間の社会的行動は，その人の属性と状況の相互作用の結果であるととらえる」「人間の精神活動を脳の働きから説明する」といったものです．このような「人間観」は，時代による流行り廃りはあるものの，基礎心理学領域において並立して存在しています．基礎心理学の歴史の中で人間を理解するための枠組みが生まれ，研究の波に揉まれたものが受け継がれてきているのです．

　本書が読者にまず提供したいのは，現代に生きるクライアントの心理を理解するために，それぞれの基礎心理学領域で考え出され優勢となっている「人間観」です．そのため各章では，心理臨床の基礎となる基礎心理学領域について

簡単に説明し，その上で，その心理学領域における代表的な人間観について記載しています．多様な「人間観」を知ることで人間理解の枠組みが広がり，クライアントへの複眼的理解（生物―心理―社会モデルによる理解）へとつながることを期待しています．

　心理臨床の理論は，「なぜクライアントは精神的不調になったのか」「どうすれば回復するのか」といったことを問い続け，発展してきました．そして，精神分析と行動療法がカバーしきれなかったこれらの問いに対して回答を与えるかのように，来談者中心療法や認知療法，さらに家族療法やコミュニティ・アプローチなどが現れ，様々な理論と技法が提供されてきました．確かに，心理臨床の理論の中にも人間観は多様に存在しますが，基礎心理学も含めた心理学全体に目を向けると，それはほんの一部に過ぎないことが本書を通じてわかるでしょう．

**本書のねらい２：心理臨床に関連する基礎心理学の知見の提供**
　次に読者に伝えたいのは，心理臨床に関連する基礎心理学研究のエッセンスです．臨床心理学同様，基礎心理学にも歴史があります．特に近年は，テクノロジーの急速な発展を受け，研究方法においてめざましい進歩を遂げ，「人間の心理はどうなっているのか」についての新たな知見を提供し続けています．
　繰り返すようですが，クライアントは「人間」です．では，人間であるクライアントを理解し，よりよい心理臨床を実践するために，基礎心理学が長年かけて積み重ねてきた人間に関する知見を知ることは，実践において必要ないのでしょうか．「基礎心理学が対象とする"人間"と，臨床心理学が対象とする"人間"は違うものなので，基礎心理学での知見は必要ない」という意見もあるかもしれませんが，これは現代の臨床心理学にはそぐわない，旧世紀の考えだと思います（詳しくは第１章）．
　クライアントも人間なのですから，人間の心理を追究する基礎心理学は十分に役に立ちます．できれば，心理臨床家も，アメリカやイギリスにおける臨床心理士養成カリキュラムのように，基礎心理学についても十分習得することが望ましいでしょう．しかし，幅広い基礎心理学領域のすべてを心理臨床家が習得するのは，日本の現状では残念ながら不可能です．また，心理臨床家の中に

は「基礎心理学の個々の単元をマスターしたからといって，今日明日での臨床に使えるわけではない」という批判的な意見を持つ人もいるでしょう．確かに基礎心理学領域のすべてが，すぐそのまま役立つわけではないでしょう．それでも編者らは，「心理臨床には心理学の基礎が必要だ」と主張します．その理由は本書を読み進めていただけば，必ず理解していただけると確信していますが，本書では，よりよい心理臨床を展開するために，知っておいて役立つテーマに絞って基礎心理学研究のエッセンスを紹介しました．

**本書のねらい3：基礎心理学の知見の臨床的な活かし方の紹介**

さて，よりよい心理臨床を実践するために，知っておいて役に立つ基礎心理学の知見を羅列したところで，読者のみなさんがそれにピンと来なくても無理はないでしょう．これまで，日本の臨床心理士養成においては，技能（アート）の部分が強調され過ぎ，基礎心理学の知見や視点を教え，現場で活かすといったサイエンスの部分が軽視されてきたからです．大学院教育でも，指定校制度の登場により，修士課程における臨床的な訓練が優先され過ぎ，基礎心理学の知見を熟読玩味するゆとりがないという実情もあるでしょう．

読者のみなさんには，得意とする技法を単にクライアントにあてはめるのではなく，サイエンスの目を持って個々のケースに接し，対応し，必要に応じてあまたある基礎心理学の知見の中から使えるものを使ってもらいたいと思います．しかし，このような「応用問題」を解くためには，基礎心理学の知見を利用した例を知ることが有効です．そこで各章で基礎心理学の「臨床的ふだん使い」，つまり，基礎心理学の知見をどのように現場で活かせるのか，を例示し，読者の理解に供するよう努めました．

**本書のねらい4：基礎心理学と臨床心理学のコラボレーションの活性化**

本書が最終的に目指すのは「心理学の進歩と臨床のコラボレーション」です．いまや，臨床心理学と基礎心理学が相互に反目しあったり，無視しあったりするような時代ではありません．日本ではそれぞれの学問の「輸入」と浸透の過程が異なるルートで行われたため，特に協力しあわない傾向が強いかもしれませんが，数十年にわたる無視と没交渉の期間を超えて，ともに心理学に属する

領域が協力しあって，よりよい心理臨床と臨床心理学，よりよい基礎心理学を目指して協力すべき時代になりました．そのためには，「臨床的ふだん使い」という，基礎心理学の知見の心理臨床への活用のみならず，「臨床的ふだん使い」の成果や限界を基礎心理学に返す必要があります．「臨床心理学」や「基礎心理学」という枠から抜け出さず，お互いに没交渉である限り，知の交流は生まれず，実践や研究面での発展は限定されます．しかし，領域間の壁を壊してみると，そこには共通するテーマがあり，お互いを活用しあえることがわかってくるでしょう．このように臨床心理学と基礎心理学の相互交流を考えて，「臨床的ふだん使い」に対するコメントを，臨床心理学，基礎心理学の双方の専門家に依頼しました．

### 本書の構成

本書は八つの章と四つのコラムからなっています．第1章と第2章では，本書の前提となる基礎心理学と臨床心理学のコラボレーションについての議論を展開します．

第3章から第8章までは，心理臨床に関連する基礎心理学の各論を紹介します．第3章から順に，神経—生理心理学，行動心理学，認知心理学，発達心理学，パーソナリティ心理学，社会心理学を取り上げました．いずれも主要な心理学領域であり，臨床心理学とのコラボレーションが期待されます．これらの各章は，以下のような4部構成となっています．

まず，第1節と第2節では基礎心理学に関する知見が述べられています．第1節では「ねらい1」に沿って，各基礎心理学の内容を簡潔に紹介し，その心理学領域における代表的な人間観にふれます．読者のみなさんには，各基礎心理学領域とそこで提示されている「人間観」の多様性について理解していただけると思います．第2節では「ねらい2」に沿って，各基礎心理学領域の中で特に心理臨床に関連するテーマについて詳述します．第1，2節の執筆者は，各基礎心理学領域に軸足を置きながらも，心の健康など臨床心理学的テーマにも関心を持ち，精力的に研究している日本では希有の存在です．本書では，学術的には高度な専門的内容を平易に紹介しています．

第3節では「ねらい3」に沿って，第2節で述べられたことの心理臨床での

活かし方について説明します．「臨床的ふだん使い」は，一つのテーマについて基本的に2人の心理臨床家が執筆しています．読者のみなさんはこのふだん使い例を参考にしながら，日々の心理臨床での活用可能性を検討してください．第4節では「ねらい4」に沿って，「臨床的ふだん使い」に対して，日本を代表する心理臨床の専門家と，基礎心理学部分の執筆者からコメントが寄せられています．読者のみなさんは第3，4節を読みながら，臨床心理学と基礎心理学の交流を実感してください．

　臨床に関連するテーマとして知っておきたいものはたくさんありますが，本書ではスペースの関係上，絞らざるを得ません．そこで「心理学で進む三つのパラダイムシフト」「学習心理学と行動療法」「養育と子どもの精神的健康」「進化心理学から見た適応」を取り上げ，それらのテーマを研究する第一人者たちによる「コラム」として紹介しています．

　繰り返しになりますが，臨床心理学と基礎心理学は，反目あるいは無視すべきではありません．お互いに協働すれば，よりよい心理臨床や心理学研究がその先に開けるはずです．そして，そのキーを握っているのは，ほかならない読者一人ひとりなのです．

### 本書の読み方

　心理臨床に基礎心理学が必要な理由がいま一つ納得いかない方，あるいは余裕がある方は第1，2章から読み始め，その後，第3～8章の基礎心理学各論を読んでください．一方，早めに基礎心理学の活用法を知りたい方，あるいは臨床心理学と基礎心理学のコラボレーションに賛同される方は，先に第3章以降を読んで，後からぜひ，第1，2章に戻ってみてください．なお，第3～8章は，独立に構成されていますので，どの順番で読んでも問題はありません．第3～8章の各章末には，さらに学習を進めるための参考図書として，その基礎心理学領域の入門書や，臨床に関連する専門書が紹介されています．膨大な基礎心理学領域を，本書1冊でカバーすることは困難ですので，これらの書籍についても参考にしてください．

編者を代表して　坂本真士

# 目　次

はじめに　i

## 第 1 章　これからの心理臨床——研究と臨床のコラボレーション　1
- 1-1　目指すべき臨床心理学の役割　3
- 1-2　心理臨床と基礎心理学の「対象」　6
- 1-3　心理学研究者と心理臨床家のコラボレーションの一例　11

## 第 2 章　基礎から臨床へ，臨床から基礎へ——双方向の関係性を目指して　17
- 2-1　心理臨床の基礎学の機能と基礎心理学　19
- 2-2　基礎学としての基礎心理学　22
- 2-3　心理学研究法——研究者的な態度の臨床的意義　25
- 2-4　精神医学，力動的アプローチと心理学　26

コラム 1　心理学で進む三つのパラダイムシフト　30

## 第 3 章　神経—生理心理学を活かす　33
- 3-1　神経—生理心理学とは何か　35
- 3-2　情動と扁桃体　40
- 3-3　神経—生理心理学の臨床的ふだん使い　52
- 3-4　臨床的ふだん使いへのコメント　57

## 第 4 章　行動心理学を活かす　63
- 4-1　行動心理学とは何か　65
- 4-2　応用行動分析学による心理臨床　75
- 4-3　行動心理学の臨床的ふだん使い　84
- 4-4　臨床的ふだん使いへのコメント　91

コラム 2　学習心理学と行動療法　98

## 第 5 章　認知心理学を活かす　101

- 5-1　認知心理学とは何か　103
- 5-2　日常認知心理学　108
- 5-3　認知心理学の臨床的ふだん使い　115
- 5-4　臨床的ふだん使いへのコメント　119

## 第 6 章　発達心理学を活かす　125

- 6-1　発達心理学とは何か　127
- 6-2　社会情動発達の視点から　134
- 6-3　発達心理学の臨床的ふだん使い　144
- 6-4　臨床的ふだん使いへのコメント　149

コラム 3　養育と子どもの精神的健康　155

## 第 7 章　パーソナリティ心理学を活かす　157

- 7-1　パーソナリティ心理学とは何か　159
- 7-2　Cloninger 理論　163
- 7-3　パーソナリティ心理学の臨床的ふだん使い　175
- 7-4　臨床的ふだん使いへのコメント　180

## 第 8 章　社会心理学を活かす　187

- 8-1　社会心理学とは何か　189
- 8-2　自己注目から見た抑うつ　195
- 8-3　社会心理学の臨床的ふだん使い 1：自己注目　207
- 8-4　臨床的ふだん使い 1：自己注目へのコメント　211
- 8-5　ソーシャルサポート　214
- 8-6　社会心理学の臨床的ふだん使い 2：ソーシャルサポート　225
- 8-7　臨床的ふだん使い 2：ソーシャルサポートへのコメント　230

コラム 4　進化心理学から見た適応　238

おわりに　241

人名索引・事項索引

# 第1章
# これからの心理臨床
―― 研究と臨床のコラボレーション ――

杉山　崇・坂本真士・伊藤絵美

## 1-1　目指すべき臨床心理学の役割

　心理学では，例えば日本心理学会の年次大会だけに限っても，例年1000件近くの研究が報告されている．世界に目を向けると数多くの心理学の専門誌が英語圏を中心に発刊され，世界中の研究者が人の心理について研究し，情報交換している．日々，新しい発見があり，有用な心理学的な研究成果が蓄積されている．

　本書は心理学，特に基礎的な心理学領域の進歩が心理臨床の進歩に結びつくことを目指して企画された．心理臨床はクライアントの福利に関わるので，新しい所見を性急に適用するべきではないだろう．しかし，その一方でクライアントの福利の向上に有用な心理学の研究成果を心理臨床に活かす道を作ることは，社会から信頼される学術大系としての臨床心理学の責任であると編者らは考えている．

　図1-1は編者らが目指している基礎心理学[1]と臨床心理学のコラボレーションの形である．編者らが行っているのは，図1-1のように基礎心理学を土台にして，異常心理学研究など臨床的な課題に近づけてさらに研究を重ねて，慎重に心理臨床に援用しようという試みである．後述するが米国における臨床心理学の定義には図1-1と同じことがすでに謳われ，欧米では主に認知行動療法という形で実用化もされている（e.g. 丹野, 2000; 坂本, 2007; 伊藤, 2007）．臨床心理学は基礎心理学とは異なる背景から始まった側面があり（杉山ほか, 2007），後述するように一部には心理学とは独自の体系であることを目指す向きもある．しかし，確かな心理学的実証的根拠を背景にした信頼できる心理臨床の提供を目指すことはクライアントへの誠意でもあり，「臨床心理学」を名乗ることへの社会的な責任でもあるだろう．なお，前述したのは基礎心理学から臨床心理

---

[1] 心理学における感覚，知覚，記憶，学習，思考などの領域を指して「実験心理学」と呼び，「基礎心理学」と同義で用いられることがある．本書は臨床心理学の専門家もしくは専門家を目指す人を主な読者と考え，臨床心理学の基盤として，心理学領域の知見を提供することを目的としている．そこで，臨床心理学の基礎となるという意味で「基礎心理学」という用語を当てた．よって，狭義の「基礎心理学」には含まれないであろう，社会心理学やパーソナリティ心理学などの領域も含めるものとする．

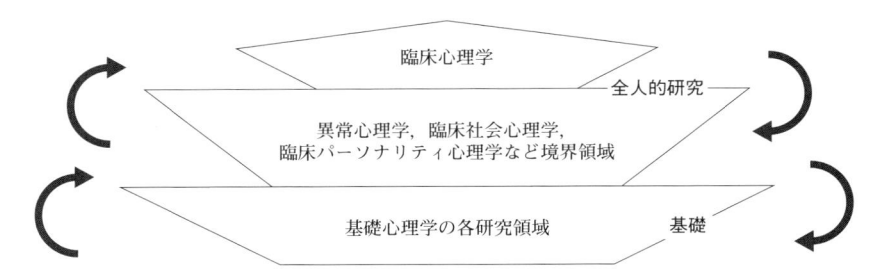

**図 1-1　臨床心理学の役割のイメージ**（杉山ほか，2007 を一部改変）

上方向の矢印は心理学研究を社会に還元する臨床心理学の醸成，下方向の矢印は臨床成果の基礎心理学への還元．

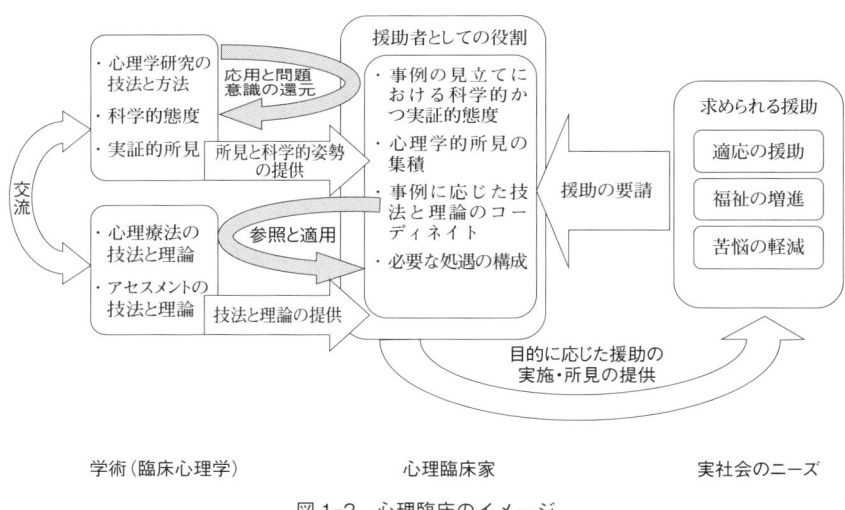

**図 1-2　心理臨床のイメージ**

学への貢献の流れであるが，その逆，つまり臨床心理学の知見や問題意識の基礎心理学への提供もある．これについては第 2 章で詳述する．

　このように，臨床心理学は心理学研究の成果を信頼できる心理臨床に精製する社会的責任と心理臨床の成果を心理学研究の発展に還元する役割を持ち，さらに図 1-2 のように実社会の諸問題とも関わらなくてはならない．この役割を一人の心理学者または心理臨床家が担うことは非常に難しい．しかし，個々の果たせる役割には限度があれども，臨床心理学という大きな学術的集団において図 1-1，図 1-2 のようなグランドデザインを共有して，学界的に実現できれ

ば社会的責任と役割を果たせるのではないだろうか．編者らも，このグランドデザインの中で微力ながらもそれぞれの役割を担い続けることを目指している．

　本章では心理臨床が今後ともさらに国民の福利に貢献して，社会的な信頼を得るためにどのような発展が必要なのか，その方向性を探りたい．その手がかりとして，ここでは基礎心理学とのリンクを図るべく対象者の設定についてまずは検討し，その後，本書の趣旨の下で展開した杉山（2005a; 2005b）および杉山・坂本（2006）の一連の研究を紹介しよう．

　なお，本書では，心理臨床とは心理療法やアセスメント，コンサルテーション，心理教育など，クライアントの心理的な苦悩の予防・軽減や社会適応の促進を目指したサービスのことを指している．そして，臨床心理学は，心理臨床で提供するサービスの質を学術的に支え，クライアントに対して保証するための学術体系として扱っている．

## 1-2 心理臨床と基礎心理学の「対象」

　本書は，基礎心理学の知見を心理臨床において援用する，いわば「ふだん使い」することを目的としているが，「ふだん使い」が可能であるためには検討しておくべきことがある．それは，心理臨床が対象とする人は，基礎心理学が研究の対象とする一般的な人と異なる「特別な」人かどうか，ということである．これまでは主に心理臨床家から，心理臨床と基礎心理学は始まりを異にしているので，対象も異なっているという主張があったように思われる（e.g. 長田，2006)[2]．では心理臨床は，果たして基礎心理学では扱わない一部の人々と問題を対象にした特別なサービスなのだろうか．

　筆者らはこの問題に関して，心理学，基礎心理学，臨床心理学の関係を図1-3のように位置づけている．ここでは「定義」と「対象」を手がかりに，なぜ図1-3のように位置づける必要性があるのか検討しよう．

### 1-2-1 基礎心理学と臨床心理学の目的と定義から見た「対象」

　まず基礎心理学の対象を考えてみよう．心理学は人間および集団の行動（思考・感情・認知活動などを含めた広義の行動）の「一般法則」を科学的に追求するという目的を持っており，対象は一般法則に準拠する「一般の人々」ということになるだろう．ただ「一般」という概念自体が多義的で，研究者が研究の目的ごとに設定できる余地は残されている．例えば，「抑うつ」という現象を研究する時には，抑うつ傾向の高い（または低い）一般の人を想定して心理的なメカニズムを検討することは可能だし，社会生活が困難なくらい抑うつ傾向が

---

[2] 臨床心理学の専門家によって，「『臨床心理学』は『心理学』とは別物である」と主張されることがある．「臨床心理学」と「心理学」とを対置する場合，「心理学」は暗黙に「基礎心理学」を指すことがある．もしそうだとしたら，「『臨床心理学』は『心理学』とは別物である」ことに間違いはない．しかし，「（臨床心理学を除く）心理学全般」と「臨床心理学」とを対置し，「『臨床心理学』は『心理学』とは別物である」と主張するのは間違っている．編者らは，臨床心理学は心理学界の一分野であり，本書で取り上げる科学的心理学領域と連携しつつ，発展していくべきものだと確信する．なお，本書での「心理学」とは，臨床心理学を含む心理学領域全般を指すものとする．

**1-2 心理臨床と基礎心理学の「対象」**　　7

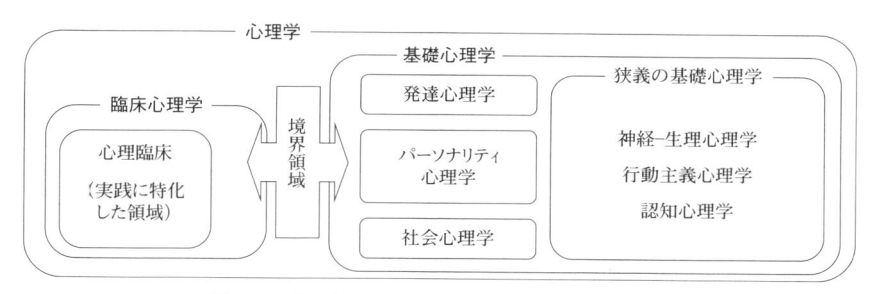

**図 1-3　心理学・基礎心理学・臨床心理学の枠組み**

顕著に高い人（逆にあまりにも低すぎてほかの生活上の問題を持つ人）にも共通する心理的なメカニズムを見出すことができれば，「一般的な心理法則の延長線上」に病理を位置づけて研究することも不可能ではない[3]．

　一方，臨床心理学の定義に基づいて対象を考えると，まず米国心理学会の臨床心理学部会（Division12）による定義では，臨床心理学は不適応（maladjustment），適応（adjustment），不全（disability, discomfort），および個々人の発達（personal development）を扱うとされ，図 1-1 のように基礎心理学の研究に立脚することも示唆されている．対象は明示されていないが，これらの課題は社会生活を営む生活者全般に関わる可能性が高い一般的な問題と言えるだろう．よって，臨床心理学は生活者全般を対象と想定していると考えても不自然ではないだろう．

　一方，日本の場合を戸川（1971）の古典的定義を参考に考えてみると，「心理学およびその他の諸科学の知識と技術を総合することによって，特定の個人の生活における障害，困難，悩みなどの実態と原因を解明し，これらの科学的解決をはかるものである」とだけ示してあり，対象は明示されていない．「心の問題を誰が抱え得るのか」については時代による社会的位置づけが異なると

---

3）精神病理および異常心理と一般的な心理法則上の人の心理的な違いを，連続線上の量的な違い，質的な違いのどちらでとらえるべきか，臨床心理学，パーソナリティ心理学，臨床社会心理学など異常心理を対象とする心理学研究では長らく議論の的になっている（e.g. 奥村・坂本，印刷中）．分類分析（taxometric analysis）という心理統計法によると質問紙法で測定される抑うつ（e.g. Okumura *et al.*, 2009），境界性パーソナリティ障害（e.g. Rothschild *et al.*, 2003; Edens *et al.*, 2008），サイコパシー（Guay *et al.*, 2007），アレキシサイミア（Parker *et al.*, 2008）などは量的な問題であることが示唆されている．また，統合失調症の症状（Linscott *et al.*, 2009）も質的な違いと断定できない．一方で，DSM-IV で判定される大うつ病性障害（Major Depressive Disorder: e.g. Ruscio *et al.*, 2009）や子どもの抑うつ（Richey *et al.*, 2009）のように質的な違いが示唆される場合もある．抑うつに関しては必ずしも量的な問題であるとは言い切れない（e.g. Okumura *et al.*, 2009）が，本章の筆者らは測定の方法や母集団の設定に配慮すれば，一般的な心理法則の延長線上に，精神病理や異常心理を位置づけられると考えている．

思われるが，1980年代，90年代と比較しても，近年では心の問題を一般的な問題ととらえる考え方が普及してきたと思われる[4]．例えば，職場の過重労働に由来するうつ病や権限の乱用による嫌がらせ（パワー・ハラスメント），性的嫌がらせ（セクシュアル・ハラスメント）に由来するPTSDなどは社会的な理解が進み，「労災」と認定される機会が増えてきたように思われる．戸川の定義も今日的には米国の定義と同様に，生活者全般を対象に想定していると考えられるだろう．このように定義と目的から見る限り，基礎心理学と臨床心理学の対象が全く異なることを示す根拠は見あたらないと言ってよいだろう．

### 米国の実務展開から見た「対象」

では，どうして米国心理学会が幅広い対象を見据えた定義を持つことになったのか，心理臨床の発展の歴史から考えてみよう．心理臨床（特に心理療法）の対象は，今日の心理療法の原点の一つとされる精神分析では，当初はヒステリーという症状を持ったごく一部の人々を対象に始まった（e.g. Freud, 1893）．健全な心理発達への関心は病理をより深く理解するための相対的な位置づけであり，Freud以後も，パーソナリティ障害（e.g. Kernberg, 1993）などの「通常の社会生活を営みにくい社会的マイノリティ」を対象に発展している．

もう一つ心理臨床の原点であるWitmerの臨床心理学は，いま言う学習障害児という当時の社会的マイノリティのアセスメントを主として発展した（e.g. Alessandri et al., 1995）．その後，非行および触法少年のケアへと発展したが，社会的に排除されがちな「特別な人々」を対象として展開している．このように心理臨床の黎明期だけを見れば，「一般法則」の発見を追求する基礎心理学とは，対象も目的も一線を画すように見えるかもしれない．

しかし，戦後は不就労の若年者や軍人，退役軍人を対象にするようになり，今日では家族の問題（e.g. Bitter & Corey, 2001），夫婦の問題（e.g. Halford et al., 1997），強い喪失体験の問題（e.g. Nolen-Hoeksema & Larson, 1999），トラウマティックな体験の問題（e.g. Resick, 2000），といった普通の人が経験し得る心理的

---

[4] 心理的な問題を「特別な人の問題」としない方向性への疑義もある．例えば精神疾患を風邪などと同等の一般疾患とすることで社会保障を薄くするような試みには，患者および家族団体やから様々な意見が出されている．なお，2009年10月現在の政府は，精神疾患の意味づけをより実態に合わせて見直す意向を示している．

問題の支援も盛んに行われている．このように米国での発展では，心理的な問題は必ずしも「心理的に特別な人」にだけあり得るわけではなく，一般の人々にもあり得るものとして発展してきたと言える[5]．特にDSMなどの診断基準の発展と疫学研究によって，心理臨床の対象となる心理的症状を持つ人が従来の想定よりも多いことが示された．米国の疫学調査では不安障害の生涯有病率は25％と比較的高く，大うつ病は17.1％，パニック障害は3.5％とされ（Kessler *et al.*, 1994），パーソナリティ障害では比較的研究が進んでいる境界性パーソナリティ障害はアメリカ国立衛生研究所の推定では2％とされている．診断基準を満たす前の比較的軽度な症状の段階で，予防的に心理臨床を活用する傾向も世界的に広がっており，このように心理臨床の対象はより一般的に展開する傾向があり，先述の定義にこのことが反映されていることが窺える．

## 1-2-2　日本での展開と今後に向けて

一方，日本では，臨床心理学は学問としての輸入から始まって，精神科や児童相談所などを中心に展開したが（下山，2001），今日では臨床心理士によるスクールカウンセラーは学校に浸透し，一般の児童・生徒を対象とした活動を続けている．また，職場のメンタルヘルスや不就労者のキャリア開発支援の領域では一般の労働者を，子育て支援の領域では一般の母子を対象にした活動も広がっている．

このような状況から，編者らは心理臨床の大衆化としていまの状況をとらえられるのではないかと考えている．大衆文化になったかどうかは社会学的な視野からの検討を受けねばならないし，本書の中にも医療領域の臨床を主に想定した記述があるので，大衆化を宣言することは難しい．しかし，前述したように，臨床心理士が広く社会に関わる仕事をしているという現状を考えると，臨

---

[5] なお，米国では臨床心理学とカウンセリング心理学は異なる体系と見なすのが一般的と思われ，資格も臨床心理士（clinical psychologist）とスクールカウンセラーは別の専門性を持つ資格になっていることが多いようである．しかし，日本では臨床心理士が医療領域でも教育領域でも，場合によっては発達検診や子育て支援の一翼を担う場合もあるように，臨床心理学とカウンセリング心理学がはっきりと分けられていない．本章は米国を参考にしながらも日本の心理臨床全般の今後を検討することを目的にしているので，臨床心理学とカウンセリング心理学を積極的に区別する姿勢は取っていない．

床心理学は特別な人の特別な問題を扱うものと狭く位置づける必然性は見あたらない．対象の違いから基礎心理学と距離を取る必要性はなく，むしろクライアントと心理臨床で生じている現象についての理解の枠組みが広がることに注目して，基礎心理学からの示唆を歓迎すべきであろう．ただし，研究や臨床で想定している母集団の問題には配慮が必要である．例えば一般の大学生を母集団にした研究成果を重症の精神疾患に悩むクライアントに安易に適用すべきではない．このような場合は母集団を対象に合わせた新しい研究を行って，適用の可能性を検討すべきである．

なお，両者のコラボレーションについて，村瀬（1988）は「研究者と臨床家の腹を割った対話」が生産的であることを指摘し，推奨している．杉山・坂本はこの指摘に基づいてある試みを続けているので，次の節では参考までにその概要を紹介しよう．

## 1-3　心理学研究者と心理臨床家のコラボレーションの一例

### 1-3-1　自己注目と抑うつの研究

　坂本（1997）およびSakamoto（2000a, 2000b）は，自己注目（Duval & Wicklund, 1972）の持続から抑うつの発生と慢性化（長期間の持続）を説明する3段階モデルを発表した．坂本（1997）は，抑うつの問題は抑うつ的になることにあるのではなく，抑うつ状態が長期間持続することにあるという視点から，自分のことを考え続けること（偏った自己注目の持続）によって抑うつが発生し，慢性化すること，そして自己注目の軽減が抑うつの軽減に結びつくことを示した．さらにその状態が一人で何もすることがない物理的な「ひとり状況」で発生・持続しやすいこと，そして「気晴らし法」が対策として有効であることを示した．当時のストレスコーピング研究の文脈では問題焦点型対処の有効性が論じられることが多く（e.g. Folkman & Lazarus, 1980），気晴らし法の有効性を示唆することは大きな意義があった．

　またSakamoto（2000a, 2000b）は，自己注目しやすい個人的要因として特性的な自己没入という概念を提案，信頼性と妥当性のある測定尺度を作成して，自己没入が抑うつの発症や持続に関与することを示した（8-2参照）．このように坂本の一連の研究は，どのような人が（自己没入傾向の高い人が），どのような状況で（「ひとり状況」で），どのようになり（抑うつ状態を慢性化させやすい），どうすれば変わるのか（自己注目をやめる，気晴らし法など），を明らかにする実証性と論理性があり，理解しやすい知見を提供していた．この一連の研究は社会心理学の研究手法で進められているが，「抑うつ」という臨床的な現象の一面を的確に表していると言えるだろう．

## 1-3-2　コラボレーションとしての臨床的発展

　坂本の３段階理論を心理臨床で活用するために想定される課題として，①気晴らしに活用できる各種資源に恵まれていない人の来談も少なくない，②心理臨床場面を安全な場にするために，自己注目の緩和につながる心理臨床家の対応や態度に関する見識が必要，③さらに実生活の日々の抑うつを緩和するために，自己注目に影響する社会関係要因への見識が必要，の３点が挙げられると思われる．これらの課題を整理すると，自己注目（自己没入傾向）と気晴らしに関与する人間関係要因を検討する必要があると言うことができるだろう．

　そこで杉山（1999, 2001）は，個人が自己注目をせざるを得ない要因として対人関係の問題を示唆し，杉山（2002a）で提案した被受容感（他者から大切にされているという感じ方）を参考に，坂本と協力して概念の発展を試みた．その結果，被受容感が日常的な気分を肯定的にする作用があることが示唆されていることから（杉山，2002a），被受容感の気晴らしへの関与が想定された．また，心の中に他者の存在感がない「心理的なひとり状況」について話し合いを重ね，被拒絶感（他者から蔑ろにされているという感じ方）を概念化して測定尺度を作成し，調査研究を行った．その結果，被受容感よりも被拒絶感が自己注目に関与していることが示唆された（杉山・坂本，2001, 2006）．また被受容感は経験する対人的なライフイベントを充実させ（杉山・坂本，2002），さらに各種ライフイベントによる情緒の変動を抑制し気分の安定に貢献していることが示唆された（杉山，2002b）．その後，杉山はこれらの研究を，自己注目が個人の認知資源を奪うことで他者を思いやる余裕を失って人間関係を悪化させる「抑うつの心理―社会過程モデル」に発展させ（杉山，2005a, 2005b），このモデルをベースに認知再構成法を元に構成した「来談者中心的認知行動療法」（杉山ほか，2004; Sugiyama, 2006）として様々な心理臨床に活用している．

## 1-3-3　積極的な「腹を割った対話」の提案

　前述の杉山・坂本の例は，より実証性の高い方法を心理臨床に還元するとい

う点で意義があると思われる．しかし，現状では基礎心理学（ここでは社会心理学）の臨床的な発展や応用にとどまっており，心理臨床的応用が基礎心理学の発展に還元されていないことが課題と思われる．今後，心理学研究者と心理臨床家が話し合うことで研究と臨床のコラボレーションが進み，双方に有益な見識が積み重なることを目指したい．ただ，心理臨床という日々の営みが基礎心理学に何らかの示唆を与えるにはそれなりの臨床の積み重ねが必要であるため，時間も必要かと思われる．

　本書は，今後の心理臨床が基礎心理学の発展にも貢献できるような互恵的な発展を目指して企画された．臨床心理学がパーソナリティ心理学の発展を援助することができたように（村瀬，1988），心理臨床が「心理学」そのものの発展に貢献することを心理臨床家も意識して「腹を割った対話」をする姿勢が必要だろう．

　第3章以下では，各基礎心理学の成果を心理臨床家がどのように活用しているか，そしてその活用が他の心理臨床家から見たときにどのように見えるのか議論を行っている．ぜひ読者にもこの議論に参加していただき，今後何らかの形で研究と臨床のコラボレーションに参加していただければ幸いである．

## 学習を進めるための参考図書

河合隼雄（監修）（1995）．講座臨床心理学1　原理・原論　創元社：1990年代の代表的な心理臨床家が寄稿した大著．森野礼一が米国の臨床心理学の発展を描き，村山正治が精神分析の非科学性を説いてクライアント中心療法の科学性を強調するなど，当時としては斬新な切り口が際立つ．また，鑪幹八郎が欧米発の精神分析的心理療法を日本で実施する際の工夫を示しているが，これは心理学研究の示唆を心理臨床に織り込む際のヒントになる．相馬嘉明の独自の事例研究法は，セラピストとクライアントの相互作用としての治療的変容を客観的に検討する資料作成の方法論として参考になる．ただし，特定の派閥の特徴が強く反映され（村瀬，1996），批判的に読んでほしい側面もある．

デビソン，G. C.，& ニール，J. M. 村瀬孝雄（訳）（1998）．異常心理学　誠信書房：米国臨床心理学の「標準的なテキスト」の翻訳をライフワークの一つにしていた村瀬孝雄の最後の訳書．書名から受ける印象とは裏腹に精神病理の心理学的理解の基礎研究から心理療法や支援の実際まで扱われている．

下山晴彦・丹野義彦（編）（2001）．講座臨床心理学1　臨床心理学とは何か　東京大学出版会：臨床心理学の原理・原論と概観をわかりやすく記述している．現代の日本の臨床心理学が抱える問題も指摘している．

丹野義彦（2000）．エビデンス臨床心理学　日本評論社：1980〜90年代にかけて，臨床心理学がどのように信頼できる心理臨床サービスの提供を追求したのか，明快に説明している．

丹野義彦・坂本真士（2001）．自分のこころからよむ臨床心理学入門　東京大学出版会：おそらく，日本で初学者が最も読みやすい臨床心理学書の一冊．「自分」を通して，臨床心理学が扱う諸問題と心理学の両方を体感できる．

## 引用文献

Alessandri, M., Heiden, L., & Dunbar-Welter, M. (1995). History and overview. In L. Heiden, & M. Hersen (Eds.), *Introduction to clinical psychology*. Plenum Press.

Bitter, J., & Corey, G. (2001). Family systems therapy. In G. Corey (Ed.), *Theory and practice of counseling and psychotherapy*. Brooks / Cole.

Duval, S., & Wicklind, R. A. (1972). *A theory of selr-awareness*. Academic Press.

Folkman, S., & Lazarus, S. R. (1980). An analysis of coping in a middle-age community sample. *Journal of Heath & Social Behavior*, **21**, 219-239.

Edens, J. F., Marcus, D. K., & Ruiz, M. A. (2008). Taxometric analyses of borderline personality features in a large-scale male and female offender sample. *Journal of Abnormal Psychology*, **117**(**3**), 705-711.

Freud, S. (1893). *Studies in hysteria II* (2nd ed.). Hogarth Press. p. 1955.

Guay, J. P., Ruscio, J., Knight, R. A., & Hare, R. D. (2007). A taxometric analysis of the latent structure of psychopathy: Evidence for dimensionality. *Journal of Abnormal Psychology*, **116**(**4**), 701-716.

Halfford, W. K., Kelly, A., & Markman, H. D. (1997). The concept of a healthy marriage. In W. K. Halfford & H. D. Markman (Eds.), *Clinical handbook of marriage and couples interventions*. Wiley Press. pp. 3-12.

伊藤絵美（2007）．基礎学としての認知心理学　杉山　崇・前田泰宏・坂本真士（編）これからの心理臨床　ナカニシヤ出版

Kernberg, O. (1993). *Severe personality disorders: Psychotherapeutic*. Yale University Press.

Kessler, R. C., McGonagle, K. A., Zhao, S., Nelson, C. B., Hughes, M., Eshleman, S., Wittchen, H. U., & Kendler, K. S. (1994). Lifetime and 12-month prevalence of DSM-III-R psychiatric disorders in the United States: Results from the National Comorbidity Survey. *Archives of General Psychiatry*, **51**, 8-19.

Linscott, R. J., Allardyce, J., & van Os, J. (2009). Seeking verisimilitude in a class: A systematic review of evidence that the criterial clinical symptoms of Schizophrenia are taxonic. *Schizophrenia Bulletin*, **35**(**6**), 1-19.

Meehl, P. E. (1999). Clarifications about taxometric method. *Applied & Preventive Psychology*, **8**, 165-174.

村瀬孝雄 (1988). 臨床心理学にとって基礎学とは何か 心理臨床学研究, **5**(2), 1-5.

村瀬孝雄 (1996). 書評「臨床心理学 全5巻」 心理臨床学研究, 14(3), 371-374.

Nolen-hoeksema, S., & Larson, J. (1999). *Coping with loss*. Lawrence Erlbaum.

Okumura, Y., Sakamoto, S., & Ono, Y. (2009). Latent structure of depression in a Japanese population sample: taxometric procedures. *Australian & New Zealand Journal of Psychiatry*, **43**(**7**), 666-673.

奥村泰之・坂本真士 (印刷中). 抑うつの連続性議論——より質の高い研究に向けての提言 心理学評論.

Parker, J. D., Keefer, K. V., Taylor, G. J., & Bagby, R. M. (2008). Latent structure of the alexithymia construct: a taxometric investigation. *Psychological Assessment*, **20**(**4**), 385-396.

Resick, P. A. (2000). *Stress and Trauma*. Psychology Press.

Richey, J. A., Schmidt, N. B., Lonigan, C. J., Phillips, B. M., Catanzaro, S. J., Laurent, J., Gerhardstein, R. R., & Kotov, R. (2009). The latent structure of child depression: A taxometric analysis. *Journal of Child Psychological Psychiatry*, **50**(**9**), 1147-1155.

Rothschild, L., Cleland, C., Haslam, N., & Zimmerman, M. (2003). A taxometric study of borderline personality disorder. *Jounal of Abnormal Psychology*, **112**(**4**), 657-666.

Ruscio, J., Brown, T. A., & Ruscio, A. M. (2009). A taxometric investigation of DSM-IV major depression in a large outpatient sample: Interpretable structural results depend on the mode of assessment. *Assessment*, **16**(**2**), 127-144.

坂本真士 (1997). 抑うつと自己注目の社会心理学 東京大学出版会

Sakamoto, S. (2000a). Self-focus and depression: The three-phase model. *Behavioural & Cognitive Psychotherapy*, **28**, 45-61.

Sakamoto, S. (2000b). Self-focusing situations and depression. *Journal of Social Psychology*, **140**, 107-118.

下山晴彦 (2001). 日本の臨床心理学の歴史と展開 下山晴彦・丹野義彦 (編) 講座臨床心理学1 臨床心理学とは何か 東京大学出版会 pp. 27-50.

杉山 崇 (1999). 抑うつ者の自己認知と重要な他者との関係性の理論展開——脆弱性の多面的理解に向けて 学習院大学人文科学論集, 8.

杉山 崇 (2001). 抑うつ者の自己―他者体系——精神分析的・精神医学的見解から実証可能な臨床心理学へ 学習院大学人文科学論集, **10**, 127-140.

杉山 崇 (2002a). 抑うつにおける被受容感の効果とそのモデル化の研究 心理臨床学研究, **19**(6), 589-597.

杉山 崇 (2002b). 被受容感の抑うつ過程の検討——ライフイベントと気分傾向から 日本心理学会第66回大会発表論文集.

杉山 崇 (2005a). 抑うつと対人関係 坂本真士・大野 裕・丹野義彦 (編) 抑うつの臨床心理学 東京大学出版会

杉山 崇 (2005b). 抑うつ過程における被拒絶感と対人認知の資源, 対人行動 日本健康心理学会第18回大会発表論文集.

Sugiyama, T. (2006). Assessments of depressive-process and personality for cognitive behavior therapy: Theory and practice of client-centered cognitive behavior therapy. 1st Asian Cognitive Behavioral Therapy Conference Abstracts.

杉山 崇・伊藤絵美・坂本真士 (2004). 来談者中心的な認知志向のアプローチ検討——比較的軽度な青年期の事例から 日本心理臨床学会第23回大会発表論文集.

杉山 崇・前田泰宏・坂本真士 (編) (2007). これからの心理臨床 ナカニシヤ出版

杉山 崇・坂本真士 (2001). 被受容感・被拒絶感の測定ツールの開発とその抑うつ過程の検討 日

本心理学会第65回大会発表論文集.
杉山　崇・坂本真士（2002）．大学生女子の経験する友人ライフイベントと被受容感，被拒絶感の関連——抑うつへの臨床的対応に向けて　日本健康心理学会第15回大会発表論文集.
杉山　崇・坂本真士（2006）．抑うつと対人関係要因の研究——被受容感・被拒絶感尺度の作成と抑うつ的自己認知過程の検討　健康心理学研究，**19(2)**，1-10.
丹野義彦（2000）．エビデンス臨床心理学　日本評論社.
戸川行男（1971）．臨床心理学論考　金子書房.

# 第2章 基礎から臨床へ，臨床から基礎へ
## ——双方向の関係性を目指して——

杉山　崇

## 2-1 心理臨床の基礎学の機能と基礎心理学

　本章では，臨床心理学が心理臨床家に対して果たすべき役割の中で，「基礎心理学」がどのように心理臨床の基礎学として，すなわち臨床心理学の基盤として位置づけられるのか考えてみよう．
　臨床心理学の役割の原点は心理臨床家の業務を支える学問体系としての役割である（図1-2参照）．そして，臨床心理学を一種の応用心理学と見なせば，心理学を基盤とすることは必然である．つまり，医学に「基礎医学」があるように，心理学独自の臨床的支援のための「基礎心理学」が必要である．仮に臨床心理士（clinical psychologist）が，自分たちは心理学に立脚していない，と発言することは対外的には多くの疑問を呼ぶだろう．
　しかし，「臨床」という応用分野の特殊性から力動的アプローチ（Korchin, 1976）や精神医学（Rotter, 1971），さらに日本の場合には分析心理学や人間性心理学からも多くの示唆や概念を援用してきている．これらの援用の下で今日の心理臨床の礎が築かれており，これらと心理学のあるべきつながりは2-4で検討しよう．
　なお，臨床心理学の源流に対する考え方は諸説あるが，この章では主に臨床心理学という用語が生まれた米国の古典的な議論と，米国流の臨床心理学原理・原論を日本で発展させた村瀬孝雄の議論を参考に，現代心理学の発展を踏まえて考えてみたい．
　心理臨床は目で見えない心の問題とその背景および未来を扱うので，基盤となる学問体系に求められる機能の一つは，心理臨床家がアセスメントし，さらに支援的に介入すべき「それ」に関する見立て，仮説立案，および予測であると言える（e.g. Rogers & Skinner, 1956; Rotter, 1971; 杉山, 2007a）．一方で，近年の医療現場で医師が手術の結果を保証しない旨に，患者本人または親族の承諾を求めることが多いように，いかなる専門職も保証された見立てや予測を提供することは難しい．特に心理臨床の場合は統制不可能な様々な変数が関わるので，その傾向が顕著と思われる．見立てや予測の保証が困難な中で，その精度を高

表 2-1 基礎学の機能と対応する心理学および基礎医学の領域 (村瀬, 1988; 杉山, 2007a より作成)

| 基礎学の機能 | 対応できる心理学領域 | 相当する基礎医学の項目 |
| --- | --- | --- |
| 1 心の健全な機能と構造の心理学的理解 | 基礎心理学 | 構造と機能 |
| 2 病理の心理学的説明（異常心理学） | 異常心理学 | 病理* |
| 3 心を理論化するセンス | 心理学研究法・効果研究 | — |
| 4 臨床的介入への示唆 | 体系的な実践学<br>（心理臨床） | 介入とその影響<br>（薬理など）* |
| 5 方法・理論の「共感的学習と客観的学習」 | 臨床心理学教授法 | — |

＊は医療の領域によって追加されることがある項目で，狭義には「構造と機能」のみ．

めるための基盤の充実は，援助サービスの提供者の努力義務であると言える．

本章では，心理臨床の基盤となる学問を村瀬（1988, 1991）に倣って基礎学と呼ぶ．本来であれば「基礎学＝臨床心理学」となるべきであるが，少なくとも1960年代までの米国では，臨床心理学においては知的能力の測定と力動的アプローチが主な柱であった（e.g. Korchin, 1976; Strickland, 1998）．日本では今日でもこれと近い考え方をする向きがあるが，村瀬（1988）は当時の固定化して閉塞感のあった臨床心理学の再構築を視野に入れて基礎学という用語を使い，そのフレームワークを検討している．それは単に基礎心理学の援用にとどまらず，例えば治療構造や治療的禁忌の闇雲な固定化に対して，事例に応じた適切な運用（ケースフォーミュレーション）も議論している（村瀬，1980）．村瀬には非常に壮大で実用的な臨床心理学と心理臨床の構想があったと思われる．晩年の村瀬に師事した杉山（2007a）は，村瀬の基礎学論を表 2-1 のように整理しているが，2-1・2-2 で表 2-1 の「1」と「2」，2-3・2-4 は「3」について検討しよう．なお，村瀬（1988）の基礎学論の全体像は原典または杉山（2007a）を参照されたい．

村瀬のフレームワークでは基礎心理学は，正常な心の機能についての科学的で精度の高い理解であることが求められ，狭義の基礎医学に相当する役割を果たすことが望まれる．そして，異常心理学は基礎心理学とセットで，どのような条件で正常な機能が不全な状態になり，どのような結果（異常心理）を発生させるのか，体系的に理解できるものであることが望ましい（杉山，2007a）．臨床心理学は，少なくとも 1960 年代，70 年代までは，この役割を精神医学や力動的アプローチに求めてきた（Rotter, 1971; Korchin, 1976）．

村瀬（1988, 1991）は，当時の心理学は精神医学や力動的アプローチに代わるには発展不足と考えていたようだが，心理学独自の基礎学を模索して，Bateson（1962）のダブルバインドによる統合失調症の説明モデル，Piaget（1954）の認知発達の詳細な臨床的観察研究，そして Lazaurs & Folkman（1984）のストレス・プロセスモデルの臨床的意義を検討した．21世紀に入り，現代心理学は研究倫理による制約が前世紀よりも厳しくなったものの，研究方法の進歩からさらに発展し，後掲図 2-1，図 2-2 のように多面的な人間の理解を試みている．本書の第 3 章以降は村瀬（1991）の試みを現代的に発展させた面があるが，各基礎心理学の視点（観点），人間観を重ね合わせることで，どのような心の機能と構造への理解が可能になるのか，そのオーバー・ビュー作成を試みよう．

## 2-2　基礎学としての基礎心理学

　図2-1は心理学の個人内要因の図示を試みたものであるが，立方体の部分は観察・記述される心理的な現象を表している．縦軸には時間軸および発達的変化としての縦断的視点，横軸には個人差の軸としての横断的視点が描かれている．これらは心理アセスメントでは必須とされる縦軸と横軸である（加藤, 2007）．奥行きの軸は心の機能を表しており，人間の認知機能への視点を表す軸である．本書では第5章で認知心理学が扱われている．なお，立方体の各面は軸となる視点の複合領域を表している．立方体の下の円柱部分は各種心理学的現象の生物学的基盤の視点を表している．生物学的基盤は本書では第3章で扱われている．生物学的基盤の中でも脳について，例えば，前頭前野の損傷によって，損傷以前のパーソナリティと日常生活を営むワーキングメモリーの機能が損なわれることが知られている．また，扁桃体を中心とした情動システムはそれ自体の心的影響だけでなく，強い動機づけ機能，社会的な情報の伝達機能などが知られており，心的現象への影響力が大きい．一方で，進化心理学は生存と生殖に向けて人間がどのような心理傾向を獲得したかを扱っており，非合理に見える，そしてほかの心理学では説明しきれない動機づけや嫉妬の仕組みを示唆する点で，強い生物学的基盤を扱うと言える．本書ではコラム4で扱われている．

　図2-2は個人内要因と個人外要因の相互作用の図示を試みたものである．個人内要因と個人外要因の相互作用への視点にもいくつかの軸がある．学習心理学は個人の環境への適応過程を記述する視点の軸を持っている．個人が環境からの刺激によって，どのように反応のセットを形成し，その環境に適応するかが記述される．本書では第4章およびコラム2で扱われている．第8章で取り上げられる社会心理学は，個人と社会の相互作用を記述する視点の軸を持っている．また近年では，社会環境内での個人の認知過程を記述する社会的認知心理学も社会心理学に含まれている．8-2では自己を，8-5では対人関係を取り上げ，個人と社会の相互作用を論じている．

## 2-2 基礎学としての基礎心理学

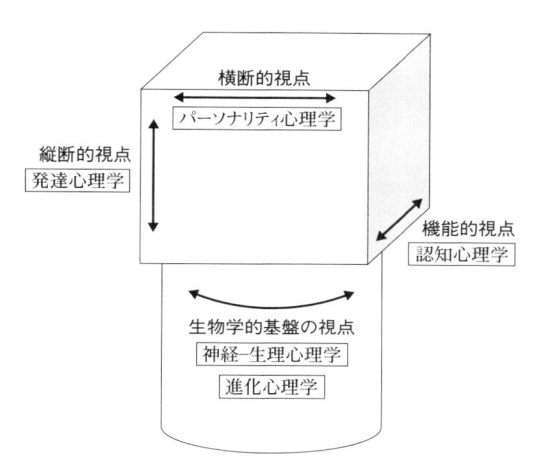

**図2-1 心の機能と構造の心理学的記述①（個人内要因）**

各辺の矢印は各心理学的視点の軸を表し，☐内は代表的な心理学領域を表す．なお，ここで言うパーソナリティは，「その人らしさ」をもたらす内的要因である．

（立方体図）
- 横断的視点：パーソナリティ心理学
- 縦断的視点：発達心理学
- 機能的視点：認知心理学
- 生物学的基盤の視点：神経—生理心理学、進化心理学

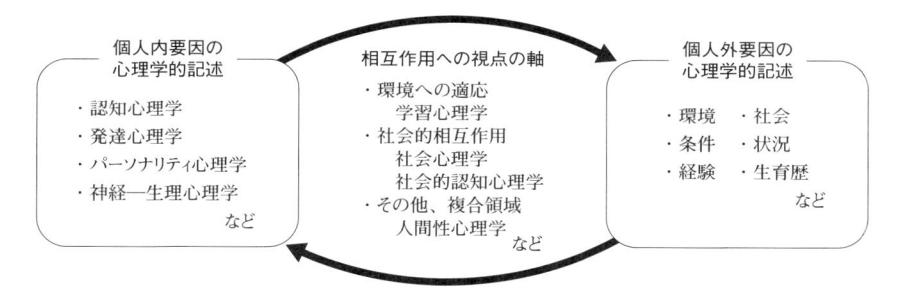

**図2-2 心の機能と構造の心理学的記述②（個人内要因と個人外要因の相互作用）**

- 個人内要因の心理学的記述
  ・認知心理学
  ・発達心理学
  ・パーソナリティ心理学
  ・神経—生理心理学
  など

- 相互作用への視点の軸
  ・環境への適応
    学習心理学
  ・社会的相互作用
    社会心理学
    社会的認知心理学
  ・その他、複合領域
    人間性心理学
  など

- 個人外要因の心理学的記述
  ・環境　・社会
  ・条件　・状況
  ・経験　・生育歴
  など

　このように心理学には複数の視点があるが，現代心理学は単独の視点ではなく複数の視点で織り上げた研究が多い．立方体の各面と内部は，複数の視点が複合して織り成される心理学の研究領域を表している．縦と横の複合は，パーソナリティや情緒の発達など時系列的な個人差の変化の研究を表す．縦と奥行きの複合は，認知発達や知的発達など心の機能の発達的変化を表す．横と奥行きの複合は，認知スタイルなど心の機能の個人差の研究を表す．そして生物学的基盤は，あらゆる心理学的現象と関わっているので，必要に応じて研究に織

り込まれる．例えば，第6章では縦断的な発達的視点を中心に横断的に個人差を考える視点，生物学的基盤，社会的相互作用研究を束ねて，人生初期から末期に至る展開を総合的にとらえている．また，コラム3では縦断的視点の時間軸を人生初期と子育て期に限定して，社会的相互作用や縦断的視点の軸などを掛け合わせた研究が扱われている．第7章のCloningerのパーソナリティ理論は図2-1の横断的な個人差の軸を芯として縦断的発達の軸，生物学的基盤の軸，さらに図2-2の社会的相互作用の軸と環境への適応の軸も総合的に織り上げて壮大なパーソナリティ理解を提案している．このように，現代の心理学研究は複数の視点を織り上げて行うことが多いので，単一の軸上で完結しないことが多い．なお，人間性心理学は人生という経験と個人内の動機づけなどとの相互作用を扱う壮大な仮説であり，実証的に確立された基礎心理学ではないが，心理臨床では参考にされることが多いので図2-2に加えた．

図2-1，図2-2で表されている各心理学の研究領域は必ずしも全てが心理臨床の参考になるわけではないが，第3〜8章，および各コラムでは多面的，多角的，多層的に心を理解するための心理臨床の基礎学として機能する構成を試みている．基礎医学に相当する心理臨床の基礎としてはさらに検討が必要だが，人間の心についての立体的な理解が可能になるだろう．精神医学や力動的アプローチも示唆に富むが，心理学独自の基礎を持つこと，そしてそれらを必要に応じて複合させてクライアント理解の枠組みを織り上げる態度を持つことは，心理臨床家としての見立ての精度向上には欠かせない（杉山，2007a）．

第3〜8章の議論はあらゆる心理臨床に対して示唆に富むであろうが，いま現在，これらの示唆を比較的臨床に織り込みやすい領域は認知行動療法であると思われる．行動療法は始まった当初から基礎研究と臨床の統合を徹底的に追求してきた歴史があり（内山・坂野，2008），そして認知療法は創始者のBeck自身が認知心理学，社会心理学，進化心理学など本書でも取り上げている心理学の成果を援用する姿勢を示している（Weishaar, 1993）．このように認知行動療法では基礎心理学の基礎研究と融合を図る努力が臨床家自身によって行われており，本書の示唆を活用してより深みのある心理臨床を織り上げる土壌がすでに展開されていると言える．

## 2-3　心理学研究法——研究者的な態度の臨床的意義

　次に，基礎学を運用する心理臨床家の態度や姿勢に視点を移してみよう．
　米国の臨床心理士養成プログラム構築の中心人物だったRotter（1971）によると，1960年代の米国の心理臨床家は，実験心理学，社会心理学，生理心理学などほかの心理学領域についてもその領域の研究者と同等の訓練を受けており，今日以上に関心も持っていた．それでもなお，クライアントの改善可能性や自らの介入可能性の予測（見立て）は，大部分が根拠のあいまいな主観的な予測でしかなかった．Rotterは予測の妥当性を高めるためには，さらにシステマティックに科学的な訓練を心理臨床家に行うべきであることを強調した．米国の標準的な臨床心理学テキストを記したKorchin（1976）は，心理臨床家の内省的で内向的な態度を批判し，当時発展を続けていた基礎的な心理学のエッセンスを取り入れる必要性を示唆した．村瀬（1988, 1991）はこれらの考えを発展させて，心理臨床家の訓練と心理臨床の基礎学について論じている．つまり，統制困難な諸要因とともに漂って事例に関与することは必要であるが，心理臨床家は漂うことに慣れすぎて，どの要因がどのように効いているのか厳密に検討することを怠りがちになってしまう（村瀬，1991）．心理学の実験法がそのまま臨床的な支援法になるわけではないが，村瀬は諸変数を吟味して，結果という事実から何がどのように影響したのか厳しく検討する態度を養う訓練としての基礎実験を重視した．
　これらの一連の議論は，心理臨床家の「見立て」の精度を高めるための「態度」や「姿勢」形成についての議論と考えられる．三者は知見や技法の単なる運用が心理臨床ではないことを示唆し，心理学研究者としての態度を心理臨床家の基礎的な態度の一つとすることを重視している．より具体的に心理臨床場面を想定した表現をすれば，基本技能として重視されている「参与観察（participant observation: Sullivan, 1970）」の「観察」の部分は心理学研究者としての態度によって充実すると言える．この態度は研究者としても「基礎」的な態度であり，実は研究者としての「基礎」が臨床的な「見立て」を支えていると言えるだろう．

## 2-4 精神医学，力動的アプローチと心理学

次に，精神医学や力動的アプローチに由来する心理臨床と心理学のつながり方を考えてみよう．

前述のように，精神医学と力動的アプローチは，特に心理学が臨床的な期待に十分応えられるように発展する以前は，確かに臨床心理学を支えていた（Rotter, 1971; Korchin, 1976; Strickland, 1998）．特に日本では分析心理学やクライアント中心療法も含めた広い意味での力動的アプローチが普及し，また，心理臨床家に示唆を与える精神医学者も多い．例えば，精神医学者の中井（1982）は，日本人のうつ病に関して日本の偉人と讃えられる二宮尊徳がうつ病の病前性格と言われる執着気質（下田，1941），またはメランコリー親和型（Tellenbach, 1974）の特徴を備えていた可能性を指摘し，日本人のうつ病への一つの示唆を行った．また，精神科医の木村（2006）は，「時間」に注目して，統合失調症は「祭りの前（何かが起こりそうな予感）」，うつ病は「祭りの後（取り返しがつかない）」とそれぞれの時間性の中を生きていることを示唆した．この他にも安永（1992）が統合失調症的な世界観を説明した「ファントム空間論」，成田（2006）の境界性パーソナリティ障害論など，いずれも精神病理を抱える人がどのような世界を生きているのか，「なるほど」と思わせる興味深い議論を展開している．

しかし，これらは天才的なセンスによる記述であり，結果の再現性を確認した科学的な心理学研究ではない．同様のセンスを備えた人間が活用するのであれば臨床的な妥当性を確保できるかもしれない．しかし，主観を排除しきれない心理臨床の現場の見立てでは，別の現象や病理を天才的な医学者が議論していることがらと取り違える危険性がある．

この課題に関して，Lazarusは天才のセンスに由来する理論を心理学的に検討し，さらに発展させるという答えを見出した（村瀬，1991）．Lazarusは防衛機制を認知的な対処ととらえ，心理学実験による検討を重ね，Folkmanとの共著で知られるストレス・プロセスモデルの研究に発展させた（Lazarus &

Folkman, 1984).この研究は現在ではストレス心理学として,健康心理学,臨床心理学の一研究領域を形成するに至っている.

日本の Lazarus と類似したアプローチとしては,例えば,岩佐・小川（2009）および Iwasa & Ogawa（in print）は質感のある図版への反応過程を認知心理学的に検討し,熟練者の熟成された経験で力動的に解釈されることが多かったロールシャッハ・テスト図版への反応が表す意味を,主にアタッチメント・スタイルとの関連で実証的に明らかにする試みを行っている.また杉山（2007b）は,中井（1982）の示唆を学生相談に援用するために,大学生サンプルのデータからメランコリー親和型尺度を因子分析して「対人関係への繊細さ」と「完全主義傾向」を抽出し,階層的重回帰分析を用いて抑うつに中心的に関与するのは「対人関係への繊細さ」であり,「完全主義傾向」は副次的な影響であることを見出した.杉山（2003）は,同様に木村（2006）の「祭りの後」時間性の検討も行い,学生相談における抑うつへの認知行動療法に援用している.境界性パーソナリティ障害に関しては,井沢（2005）が簡単な訓練で簡便にスクリーニングを実施できるアセスメント・ツールを開発している.このように心理臨床家は,一方的に精神医学および力動的アプローチから示唆を得るだけでなく,心理学研究法で心理学の観点から再検討できる.これも心理学を基礎学とすることの独自性であると言えるだろう.

なお,パーソナリティ心理学は精神医学および臨床心理学の臨床的な記述を心理学研究に還元して発展した面がある（村瀬,1988）.社会心理学も Freud（1917）のうつ病論から Coyne（1976）の相互作用論に発展した側面を持っている.アメリカ心理学会初の社会心理学学術誌は "Journal of Social & Abnormal Psychology" であり,異常心理学,つまり臨床的なテーマとセットで扱われていた.この学術誌は,現在では "Journal of Personality & Social Psychology" と "Journal of Abnormal Psychology" に分かれてそれぞれの専門性を追求している.また,第5章にあるように,記憶心理学は力動的アプローチと関わりつつ発展している側面もある.このような臨床から基礎へという心理学研究の展開もあり,基礎心理学と臨床心理学は相互に排除しあうのではなく,互恵的な関係を築きたい.村瀬（1988）の示唆したような研究者と心理臨床家が腹を割って話しあえる心理学界の風土が生まれればと本書の編者らは願っている.

## 学習を進めるための参考図書

安藤清志・沼崎誠・村田光二（編）(2009)．新版社会心理学研究入門　東京大学出版会：臨床的に意味のある基礎研究に向けて，そして臨床的なセンスを現実から乖離させないために薦めたい一冊．心理臨床で活用する可視化できない心理学概念は本当に実在するのか，しないのか，実在するならどのように機能しているのか，していないのか．臨床家の見立ては本当に正しいのか，ほかの可能性はないのか．研究でも日々の臨床でも常に問い続けるための基礎を養う．

アイゼンク, M. W. 山内光哉（監修）(2009)．アイゼンク教授の心理学ハンドブック　ナカニシヤ出版：心理学がよりよい臨床に向けた宝の山であることを実感できる一冊．研究領域ごとの輪切りではなく，生きた人間の実際問題とかかわりが深いテーマごとに構成されており，いますぐにでも事例の見立てに反映できるが，ボリュームがある．

福田由紀ほか（印刷中）．心理学要論　培風館：現代心理学の要となる理論や議論を初学者にわかりやすい日本語でコンパクトに整理したテキスト．古典的議論から最新研究に至った経緯や議論を紹介し，さらには実社会における必要性にも言及して無駄のない作りになっている．基礎心理学の用語に慣れていない，または時間の限られている心理臨床家にお薦めできる．

杉山　崇・坂本真士・前田泰宏（編）(2007)．これからの心理臨床　ナカニシヤ出版：本書の序章とも言える書籍．伝統的な心理臨床の問題点を踏まえて，これからのあるべき心理臨床を検討している．

丹野義彦 (2002)．認知行動療法の臨床ワークショップ　金子書房：基礎研究と心理臨床のつながりの一端を，心理学の研究法に馴染みがない初学者にも非常にわかりやすく解説する良書．読んだ次の日から強迫性障害やパニック障害に悩む人へのかかわり方が変わるかもしれない．

## 引用文献

Bateson, G., Jackson, D. D., Haley, J., & Weakland, J. H. (1962). A note on the double bind. *Family Process*, **2**, 154-161.

Coyne, J. C. (1976). Toward an interactional description of depression. *Psychiatry*, **39**, 28-40.

Freud, S. (1917). Mourning and melancholia. In J. Stachey (Ed.), *Standard edition of the complete psychological works of Sigmund Freud*, **14**, 237-258.

加藤　敬 (2007)．理論統合アプローチ　杉山　崇・前田泰弘・坂本真士（編）これからの心理臨床　ナカニシヤ出版

木村　敏 (2006)．自己・あいだ・時間──現象学的精神病理学　筑摩書房

井沢功一朗 (2005)．ボーダーライン・スキーマ質問紙（BSQ）の作成，心理臨床学研究, **23**(3), 273-282.

岩佐和典・小川俊樹 (2009)．強制的色彩反応と感情制御の困難さとの関係　ロールシャッハ法研究, **10**, 45-52.

Iwasa, K., & Ogawa, T. (in print). The relationship between texture responses on the Rorscach and adult attachment, *Rorschach*. **31**.

Korchin, S. J. (1976). *Modern clinical psychology: Principles of intervention in the clinic and community*. Basic Books.

Lazarus, R. S., & Folkman, S. (1984). *Stress, apraisal, and coping*. Springer Publishing.

村瀬孝雄 (1980)．神経症の治療構造　季刊精神療法, **6**(2), 108-113.

村瀬孝雄 (1988)．臨床心理学にとって基礎学とは何か　心理臨床学研究, **5**(2), 1-5.

村瀬孝雄 (1991)．臨床心理学の基礎　河合隼雄・福島　章・村瀬孝雄（編）臨床心理学の科学的基礎　金子書房

成田善弘 (2006)．境界性パーソナリティ障害の精神療法──日本版治療ガイドラインを目指して　金剛出版

中井久夫 (1982)．分裂病と人類　東京大学出版会

Piaget, J. (1954). *La construction du réel chez l'enfant/The construction of reality in the child*. Basic Books.

Rogers, C. R., & Skinner, B. F. (1956). Some issues concerning the control of human behavior. *Science*, **124**, 1051-1066.
Rotter, J. B. (1971). *Clinical psychology* (2nd ed.). Prentice-Hall.
Strickland, B. R. (1998). History and introduction to clinical psychology. In S. Cullari (Ed.), *Foundations of clinical psychology*. Allyn & Bacon.
Sullivan, H. S. (1970). *The psychiatric interview*. W. W. Norton & Co.
下田光造（1941）．躁鬱病について　精神神経雑誌，**45**，101-102.
杉山　崇（2003）．抑うつにおける時間性認知への実証的・臨床的接近　日本認知療法学会第3回大会発表論文集．
杉山　崇（2007a）．村瀬孝雄の基礎学論再考　杉山　崇・前田泰弘・坂本真士（編）これからの心理臨床　ナカニシヤ出版
杉山　崇（2007b）．メランコリー親和型性格と抑うつの研究──大学生における人間関係の繊細性と自分自身の完全さの追求性，および男女差の視点から　日本心理学会第71回大会発表論文集．
Tellenbach, H. (1974). *Melancolie: Zur problemgeshichte, typoligie, pathogenese, und klinik*.
内山喜久雄・坂野雄二（編）（2008）．認知行動療法の技法と臨床　日本評論社
Weishaar, M. E. (1993). *Aaron T. Beck*. Sage Publication.（大野　裕（監訳）（2009）．アーロン・T・ベック──認知療法の成立と展開　創元社）
安永　浩（1992）．ファントム空間論──分裂病の論理学的精神病理　金剛出版

# コラム1　心理学で進む三つのパラダイムシフト

丹野義彦

**精神分析から認知行動療法へ**

世界の心理学では，現在，三つの大きなパラダイムシフトが進行しつつある．

第一は，精神分析から認知行動療法へのパラダイムシフトである（丹野，2008）．1960年代から盛んになった行動療法と，80年代から盛んになった認知療法が合体して，90年代から認知行動療法と呼ばれるようになった．元々，行動療法は不安障害に対する治療として，認知療法はうつ病に対する治療として開発された．認知行動療法は，その両方を取り込み，効果を上げている．短時間で大きな効果が得られることが証明されたので，心理的治療法の世界標準となっている．アメリカ心理学会（APA）の認定の臨床心理士養成大学院では，8割のコースが認知療法を実習に取り入れ，半数以上のコースが，認知行動療法を最も主要な技法としている．認知行動療法によって，臨床心理士の臨床能力は格段に進歩したと言われる．

**勘からエビデンスへ**

第二のパラダイムシフトは，エビデンスに基づく実践（Evidence-Based Practice: EBP）の定着である（丹野，2001）．これまで臨床家の勘と経験だけに頼っていた臨床実践が，客観的に実証されたエビデンス（科学的根拠）にも基づいて行われるようになった．EBPは，元々身体医学で始まったが，精神医学や看護学など，保健医療の全体におよんでいる．それらを総称して，エビデンスに基づく健康政策と呼ぶ．こうした動きは，倫理的な要請と財政的な要請によって起こってきた．治療効果が証明されない医療を用いることはプロとして倫理的に許されることではない．患者に対して「これから行う治療にはこのような効果がある」と明らかにすることは，インフォームド・コンセントの観点からも必要である．また，治療の費用を負担する政府や保険会社に対しても，医療費削減の圧力の下，治療効果を客観的に示すことが求められる．税金を使って，効果のない治療を続けることは許されない．

最近では，EBPは，医療だけでなく，教育や福祉などの社会政策論にまでおよび，とどまるところを知らない動きとなっている．臨床心理学も例外ではない．効果研究の蓄積により，心理療法のガイドラインが多く作成されるようになった．このリストには，認知行動療法が多く取り上げられている．

**基礎研究から実践的心理学へ**

第三のパラダイムシフトは，実践的心理学（professional psychology）の確立である（丹野，2006）．基礎心理学者が大学や研究所において研究や教育に関わるのに対して，実践的心理学者は病院・学校・企業などの現場において実務の仕事に関わる．

実践的心理学は，英米の心理学会では大勢を占める．APAでは，1970年代までは基礎心理学者の数が多かったが，80年頃に逆転し，実践的心理学者が基礎心理学者を上回るようになった．現在のAPAでは，基礎心理学者2割に対して，実践的心理学者6割となっている．イギリス心理学会（BPS）も同様である．こうしたパラダイムシフトは，社会全体の変化に対応したものである．ストレス社会と言われるように，メンタルヘルスはどの国においても深刻な問題となっている．こうした中で，宗教に代わる科学的メンタルヘルスの専門家が求められる

ようになったからである．

　こうした動きに伴って，心理学会の役割も変わりつつある．APA も BPS も，基礎心理学者と実践的心理学者を包含する傘団体（アンブレラ団体）となっている．心理学会の仕事としては，基礎心理学者に対する研究支援（専門誌の発行，大会の開催，研究費の情報提供など）は大切な仕事であるが，これらとともに，実践的心理学者に対する実践支援（資格の管理，実務支援など）が重視されるようになってきた．特に重要なのは資格管理である．基礎心理学者にとっての資格は修士号や博士号などの学位であるが，実践的心理学者にとって命とも言うべきなのは，臨床心理士，教育心理士といった職能資格であり，それは国家資格である必要がある．例えば，イギリスでは，①大学学部レベルの基礎資格，②大学院レベルの個別専門資格，③心理学の統一資格，④国家資格という四つの資格層ができ上がっており，これらを BPS が一元的に管理している．

### 基礎心理学に裏づけられた実践的心理学

　以上の三つのパラダイムシフトは，バラバラに起こったのではなく，互いに関連している．1980 年代の第三のパラダイムシフトが，その後の第一と第二のパラダイムシフトを促した．一方，認知行動療法によって，臨床心理士の臨床能力が進歩したため，それが実践的心理学の確立を早めた．さらに，第二のパラダイムシフトによって，治療効果が明確になり，それによって認知行動療法が普及した．認知行動療法の普及や心理士の国家資格化は，後戻りできない地殻変動の結果であって，一時の流行やバブルなどではない．

　三つのパラダイムシフトは，それぞれ震源地は異なるが，実は全体として，大きな一つのパラダイムシフトであるとも言える．根底にあるのは，「基礎心理学に裏づけられた実践的心理学の確立」ということである．

　第一のパラダイムシフトについて言うと，認知行動療法は基礎心理学と関連の深い技法である．日本では，臨床心理学・心理療法・カウンセリングは区別されずに用いられているが，実はこれらのルーツは異なる（丹野，2006）．心理療法のルーツは精神分析学であり，カウンセリングのルーツは学校や企業などにおける相談活動である．心理療法やカウンセリングにおいて，基礎心理学との連携が希薄なのは当然である．日本はまだこの状況にある．

　これに対して，臨床心理学は，基礎心理学の中から生まれた．基礎心理学の研究の成果を応用して，心の異常の成り立ちを調べ，心理アセスメントを行い，心理療法を行う．心理療法としては，行動主義心理学から生まれた行動療法や，認知心理学と関係の深い認知療法を用いる．このように，第一のパラダイムシフトは，心理療法が基礎心理学に裏づけられるようになった動きであると言ってもよい．

　第二のパラダイムシフトについて言うと，治療効果研究で用いられる無作為化比較試験（Randomized Controlled Trial: RCT）の考え方は，実験計画そのものである．また，EBP で用いられるメタ分析や治療効果量という考え方は，元々基礎心理学から生まれた．

　第三のパラダイムシフトについて言うと，英米の実践的心理学は，「科学者—実践家モデル」によって養成されている．実践的心理学者は，基礎心理学を学び，心の基本的な仕組みを理解した上で，実践を行っている．さらに，EBP の普及により，ますます臨床心理学が科学的研究に裏づけられるようになった．

　このように，三つのパラダイムシフトの根底にあるのは，実践的心理学が基礎心理学に裏づけられるようになる動きである．

### 取り残される日本

　世界のパラダイムシフトは日本にも確実に押し寄せている．しかし，世界の流れから見ると，日本の臨床心理学はまだ遅れている．認知行動療法の普及は遅れているし，エビデンスに対する理解も乏しく，エビデンスのない宗教まがいの「心理療法」まで横行している．国家資格も確立していない．科学者―実践家モデルで臨床心理士を養成している大学院は少ない．現代の日本社会は，うつ病や自殺，ストレスといった深刻な心の健康の問題を抱えている．臨床心理学に対する国民からの期待は大きい．こうした問題に対して，心理学者は本気で取り組まなければならない．そのためには，実践的心理学の現代化と科学化が必要であり，何より実践的心理学と基礎心理学の連携が大切となる．

### 引用文献

丹野義彦（2001）．実証にもとづく臨床心理学　下山晴彦・丹野義彦（編）講座臨床心理学1　臨床心理学とは何か　東京大学出版会　pp. 135-153.
丹野義彦（2006）．認知行動アプローチと臨床心理学――イギリスに学んだこと　金剛出版
丹野義彦（2008）．認知行動療法と心理学　小谷津孝明・小川俊樹・丹野義彦（編）臨床認知心理学　東京大学出版会　pp. 9-16.

# 第3章
# 神経―生理心理学を活かす

## 3-1　神経―生理心理学とは何か

大平英樹

### 3-1-1　神経心理学・生理心理学・認知神経科学

　神経―生理心理学とは,「人間の様々な精神活動を,脳や神経系,さらには身体の生物学的機能に基づいて理解しようとする研究領域」だと考えることができる.しかし,そのような体系化され確立された研究領域があるわけではない.本章では,これまで神経心理学（neuropsychology: Heilman & Valenstein, 2003）,生理心理学（psychophysiology: Cacioppo et al., 2000）,認知神経科学（cognitive neuroscience: Gazzaniga et al., 2008）と呼ばれてきた研究領域をあわせて,神経―生理心理学と呼ぶことにする.

　神経心理学とは,脳の特定部位に事故や疾患により損傷を持った患者を対象とし,そこが損傷することで失われる脳機能を心理学的なテスト課題により調べる研究領域を意味する.こうした研究方法を損傷研究（lesion study）と呼ぶ.動物の脳の一部を破壊したり機能停止させたりして,それによる行動の変化を観察する研究も損傷研究に含まれる.神経心理学は19世紀以来発展してきた領域であり,損傷研究は電気生理学的方法や神経画像法が開発されるまでは,人間の脳機能を直接調べる唯一の研究方法であった.例えば,言語能力に関連するブローカ野やウェルニッケ野の発見など,現在知られている脳部位と機能の対応に関する知見はこうした研究によるところが大きい.

　生理心理学では,主として,神経細胞や様々な身体器官の電気活動を観測する電気生理研究（electrophysiological study）が行われる.脳機能を調べるために単一の神経細胞の電気活動を計測したり,複数の神経細胞の電気活動が合流した電位として頭皮上から観測される脳波を測定したりする研究がそれにあたる.近年,特定の刺激やその処理によって現れる事象関連電位（event-related potential: ERP）や,脳波の様々な周波数帯の活動の時間的推移を測定する時間周波数解析（time frequency analysis）などの新しい解析手段が進歩し,研究ツー

ルとしての脳波の有用性が増している．また，精神活動に伴って様々な身体的な反応が生起するが，これを心電図（electrocardiography: ECG）や皮膚伝導反応（skin conductance responses: SCR）などの電気的方法により測定する研究も電気生理研究に含められる．

認知神経科学は，脳機能画像法（neuroimaging）の発達に伴って展開してきた研究領域である．ここでは，機能的磁気共鳴画像法（functional magnetic resonance imaging: fMRI）や陽電子放射断層撮影法（positron emission tomography: PET）などの方法を用い，脳活動に伴う脳の局所的な血流の変化や血中の酸化ヘモグロビン比率の変化などを観測する．これらの方法により，あたかも写真のように脳のはたらきを画像化することができる．fMRIやPETなどの脳機能画像は生きている人間の脳全体の活動を調べることが可能で，近年の脳研究の飛躍的な発展は，これらの方法の技術進歩によるところが大きい．

こうした神経─生理心理学では，脳や身体の解剖学・生理学的知識が必要とされ，研究方法においても高度な技能が必要となる．そのため，従来，心理学者にとってはいくぶん敷居の高い研究領域であった．しかし近年では，欧米の大規模な大学を中心として，神経科学者，生物学者，医学者などと心理学者が緊密に連携することによって，新しい研究知見が次々と生み出されている．今後は，臨床心理学を含めた全ての心理学領域において，脳機能や身体生理機能を基盤とした研究が盛んになっていくと考えられる．

本章では，特に情動（emotion）に焦点をあてて，神経─生理心理学における最近の知見を紹介し，臨床心理学への応用可能性について考えたい．なお，心理学における用語法では，喜怒哀楽など，比較的強く，原因や始まりと終わりがはっきりしており，そのメカニズムとして動物とも共通する生物学的基盤があると想定される感情を，情動と呼ぶ．原因がはっきりしておらず，比較的弱く，快─不快として体験されるような感情を気分（mood）と呼ぶ．それらの全ての心的状態を総称して，感情（affect）という語をあてる．

## 3-1-2 神経─生理心理学における人間観

神経─生理心理学において描かれる人間観について，はっきりとしたコンセ

ンサスがあるわけではない．様々な考え方があるだろうが，ここでは最大公約数的であると思われる人間観について，筆者自身の考えを加えて述べることにする．

### 脳と身体が「心」を生む

　まず当然ながら，神経─生理心理学においては，情動をはじめ，人間の「心」のありようは全て，脳神経系と身体という生物学的実体の活動の結果として生み出されることが前提とされている．Descartes が考えたような古典的な心身二元論，つまり形而上的な存在である精神が，脳のある部位を介して実体である身体を動かしている，というような考え方をする研究者は，現代においてはごく少数である．しかしここで注意すべきは，情動，注意，言語，記憶，などのそれぞれの精神活動が，脳のどこで担われているのかを探り，それが同定されれば精神活動が理解できたとする考え方は，間違っているか，少なくとも生産的ではないということである．そうした考え方を脳マッピングと呼ぶことにしよう．まさに脳の中に，精神活動の地図を求めようとする考え方である．

　脳マッピングが生産的でない理由は二つ考えられる．一つは，どんなに単純で基礎的に見える精神の働きも，脳の特定の部位だけで担われていることは稀であり，広範な神経ネットワークによって実現されている，ということである．その神経ネットワークは，様々な機能の間でかなりの重複があり，ある脳部位が，様々異なる機能を持つように見えることも少なくない．例えば，情動と認知は，伝統的な心理学の考え方では全く異なった心的過程であると考えられることが多いが，それらを担う脳部位のネットワークには驚くほど共通性がある（Pessoa, 2008）．だから，「前頭前野の外側部はワーキングメモリ機能を担う」というような単純な理解は，しばしば誤解を生む．また後述するように，例えば情動の体験には，脳だけでなく身体の反応が重要な役割を演じている．脳だけが「心」の源泉であるという考え方は極端すぎる．

　いま一つは，たとえある脳部位が担っている機能が同定できたとしても，その機能がどのようにして実現されているのかというメカニズムが解明されない限り，いわゆる「小人問題」を回避できないことである．例えば，後述する扁桃体は情動において重要な役割を果たし，特に，「よい─悪い」の次元におけ

る刺激の情動価を検出する機能があることが知られている．しかし，脳の中では比較的単純な構造の神経細胞（ニューロン：neuron）の集積体に過ぎない扁桃体が，なぜ，見るもの，聞くもの，考えるもの，具体的なもの，抽象的な概念，に至るまで，非常に広範な刺激の情動価を検出できるのだろうか．それを最初から不問にしてしまうのは，あたかも扁桃体の中に「小人」が住んでおり，その「小人」が外からやってくる刺激を判断しているのだ，と考えることと同じである．残念ながら，神経科学における脳研究の発達に伴い，むしろこのような脳マッピングの考え方を助長するような書物や報道なども少なくない．特に臨床心理学においては，脳マッピングの考え方は，本来複雑な要因によって生じる精神疾患や「心」の問題を，脳の特定部位の異常に単純に還元してしまうことにつながりやすい．心理学に携わる者は，この問題を熟慮すべきであろう．

### ハードウェアとソフトウェア

脳は主として神経細胞のネットワークからなる物理的な構造を持った実体である．また脳と身体は神経回路や内分泌系の経路によって双方向的に結ばれている．こうした脳と身体の構造的な側面を，コンピュータになぞらえてハードウェアと呼ぶことにしよう．一方，脳や身体がどのような原理やアルゴリズムに基づいて，どのようなシステムとしてふるまうのか，という機能的な側面をソフトウェアと呼ぶことにしよう．神経─生理心理学では，人間にはこうしたハードウェアとソフトウェアという二つの側面があると考える．

ハードウェアとソフトウェアは，密接に関連している．ある機能が実現される背景には，それを可能にする構造があるはずだからだ．例えば，本章において，情動の制御を可能にする神経基盤について後述するが，そうした機能は，情動を起動する脳システム（主として扁桃体）を別の脳システム（主として前頭前野の複数の領域）がコントロールできることを意味する．これが可能になるためには，前頭前野と扁桃体の間の実体的なつながり，つまり神経繊維の連絡がなければならない．そうした解剖学的な事実を無視して，情動制御という心理的な機能だけを論じても，あまり意味はない．このことは，特にfMRIやPETなどの脳機能画像法による研究結果を解釈する場合に重要である．脳機能画像法は基本的に相関的な研究である．例えば，ある課題を遂行している際に二つ

の脳部位の活動に関連が観測されたとしても，それらの脳部位が本当にシステムとして機能しているのか，偶然に活動が共起したのか，未知の過程を反映する別々の活動に過ぎないのか，を客観的に判断することは難しい．その場合に基準になるのは，解剖学的な神経連絡の知識である．さらには，そこでどのような伝達物質が働いているのか，その生合成や代謝にはどのような過程により生じているのか，などの事実も重要になる．

　一方，脳がどのような原理やアルゴリズムで計算を行っているのかは，ソフトウェアの問題であり，物理的なハードウェアの研究からは明らかにすることはできない．ソフトウェアの原理を解明するには，理論的な予測を実際の脳機能と関連づけて実証していく必要がある．例えば，近年の神経経済学（neuroeconomics）における研究によれば，報酬やリスクの評価に基づく意思決定場面において，従来，情動的で直感的な判断を担うとされてきた脳の島（insula）の活動パタンが，経済学理論に基づく合理的な関数による予測と高い精度で整合することが明らかになっている（Quartz, 2009）．島は，大脳皮質の中でに発生的に古い部位であり，扁桃体などとの神経連絡も密である．こうしたハードウェア的知見から，従来はどちらかというと非合理的な情動反応に関係すると考えられてきた．しかし，上記のようなソフトウェア的な理解により，島の機能は再考されつつある．

　臨床心理学への応用という点でも，ハードウェアとソフトウェアの区別は有用である．コンピュータの不調も，ハードウェアの機械的故障により生じることもあれば，ソフトウェアのエラーにより生じることもある．人間の精神疾患や心の問題も，生得的あるいは後天的な何らかの原因によって，脳神経や身体自体が傷ついてしまった結果起こることもある．一方，脳や身体の構造自体には異常がないが，その働きの過不足によって起こることもある．当然，それによって，有効な治療や対処も異なるはずである．心理療法は，主にソフトウェアに働きかけることになるのであろう．その場合，心理療法の有効性は，臨床場面における治療成績というエビデンスだけでなく，どのような神経メカニズムにより効果を生じるのか，という点からも検証されるべきである．

## 3-2 情動と扁桃体

大平英樹

### 3-2-1 扁桃体の機能

　扁桃体（amygdala）は，左右の側頭葉内側部に位置する神経核（神経細胞の集合）の複合体である（図3-1）．扁桃とはアーモンドという意味で，そのような形状をしていることから名づけられた．扁桃体は，信号の入力部位である基底外側複合体，信号の中間処理部位である内側核，皮質核，さらに信号の出力部位である中心核から構成される．この扁桃体は，情動に関わる脳部位の中でも，特に重要で多様な機能を持っている．

#### 情動的刺激の検出

　様々な事物が自分にとって安全で有益か，あるいは危険で有害かを見分けることは，生物が生存していくために極めて重要である．こうした評価判断を担っているのが扁桃体である（Adolphs, 2001）．扁桃体は，環境中の有益な刺激にも有害な刺激にも鋭敏に反応するので，生存のために重要な刺激を検出しているのだと考えられている（Adolphs, 2008）．動物の扁桃体を両方とも破壊すると，食物と食物でないものの区別，適切な交尾対象の選択，危険な捕食者の検出など，生きるために最も基本的で重要な価値判断が失われてしまう（Zola-Morgan *et al.*, 1991）．

　人間は社会環境の中に生活しているので，他者とコミュニケーションし，関係を維持することが必要である．それゆえ，他者の感情状態や意図を知る手がかりとなる表情は，人間にとって重要な情動的刺激である．fMRIやPETによる脳機能画像研究により，人間の扁桃体は，他者の恐怖（Morris *et al.*, 1996），悲しみ（Blair *et al.*, 1999），幸福（Breiter *et al.*, 1996）などの表情を見ると速やかに活動することがわかっている．また，扁桃体を両側とも損傷した患者では，表情の知覚，特に恐怖表情の知覚が顕著に損なわれる（Adolphs *et al.*, 2005）．近

年の研究によると，表情の中でも目に関する情報が重要であり，他者の視線（Adams *et al.*, 2003）や瞳孔径（Demos *et al.*, 2008）などにも扁桃体は鋭敏に反応し，それらを表情知覚の手がかりにしていることが明らかになっている（Adolphs, 2008）．

さらに興味深いことに，扁桃体は時として意識を伴わずに自動的に情動的刺激を検出する．筆者ら（Nomura *et al.*, 2004）は，怒り表情をごく短時間（35ミリ秒）だけ見せた直後に，同じ人物の中性表情をゆっくり（500ミリ秒）見せた（図3-2A）．このようにすると，後に提示された中性表情だけが見え，怒り表情は主観的には知覚できなくなる．こうして怒り表情を無意識的に見せた場合には，中性表情だけを見せた場合に比べて，右側扁桃体（白円で囲まれた部位）の活動が高まることがfMRIにより明

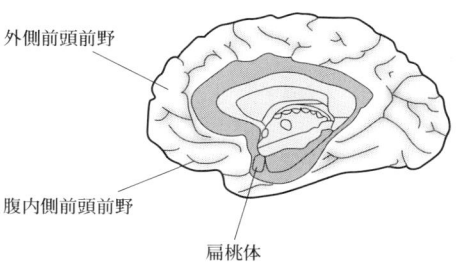

図3-1 扁桃体と前頭前野の位置

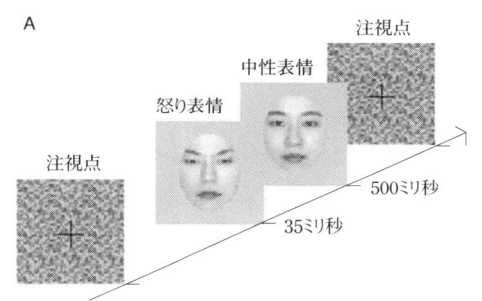

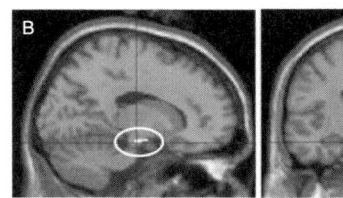

図3-2 怒り表情の無意識的知覚による扁桃体の活動（Nomura *et al.*, 2004より一部改変）

らかになった（図3-2B）．これは扁桃体が怒り表情を無意識的に検出したことを示す証拠である．社会生活において他者の怒り表情は，その人物が自分に攻撃してくるかもしれないという危険信号になる．扁桃体は，こうした情報を自動的に検出し，警戒を促す働きがあると考えられる．

### 社会的判断

最近になって，扁桃体は偏見や対人判断にも関係していることがわかってき

た．アメリカの白人の多くは黒人に対して潜在的に差別的な態度を持っていると言われる．もちろん多くの白人は，差別は悪いことだという意識を持っている．しかし fMRI による研究で，意識レベルでは黒人に好意的な白人においても，黒人の顔写真を見せると扁桃体の活動が高まることが報告されている（Phelps et al., 2000）．また，扁桃体の活動は，無意識的なレベルでの性別に関するステレオタイプとも関連することが示されている（Knutson et al., 2007）．これらの結果は，一種の差別が，脳神経のレベルで，しかも無意識的にはたらいていたことを示している．だからこそ差別をなくすことは難しいのかもしれない．

　また，われわれは経験から，相貌が人間性のある面を反映することを知っている．例えば，犯罪者の顔写真を見ると，いかにも悪そうな顔をしている，と思うことがあるだろう．あるいは初対面なのに，この人は優しそうだから友達になれそうだという印象を持つこともある．これは友好者を選択したり，有害者を排除したりする社会的能力（山岸，1998）の一つであると考えることができる．Adolphs らは，健常者と扁桃体を損傷した患者に，未知の人がポジティブな表情をしている写真と，ネガティブな表情をしている写真を見せ，その人の「親しみやすさ」や「信用できそうか」を判断させた．すると，健常者はネガティブな表情をしている人を親しみにくく，信用できないと判断したのに対し，損傷患者はネガティブな表情に対しても好意的な判断を下した（Adolphs et al., 1998）．この結果から，扁桃体が行う表情の価値判断は，人物理解のための情報としても利用されることが示唆される．

　このように現在では，人間が行う社会的判断や社会的行動に関しても，その背後にある神経メカニズムが解明されつつあり，社会神経科学（social neuroscience）という新しい研究領域が形成されつつある（Cacioppo & Berntson, 2005）．

### 情動に伴う身体反応

　怒り，恐怖，喜びなどの情動が生じると，心臓の鼓動の高まり，呼吸の乱れ，血圧の上昇など，多くの身体反応が起こる．これは，情動に動機づけられる闘争や逃走などの激しい身体運動を伴う行動のための準備として，進化の過程で動物が身につけてきた反応の仕組みであると考えられる．こうした情動に伴う

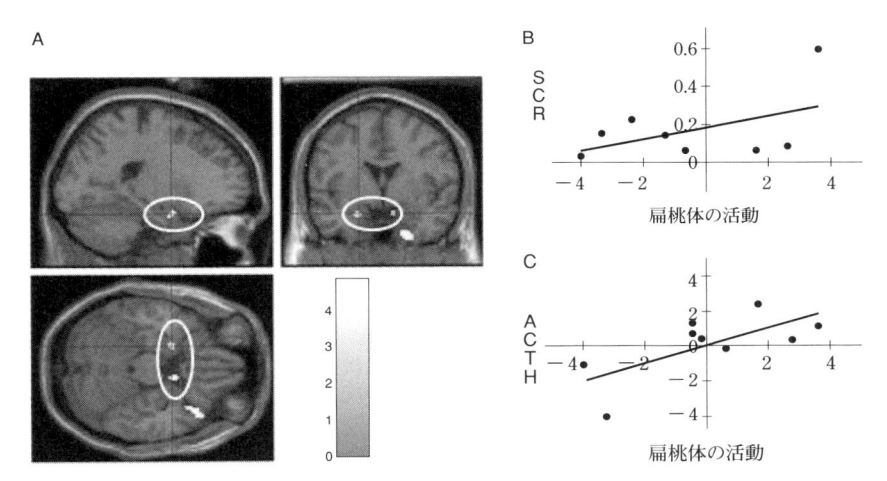

**図 3-3　感情経験の扁桃体活動と自律神経系・内分泌系活動との関連**（Ohira *et al.*, 2006 より一部改変）

A：感情的刺激を見ると扁桃体（図中で白円で囲まれた部位）が活動した．B：扁桃体の活動と交感神経系指標であるSCRに正の相関が見られた．C：扁桃体の活動と副腎皮質刺激ホルモン（ACTH）の分泌に正の相関が見られた．

　身体反応も扁桃体によって起動されている．扁桃体の中心核は，視床下部（hypothalamus），青斑核（locus coeruleus），中脳水道灰白質（periaqueductal gray）などに神経を送っている．これらの脳部位は，自律神経系や内分泌系の働きを制御する機能や，情動に関係した行動を起こす機能がある．つまり，扁桃体が情動的刺激を検出することにより，身体反応や感情的行動を起こすスイッチが入るのだとも言えよう．

　筆者ら（Ohira *et al.*, 2006）は，快または不快の情動を喚起する写真を被験者に見せ，その際の脳活動をPETで画像化し，同時に心拍，SCRなどの自律神経系活動，情動が起こると分泌される副腎皮質刺激ホルモン（adrenocorticotropic hormone: ACTH）の血中濃度を測定した．すると，両側の扁桃体に顕著な活動が見られた．さらに，扁桃体の活動強度と，SCRとACTH濃度が正の相関を示した（図3-3）．これは，扁桃体の活動により，自律神経系や内分泌系の活動が協調して起動されたことを示す証拠である．

　これまで見てきたように，扁桃体は様々な情動的刺激を素早く検出し，それに対する行動傾向や身体反応を起動して，効率的な対処を可能にする機能があ

ると言えるだろう．

　こうした扁桃体の鋭敏で多様な情動機能は，解剖学的構造に基づいている．扁桃体は，視覚，聴覚をはじめ，すべての感覚皮質から直接的な入力を受ける．さらに，前頭前野，側頭葉，頭頂葉の皮質の広範な部位と双方向的な神経連絡を持つ（Young *et al.*, 1994）．扁桃体は，ちょうど，ネットワークのハブの役割を持っていると言えよう．この構造により，単純な刺激から複雑な社会的刺激まで，あらゆる事物の情動価を評価することを可能にしている．また，感覚情報を，大脳の感覚皮質をとばして，視床を経由して扁桃体に直接入力する神経経路の存在も知られており（LeDoux, 1996），この構造が，自動的・無意識的で迅速な情動価評価を支えていると考えられる．

## 3-2-2　前頭前野による扁桃体の制御

　これまで見てきたように，扁桃体によって起動される情動は，非常に鋭敏であり，身体反応や社会的判断にも強い影響を与える．こうした仕組みは環境への適応のために有利である一方，本来危険でない刺激に対しても過敏になり過ぎ，不必要な反応を起こしてしまう危険をもはらんでいる．特に，人間は野生環境ではなく社会環境に生きているので，情動が命じるままに行動すると，多くの場合，不適応に陥る．そこで，情動を適切に制御することが必要になり，脳神経系の中にそうした機能を実現する仕組みが発達したのだと考えられる．そうした情動制御の機能を担うのは，主として前頭前野（prefrontal cortex）である．前頭前野は，前頭葉のうち運動に関連した領域を除いた領域を指し，特に人間において大きく発達している．前頭前野は，思考，言語，意思など，知的な高次認知機能のほとんどに関連する領域であるが，情動においても重要な役割を担っている．

**自動的な情動制御**

　扁桃体の神経細胞は，脳部位の中でも自発的な神経活動の頻度が特に少ない．このことは，扁桃体が暴走しないように，常に抑制的な制御がかけられていることを意味する．そのように扁桃体にブレーキをかける機能を担うのは腹外側

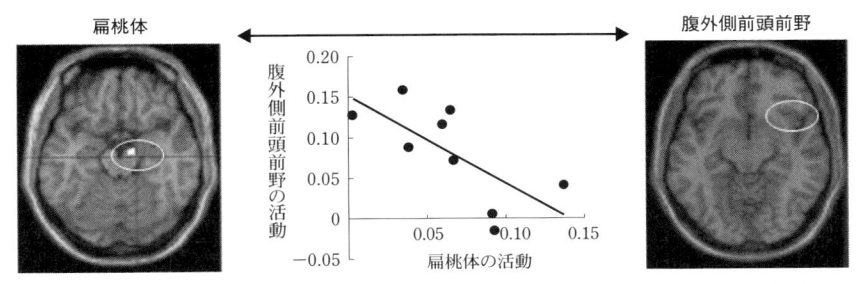

**図 3-4 腹外側前頭前野による扁桃体の抑制的制御**（Nomura et al., 2004 より一部改変）

前頭前野（ventrolateral prefrontal cortex）である．前に述べた筆者ら（Nomura et al., 2004）の研究では，極めて短時間提示され無意識的に知覚された怒り表情が，自動的に右扁桃体を活動させることを明らかにした．この時，右側の腹外側前頭前野の活動が，扁桃体活動と負の相関を示していた（図3-4）．これは，腹外側前頭前野が扁桃体の活動を抑えるようにはたらくことを意味している．この研究では，感情的刺激である怒り表情は無意識的に与えられているのであるから，それに対する扁桃体活動の制御も，意識とは無関係に自動的に行われていることになる．脳には，意識や意図がなくても感情を適切に制御できるような巧妙な仕組みが組み込まれているのであろう．同様な結果は，Haririら（2002）によっても報告されている．

さらに興味深いことに，こうした扁桃体と前頭前野のせめぎあいが，好悪やよし悪しなどの情動的判断をも規定しているらしい．筆者らの研究（Nomura et al., 2004）では，無意識的に提示した怒り表情の直後に意識的に提示した中性表情に対して，それが幸福，中性，怒り，のいずれの表情を示しているかの判断を求めた．判断対象はすべて中性表情であるのだが，一定の割合でそれが幸福そうに見えたり，怒っているように見えることも起こり得る．無意識的に提示された怒り表情によって扁桃体が強く賦活した個人では，本来中性である表情を怒りだと判断する割合が高く，逆に腹外側前頭前野によって扁桃体を抑制する傾向が強い個人では，怒りだと判断する割合は顕著に低かった．いずれの個人でも怒り表情は意識することはできないので，これらの判断は，いわば扁桃体と腹外側前頭前野の力関係によって，本人の意識や意志とは無関係に自動的に決定されていることになる．

またステレオタイプの問題においても，よく似た現象が報告されている．先に述べたように，人種や性別に関するステレオタイプに関係する刺激は，扁桃体を無意識的に活動させてしまう．しかし，そのことと，「黒人は暴力的だ」「女性はすぐ感情的になる」などのステレオタイプに基づいた判断をしてしまうことは，必ずしも同じではない．白人被験者に黒人の顔刺激を提示し，ステレオタイプとは無関係な年齢判断を求めた研究では，前頭前野の活動が高まり，その反面，扁桃体活動に反映されるステレオタイプ的な判断は抑制されたことが報告されている（Wheeler & Fiske, 2005）．また，自己が所属する集団とは異なる集団（外集団）のメンバーを評価させた研究では，人格的にも能力的にも劣っているとされる集団のメンバーの評価を行っている際には，扁桃体と島の活動は促進され，内側前頭前野の活動は抑制されたことが示された（Harris & Fiske, 2006）．ここでも，扁桃体と前頭前野のどちらが強く活動するかによって，対象を好意的に評価するか非好意的に評価するかが規定されることが示唆されている．

### 意図的な情動制御

情動を，自ら意図的に制御しようとする動物は，人間だけだろう．それは，情動は元々，生き残り確率を高め適応度を上げるために発達した仕組みであるので，人間以外の動物にとっては，情動に従って行動することが最も適応的であるためである．ところが，人間は適応のために，社会環境を創り上げた．そこでは，情動が命じるままに行動しては不適応に陥ってしまう．

意図的な情動制御においても前頭前野が重要な役割を果たすことがわかっている．筆者ら（Ohira et al., 2006）は，快または不快の情動を喚起する写真を見せた上で，被験者に自らの情動を抑制し，平静を保つことを求めた．PETによる脳活動の測定から，この意図的な努力によって，被験者は扁桃体の活動を抑えることに成功していたことがわかった．このとき，外側前頭前野（lateral prefrontal cortex）と腹内側前頭前野（ventromedial prefrontal cortex）の活動が顕著に高まっていた（図3-5）．外側前頭前野は，行動の目標を維持する部位である．情動を抑えるには，自分自身の情動を制御しようという目標を維持せねばならない．そうでなくては，情動的刺激が知覚されたならば自動的に情動反応が起

動されてしまう．この部位の活動は，そうした目標維持に関係したものだと考えられる．また，腹内側前頭前野は行動とその結果の，長期的なよし悪しの評価に基づいて意思決定を行う部位である．この部位の活動は，過去の経験などに基づいて効果的に自らの情動を制御する方法を選び出しているのだと考えることができよう．意図的な情動制御とは，この前頭前野の複数の部位が協調して働くことによって，扁桃体を中心とする情動を起動する脳部位の活動を調整しようとする営みであると考えられる．

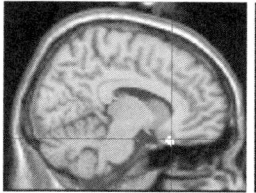

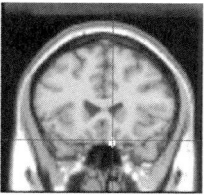

腹内側前頭前野

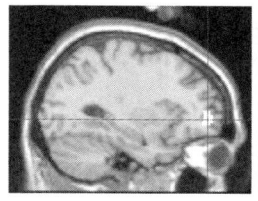

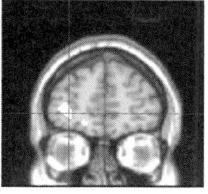

外側前頭前野

図3-5　意図的な情動制御を担う脳部位（Ohira et al., 2006 より一部改変）

　同様の結果は，多くのほかの研究においても得られており，どのような方略を用いて情動制御を行おうとするのかによって，動員される前頭前野の部位は異なってくることが明らかになっている（Quirk & Beer, 2006; Phillips et al., 2008）．

## 3-2-3　情動を規定する遺伝子

### 遺伝子多型と情動の個人差

　喜怒哀楽の動きが激しく情動を表に出しやすい人もいれば，抑制的であまり情動を表さない人もいる．情動反応の強さには，かなりの個人差があることは，誰もが日常生活で実感することであろう．そうした情動の個人差の原因は何だろうか．心理学では，そのような個人差を，性格特性によって説明しようとすることが多い．しかし，情動は動物の進化の過程でかたち作られたものであるから，その個人差の一部は，遺伝によって生得的に決められていると考えることは妥当であろう．

　情動に影響する遺伝子はいくつか考えられているが，現在までのところ，最

**3 神経—生理心理学を活かす**

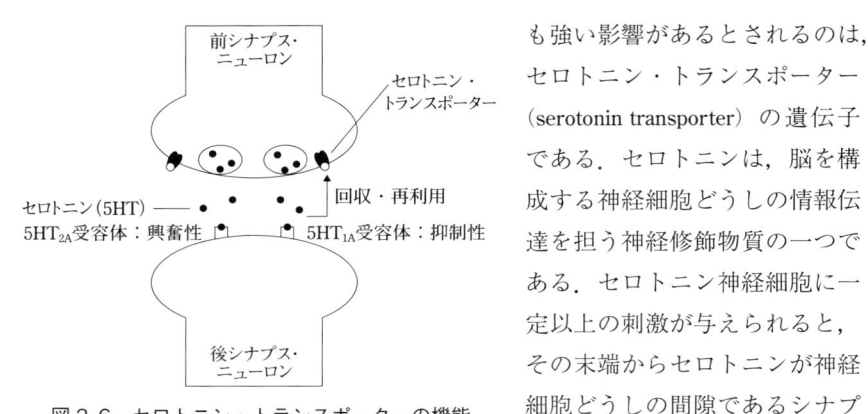

図3-6 セロトニン・トランスポーターの機能

前シナプス・ニューロンが刺激を受けると、シナプス小胞からセロトニンがシナプス間隙に放出される。その一部は、後シナプス・ニューロンの5HT1A受容体や5HT1B受容体に受け取られ、情報伝達がなされる。しかし、7～8割のセロトニンは余剰になり、前シナプス・ニューロンのセロトニン・トランスポーターにより回収され、再利用される。

も強い影響があるとされるのは、セロトニン・トランスポーター（serotonin transporter）の遺伝子である。セロトニンは、脳を構成する神経細胞どうしの情報伝達を担う神経修飾物質の一つである。セロトニン神経細胞に一定以上の刺激が与えられると、その末端からセロトニンが神経細胞どうしの間隙であるシナプス（synapse）に放出され、それが隣の神経細胞にある受容体に受け取られて信号が伝達される。セロトニン・トランスポーターは、シナプスに放出されたセロトニンのうち、受容体に受け取られず余った分を回収する分子である（図3-6）。

　人間や動物の遺伝子には正常範囲での個人差・個体差が存在し、これを多型（polymorphism）と呼ぶ。セロトニン・トランスポーター遺伝子の対立遺伝子には、塩基の繰り返し配列に関する多型が存在する。繰り返しの短い対立遺伝子（short: S）を持つ個人は繰り返しの長い（long: L）対立遺伝子を持つ個人よりも、セロトニンの回収効率が悪く、シナプスにおけるセロトニン量が多くなる。セロトニンを受け取る受容体には、5HT2A受容体に代表される神経細胞を興奮させる機能を持つものと、5HT1A受容体に代表される神経細胞の活動を抑制する機能を持つものがある。セロトニン量が多くなると、特に抑制性の5HT1A受容体が脱感作を起こし、働きが悪くなる。5HT1A受容体は、扁桃体や視床下部などの感情に関係した脳部位に多く存在するので、結果としてS対立遺伝子を持つ個人では、感情にブレーキがかかりにくく、感情的反応が強くなると考えられている。

　対立遺伝子の組み合わせにより、S／S、S／L、L／Lの三つのタイプの個人が存在することになるが、この順で情動的刺激への扁桃体の感受性が高く

(Heinz et al., 2005; Hariri et al., 2002), 不安障害やうつ病の罹患率も高いことが報告されている（Hariri & Holmes, 2006）．

### 遺伝子とストレス反応

筆者らは，セロトニン・トランスポーターの遺伝子多型によって，ストレスにさらされたときの脳と身体の反応の個人差が説明できるかを検討した（Ohira et al., 2009）．日本人にはＬ／Ｌタイプの個人は極めて少ないので，Ｓ／Ｓタイプとそれ以外（Ｓ／ＬタイプとＬ／Ｌタイプ）を比較した．ストレス課題として連続した暗算課題を遂行させると，アドレナリンやノルアドレナリンといったストレスや感情に関係したホルモンの分泌が，明らかにＳ／Ｓタイプの個人において多かった．またＳ／Ｓタイプの個人では，それらのホルモンの影響により，心拍の上昇もより大きかった．さらに，課題中の脳活動をPETで調べると，Ｓ／Ｓタイプでは視床下部，延髄，視床におけるいくつかの神経核の賦活が高まっていることが明らかになった．これらの脳部位は，交感神経系の活動を直接制御している．これらの結果により，Ｓ／Ｓタイプの個人では，ストレスにさらされた時，脳と身体がより強い感情的反応を生じることが示された．この研究においては，セロトニン・トランスポーターの遺伝子多型と扁桃体活動の直接的な関連は見出されなかった．これは，扁桃体は脳部位の中でも慣れが早いという特徴を持つので，ストレスに持続的にさらされるうちに，活動が低下したためかもしれない．しかしながら，Ｓ／Ｓタイプの個人でストレスに関連した生理的反応や脳活動が顕著であったという結果は，扁桃体の活動に媒介されている可能性が高いと考えられる．

もちろん，セロトニン・トランスポーターの遺伝子多型は，ストレスなどの情動反応を規定する遺伝子要因の一つに過ぎない．情動反応には，他の多くの遺伝子も関与し，結果として多様な個人差が生じるのであろうと考えられる．今後，心理学においても，こうした遺伝子の研究が進み，情動を含めた様々な精神活動の個人差の原因が解明されるようになると期待される．

## 3-2-4 扁桃体の機能異常と精神病理

**情動制御の不全と心身の病理**

これまで述べてきたように，扁桃体の活動と，それを制御する前頭前野やセロトニン受容体などのバランスにより，情動の機能は適切に保たれている．ところが，このバランスが崩れてしまうと，情動制御がうまくできなくなり，過大あるいは過小な情動反応を生じるため，社会に適応して生活することが難しくなる．

うつ病などの気分障害（mood disorder）の患者は，前頭前野の機能が低下しているために扁桃体の適切な制御ができず，実際には危険がないのに不安を強く感じたり，本来無害なものに対して恐怖を感じたりするといったように，不適切な情動反応を起こしてしまうことがfMRIを用いた研究によって示されている（Siegle et al., 2002）．この知見は最近の大規模なレビュー研究においても確認されており（Drevets et al., 2008），気分障害の患者では前頭前野の広範な領域に加え，海馬や視床などの脳領域にも機能不全が生じていることが明らかになっている．前頭前野の機能不全と，それによる扁桃体の過活動は，依存症患者にも見られる（Verdejo-García & Bechara, 2009）．扁桃体は，有害で脅威を与える刺激だけでなく，生存に有益な刺激にも鋭敏に反応することを思い出してほしい．依存症になりやすい個人は，金銭やある種の薬物などの報酬に，扁桃体が過剰に反応して，その価値を必要以上に重く見積もる傾向があると思われる．その一方で，前頭前野の機能不全により，中長期的な視点で判断することができず，近視眼的な判断に陥りやすいのであろう．そうした特性により，目の前の報酬を追求する依存症に特有の症状が現れるのだと考えられる．

一方，扁桃体がはたらかないことによる精神病理もありうる．サイコパシー（psychopathy）はその一例である．サイコパシーは，極端な利己性と衝動性を特徴とし，犯罪のリスクが高い性格特性として知られている．殺人や暴行など凶悪犯罪を犯したサイコパシー傾向者を調べた研究によると，こうした個人は，前頭前野と扁桃体の両方が機能不全に陥っていることが示唆されている（Yang et al., 2008）．前頭前野の機能不全により抑制機能がはたらかないために，自己

の欲望や攻撃衝動を抑えることができないのだと思われる．その一方で，扁桃体の機能不全により，犯罪は恐ろしいことであるという自然な情動的判断ができなくなり（Blair, 2009），他者の表情の読み取りができないことによって，他者の立場に立って考えることが不得手になる．こうして，冷酷な犯罪に手を染めるようになるのであろう．

また，興味深いことに，情動制御が不得手な人は，心臓病，糖尿病，喘息などの身体疾患にかかるリスクが高く，死亡率も高いことが指摘されている（Thayer & Brosschot, 2005）．これは，情動制御がうまくいかないと，情動に伴う身体反応が過剰に起こり，それが身体に負担をかけるためだと考えられている．情動を適切に制御することは，健康を維持する上でも極めて重要なのである．

## 心理療法に伴う扁桃体―前頭前野機能の調整

こうした心身の病理は，脳機能にその原因があるからといって，決して治療が不可能なわけではない．むしろ，治療的介入や訓練によって，脳機能を調整し，病理的状態を改善していくことが可能であることが示唆されつつある．

Siegle ら（2007）は，気分障害の患者では前頭前野機能が低下しているために，扁桃体の適切な制御ができず過剰な情動反応が生じてしまうという前述の知見に基づいて，前頭前野機能を訓練することで，治療効果が得られるかを検討した．大うつ病（major depression）の患者に，数週間にわたって注意の集中や切り替えの訓練を継続し，fMRI でその効果を検証した．その結果，訓練によって特に計画に基づいた行動を遂行していく機能に関連が深い外側前頭前野の機能が改善し，それに伴って扁桃体の活動が適切なレベルに調整されていたことが明らかになった．これは注意訓練という認知行動療法的な心理療法の効果が，脳機能のレベルで実証された一例である．

この研究は一つの例に過ぎないが，今後の研究の蓄積によって，様々な心身の病理が脳や身体の機能の視点から解明され，それらに対する有効な薬物療法，心理療法が開発され，その効果が検証されていくことが期待される．

## 3-3　神経─生理心理学の臨床的ふだん使い

### 3-3-1　ネガティブな情動の生物学的理解の重要性　　　　伊藤絵美

　心理療法は，「ネガティブな情動に苦しむ人に対する心理学的援助である」と定義することができる．心理療法を求めて来談する人は，落ち込んでいたり，悲しんでいたり，不安だったり，イライラしていたりし，そのようなネガティブな情動そのものを，もしくはそれらの情動と関連する認知や行動や身体反応や対人関係を何とかしたい，もしくは何とかしてほしいと，心理臨床家に訴える．逆に，ポジティブな情動に「苦しんで」来談する人は皆無と言ってよいだろう（双極性障害，いわゆる「躁うつ病」の人は，躁病期にポジティブな情動を体験することがあるが，それを主訴にして来談することはまずない）．

　ということは，われわれ心理臨床家は，ネガティブな情動についてよりよく，そして正しく知る必要がある．心理療法は，「生物─心理─社会」モデルという広い視野に基づいて実践される必要があるが，3-1・3-2 にあるような「神経─生理心理学」は，特に日本の臨床心理学に不足しがちな「生物」と「心理」のダイナミックな相互作用について，実証研究を基に説明してくれるものである．自分の抱えている問題を理解する，というアセスメントの作業が心理療法には不可欠であるが，その際，単に独力で理解するだけでなく（それも大事な作業であるが），自分の問題に「専門的な説明がつく」ことを知り，専門的な説明に基づいて自らの問題を客観的に理解するというのは，クライアントにとって大きな助けとなる．実際，自らのネガティブな情動を恥じたり，それにとまどったりしているクライアントには，情動について，それこそ 3-2 にあるような「扁桃体」「自律神経」「セロトニン」といった概念を用いて説明をすることがあるが，それによって，自らの情動が「わけのわからない恐ろしいもの」ではなく「科学的に説明のつく，生物学的な現象」として理解できるようになり，それだけである程度の落ち着きを取り戻すクライアントは少なくない．

さらに昨今の「脳科学」の流行により，クライアント自身がマスコミやインターネットなどで様々な情報を仕入れたり，脳科学的な説明を求めたりするという現象が，急増している．しかし残念ながら，マスコミに流布する情報は，3-1 にもある通り，「脳マッピング」や「小人問題」的なものが少なくない．したがって，クライアントと直接接するわれわれ心理臨床家にとって重要なのは，神経—生理心理学について，論文を読むなどして学び，自らの知識を更新し続け，クライアントの自己理解の助けになるように，それらの知識をわかりやすく説明するスキルを身につけることであると思う．

### 認知行動療法の諸技法の機序

情動が扁桃体システムを中心とした自動的な過程であれば，それが湧き起こってくることを意図的に制御することは不可能である．となると，自動的に発生する情動に気づき，それを理解した上で，必要な場合は制御を試みる，というのが妥当な対応であろう．そして 3-2 によれば，情動の制御には，前頭前野が様々な形で関与しているとのことである．「情動に気づき，理解し，制御を試みる」というのは，まさに認知行動療法の中心的アプローチである．そして，最近の認知行動療法における諸研究からも，認知行動療法が奏効する過程において，クライアントの前頭前野の機能がまず向上することが確認されつつあり，認知行動療法とは「前頭前野のトレーニングである」とも言われるようになっている（貝谷，2006）．認知行動療法という心理療法の機序が，生物学的に解明されることの意義は大きく，例えば，それによって，われわれ認知行動療法家は，自分たちが何をしているのかということについて，より多くの人に受け入れてもらえるよう説明ができるし，心理療法に対してうさんくさい印象を抱いているうつ病患者が，認知行動療法の生物学的機序を知ることによって，心理療法へのモチベーションが上がるかもしれない．

3-1・3-2 において筆者が特に関心を抱いたのは，「どのような方略を用いて情動制御を行おうとするのかによって，動員される前頭前野の部位は異なってくることが明らかになっている」との記述である（3-2-2）．認知行動療法的アプローチにより，前頭前野の機能が正常化することは，ある程度「常識」となりつつあるが，認知行動療法で用いられる様々な技法が，それぞれどのような

生物学的機序を持つかということまでは，まだあまり議論されていないように思う．情動制御における各方略の特徴や異同が明確になれば，どの技法をどのような目的でどのようなタイミングで用いるのがよいか，という意思決定の大きな手助けになるのではないだろうか．

### 再犯予防のための心理学的アプローチ

最後になるが，筆者がいま最も興味を抱いていることの一つが，犯罪者の再犯予防に対する認知行動療法の適用である．暴力犯罪であれば「怒り」の制御が，アルコールや覚せい剤など薬物の問題であれば「報酬系」の制御が，不可欠となってくる．これらの犯罪者に対する際も，「根性」「気合」といった精神論を提示するだけではなく，神経―生理心理学的知識を最大限に活用することが，再犯予防の大きな助けになると思われる．心理学がそのような形で社会に貢献できるとしたら，それは大変素晴らしいことのように思う．

## 3-3-2　心理臨床場面での神経―生理心理学の扱われ方　　加藤　敬

筆者の経験では，30年前の心理学科の教育課程に生理心理学はあったが，大学では臨床現場で神経―生理心理学の知識が必要だという情報はなく，ましてや神経心理学の講義などはなかった．就職した医療機関ではリハビリテーション科の知能検査・神経心理検査なども業務だったため，病院の勉強会で解剖学などの医学的知識や神経心理学を独学したものである．

臨床心理士の業務は医療だけでなく，教育，司法，福祉，開業など多岐にわたっている．それぞれの領域において神経―生理心理学がどういう位置づけを持つのかはわからない．いまのところ心理業務に直接この種の知識や概念が必要なのは医療領域だろう．例えば，高次脳機能障害や高齢者の認知症への評価やリハビリテーションなどに臨床心理士の業務が進出しているが，その領域においては神経―生理心理学の知識が直接必要になる．ただ，後述するように心療内科でもその知識は近年有用になってきている．

## ソフトウェアとしての心理機能

3-1-1 によると，認知神経科学は脳機能画像法の進歩に伴って研究領域が展開してきたとある．「今後は臨床心理学を含めた全ての心理学領域において，脳機能や身体生理機能を基盤とした研究が盛んになっていく」と展望されているが，脳機能と心理機能との対応関係が明確になることは重要である．このことをハードウェアとソフトウェアとの関係にたとえているのもわかりやすかった．

また「臨床心理学への応用という点でも，ハードウェアとソフトウェアの区別は有用である．コンピュータの不調も，ハードウェアの機械的故障により生じることもあれば，ソフトウェアのエラーにより生じることもある」(3-1-2)と述べられているが，身近なところで連想するのは強迫性障害の薬物療法と認知行動療法を脳画像によって追跡した研究である．これなどは確認を駆り立てる認知や不安（ソフトウェア）と，興奮する脳神経ネットワーク（ハードウェア）との関連性が示され，認知行動面に訓練的に働きかけることで異常な神経の興奮を鎮めることが証明された．まさに「心理療法は主にソフトウェアに働きかけることになるのだろう」．

心理療法は治療者とのコミュニケーションによる慰めや癒し，クライアントの心理的成長の促進という側面が強調されてきたが，今後は脳科学や認知神経科学の根拠に基づき，治療者とクライアントが協働して治療・訓練に取り組む側面もつけ加わるだろう．

## 心身医学との関連

心身医学は心身症の解明と治療を通じて心と体の対応関係を研究している学問であるが，最近では脳科学・認知神経科学の方法論を取り入れた研究も多く行われるようになった．例えば，過敏性腸症候群患者をセロトニン・トランスポーター遺伝子多型の3タイプに分け，内臓刺激がどのように感受されているのか脳賦活部位から検討したり，失感情症（アレキシサイミア）と共感機能と関連が深いミラーニューロン活動との関連を脳画像から研究したりするなど，心身医学の様々な領域に件の方法論が適用されている．

治療においては，患者の心身相関への気づきが重要な治療契機になるが，先

ほどのソフトウェア，ハードウェアとの関連が明らかになるにつれ，患者にもわかりやすく病態が把握されることも，「心身相関への気づき」への一助になるだろう．

### 心理臨床場面での使われ方

筆者にとってすべての症例に脳科学的な知識を応用するのは困難であるが，こうした知識や情報をクライアントに紹介して，自己の状態を把握させやすくするための心理教育に使うことが多い．どのような使い方か，事例から紹介する．

---

**事例：中学2年生男子A**
**主訴：家庭内でのイライラ，暴言，軽い暴力**

A君は中学2年生になった頃から，母親や祖母に対して暴言，暴力が増え，本人も怒った後は罪悪感に苦しむ悪循環に悩んでいた．両親の説得の末，医療機関に連れて来られたが，頑なな態度で医師の投薬提案も拒んだ．そこで臨床心理士が面接をすることになった．臨床心理士はA君が罪悪感に苦しんでいることを前もって知っていたので，「話しにくい内容だから来たくなかったと思うけど，よく来てくれました」と複雑な思いを持って来院したことを労った．そして怒りについて扁桃体と前頭前野の抑制機能の面からわかりやすく説明した．

するとA君は「なぜ前頭前野の抑制が外れるのですか」と質問してきた．そこで様々な精神的緊張やストレスが前頭前野を疲れさせて抑制が外れると解説した．すると学校で何度も持ち物が盗まれ，解決せぬまま2年生に上がったこと，今年に入ってから祖母がA君に対して，同じことを何度も言ったりたずねたりと，つきまといだしたことがつらいと吐露した．

このことから，両親に対してはA君の環境的な問題を調整し直すこと，A君に対しては怒りのセルフコントロール法を指導し，薬物療法の意味を伝えた．A君も怒りが止まらない理由がわかり，指導を受け入れることができた．

---

これは脳科学的説明がA君の怒りに対する罪悪感を軽減する一種の外在化として働き，治療抵抗を除去できた例である．もちろん脳科学的な説明によってA君の環境的問題が明らかになったことや，薬物の使用意義と，怒りのセルフコントロールへの導入がしやすくなったことは言うまでもない．

## 3-4 臨床的ふだん使いへのコメント

### 3-4-1 臨床から

津田 彰

「神経—生理心理学を活かす」という基礎心理学の立場からまとめられた3-1・3-2を受けて，認知行動療法家である伊藤は，心理臨床実践における「ネガティブな情動の生物学的理解の重要性」に言及するとともに，「認知行動療法の諸技法の機序」を知ることや「再発予防のための心理学的アプローチ」の臨床的効果ついて実に示唆に富む考察を行っている（3-3-1）．

また，心理療法理論の統合的立場のオリエンテーションに立つ加藤も同様に，家庭内での焦燥と暴力が問題となった中学生男子の事例を取り上げながら，心理臨床場面での神経—生理心理学の扱われ方について，「ソフトウェアとしての心理機能」と「心身医学との関連」の文脈の中でわかりやすい比喩を交えながら説明している（3-3-2）．

両者の神経—生理心理学の臨床的ふだん使い例は，心理臨床サービスを専門活動にしている臨床家のみならず，人間行動と精神的活動の生物学的基礎過程の理解を試みている基礎心理学者に対して，いずれも心理臨床と基礎心理学の連携と協働の意義と役割，必要性についてたくさんの気づきを与えてくれる．

例えば，クライアントが抱え，苦悩する精神的症状や行動的問題が「科学的に説明のつく，生物学的な現象」として理解できるようになったり，「認知行動療法の生物学的機序」を説明できたり（3-3-1），「脳科学や認知神経科学の根拠に基づき，治療者とクライアントが協働して治療・訓練に取り組」んだり，「心身相関への気づき」の一助となったり（3-3-2）するという．このような心理臨床家からのコメントは，実験室における神経—生理心理学的な現象の理解に終始し，自己完結してしまいがちな基礎心理学者に，自分の研究が純粋に知的探究心を満たすことのみならず，健康とウェル・ビーイングに貢献する社会的インパクトにつながっているという自負をもたらしてくれるに違いない．

筆者は，基礎心理学（e.g., Brydon *et al.*, 2009; Hamer *et al.*, 2007; Tsuda & Tanaka, 1989, 1990; Tsuda *et al.*, 1994）と健康支援（津田・坂野，2003；津田・馬場園，2004；津田・プロチャスカ，2006）の研究と実践の包括ケア（津田，2002；津田・稲谷，2009）を目指す立場から，若干のコメントをさせていただく．

抑うつや不安をはじめとする精神病理といわゆる心身症疾患の症状の多くは，精神神経内分泌免疫学的経路を介して発現し，変化が病因と経過に直接的ないし二次的に関わるとともに，治療と予防によっても変化する．したがって，これら疾患の生物学的基礎過程のメカニズムと治療効果は，3-1・3-2 に引用されているような脳のイメージ活動をはじめ，質問紙などの主観的反応，精神神経内分泌免疫学的反応，筋骨格系反応（行動）など様々な測定指標によって知ることができる．しかし，個体の安定の維持のために表出されるこれら主観的，行動的，生理的反応系は，相互に大きく変動しながら安定に向かおうとする機能を有している．それゆえ，生体内および生体間の反応指標の固有特性の存在や独立性，反応表出の個人差などに留意しなければならない．また，指標間相互の関連性を検討する場合，指標間の関係性と一口に言っても，関連性の高さを問題にするのか低さを問題にするのか一概に決められない．

特に治療過程における指標間関係に注目した場合は容易ではない．例えば，系統的脱感作によって不安障害や恐怖症を治療する場合，恐怖と不安の軽減が最初に起こり，その後徐々に回避・逃避行動の消去が生じて治療奏転する．これに対して，フラッディングを適用した場合は，最初に回避・逃避行動の抑制を強制するために，問題行動は顕在化しないが，恐怖は一時的に増大する．しかし，行動抑制が進むにつれて，その後徐々に恐怖と不安の症状が消失して治療奏転する．モデリングによる治療を行った場合には，恐怖と不安の軽減と回避・逃避行動の抑制が並行して起こり，治療奏転する．つまり，系統的脱感作とフラッディングでは，意識化された恐怖・不安の軽減と回避・逃避行動の抑制の不一致が生じている．モデリングでは，これら指標間の一致の安定した持続が認められる．測定指標間のずれ（反応水準や反応の時系列変化の違い）が重要な情報と言われるゆえんでもある．

この点で，クライアントがどのような生理反応系の優位者なのかによって，セラピストはそれに応じた治療技法の選択が可能になる．例えば，主観的な不

安が高いクライアントにはまず系統的脱感作を行い，生理的覚醒水準が高いクライアントにはバイオフィードバックなどの自律神経系の調節が有効となる．つまり，神経─生理心理学の臨床的ふだん使いの効果と有効性は，クライアントの症状の特徴と反応の特異性に適合した治療法をセラピストが適切に選択する時，ハイインパクトになる．

### 3-4-2　基礎から　　　　　　　　　　　　　　　　　　　　　　大平英樹

　3-3では，脳や神経に関する研究知見をクライアントに対する一種の心理教育に利用することの有効性が述べられている．筆者は基礎研究者であり臨床経験はないので，こうした発想をしたことがなく，新鮮な印象を受けた．確かに，クライアントが自分自身の症状を，人格の問題や，禍々しい「心の闇」のような事柄ととらえるのではなく，脳神経という実体の不調ととらえる視点を促進することは，客観視，外在化につながると考えられる．例えば，パニック発作を経験した人は，その瞬間の恐怖はたいへんなものであろうが，パニック障害という疾患の生物学的メカニズムについて知識を持っていれば，自身の症状を客観視することができ，それを過度に心配することを避けることができるだろう．神経─生理心理学の心理教育には，このような一種の予防的な効果も期待できるのではないかと考える．

　こうした神経─生理心理学的な心理教育を発展させるには，心理臨床家が脳科学リテラシーを持つことが重要だろう．すなわち，脳神経科学についてある程度の知識を持ち，日々生み出され報道される脳神経科学の知見について妥当性を判断することができ，その知見をクライアントにやさしくかつ科学的妥当性を損なわずに説明できる能力を涵養することである．脳神経科学の日進月歩の発展を考えると，こうした能力の獲得を心理臨床家の個人的努力に求めるのは難しいように思う．関連諸学会などが組織的に，継続的な教育や，基礎研究者と心理臨床家のコラボレーションを可能にする場を用意していくなどの取り組みが必要になってくると思われる．実際，欧米では既にそうした試みが成果を挙げつつある．日本でも，そうした場が早く実現することを切に望む．

## 学習を進めるための参考図書

ダマジオ, A. R. 田中三彦（訳）(2000). 生存する脳——心と脳と身体の神秘 講談社：脳と身体の相互作用から感情が生まれ、それが意思決定にまで影響を与えるという「ソマティック・マーカー仮説」を提唱した名著である．

ダマジオ, A. R. 田中三彦（訳）(2003). 無意識の脳・自己意識の脳——身体と情動の神秘 講談社：『存在する脳』を発展させ，無意識的に起動される情動が，どのように主観的な感情体験となるのかを大胆に論じる．やや難解なので，前掲書の後に読むことを勧める．

ルドゥー, J. 松本 元・川村光毅（訳）(2003). エモーショナル・ブレイン——情動の脳科学 東京大学出版会：扁桃体を中心に情動の脳メカニズムを活写した名著である．原著発表はやや古いが，本書の仮説はその後の神経画像研究で実証された．

## 引用文献

Adams, R. B. Jr., Gordon, H. L., Baird, A. A., Ambady, N., & Kleck, R. E.（2003）. Effects of gaze on amygdala sensitivity to anger and fear faces. *Science*, **300**, 1536.

Adolphs, R.（2001）. The neurobiology of social cognition. *Current Opinion in Neurobiology*, **11**, 231-239.

Adolphs, R.（2008）. Fear, faces, and the human amygdale. *Current Opinion in Neurobiology*, **18**, 166-172.

Adolphs, R., Gosselin, F., Buchanan, T. W., Tranel, D., Schyns, P., & Damasio, A. R.（2005）. A mechanism for impaired fear recognition after amygdala damage. *Nature*, **433**, 68-72.

Adolphs, R., Tranel, D., & Damasio, A. R.（1998）. The human amygdala in social judgment. *Nature*, **393**, 470-474.

Blair, R. J. R.（2009）. Fine cuts of empathy and the amygdale: Dissociable deficits in psychopathy and autism. *The Quarterly Journal of Experimental Psychology*, **61**, 157-170.

Blair, R. J. R., Morris, J. S., Frith, C. D., Perrett, D. I., & Dolan, R. J.（1999）. Dissociable neural responses to facial expressions of sadness and anger. *Brain*, **122**, 883-893.

Breiter, H. C., Etcoff, N. L., Whalen, P. J., Kennedy, W. A., Rauch, S. L., Buckner, R. L., Strauss, M. M., Hyman, S. E., & Rosen, B. P.（1996）. Response and habituation of the human amygdala during visual processing of facial expression. *Neuron*, **17**, 875-887.

Brydon, L. Walker, C., Wawrzyniak, A., Whitehead, D., Okamura, H., Yajima, J., Tsuda, A., & Steptoe, A.（2009）. Synergistic effects of psychological and immune stressors on inflammatory cytokine and sickness responses in humans. *Brain, Behavior & Immunity*, **23**, 217-224.

Cacioppo, J. T., & Berntson, G. B.（2005）. *Social neuroscience: Key readings*. Psychology Press.

Cacioppo, J. T., Tassinary, L. G., & Berntson, G. G.（Eds.）（2000）. *Handbook of psychophysiology*. Cambridge University Press.

Demos, K. E., Kelley, W. M., Ryan, S. L., Davis, F. C., & Whalen, P. J.（2008）. Human amygdala sensitivity to the pupil size of others. *Cerebral Cortex*, **18**, 2729-2734.

Drevets, W. C., Price, J. L., & Furey, M. L.（2008）. Brain structural and functional abnormalities in mood disorders: Implications for neurocircuitry models of depression. *Brain Structure & Function*, **213**, 93-118.

Gazzaniga, M. S., Ivry, R. B., Mangun, G. R., & Steven, M. S.（2008）. *Cognitive neuroscience: The biology of the mind*. W. W. Norton & Co.

Hamer, M., Tanaka, G., Okamura, H., Tsuda, A., & Steptoe, A.（2007）. The effects of depressive symptoms on cardiovascular and catecholamine responses to the induction of depressive mood. *Biological Psychology*, **74**, 20-25.

Hariri, A. R. & Holmes, A.（2006）. Genetics of emotional regulation: The role of the serotonin transporter in neural function. *Trends in Cognitive Sciences*, **10**, 182-191.

Hariri, A. R., Mattay, V. S., Tessitore, A., Kolachana, B., Fera, F., Goldman, D., Egan, M. F., & Weinberger,

D. R. (2002). Serotonin transporter genetic variation and the response of the human amygdala. *Science*, **297**, 400-403.

Harris, L. T., & Fiske, S. T. (2006). Dehumanizing the lowest of the low: Neuroimaging responses to extreme out-groups. *Psychological Science*, **17**, 847-853.

Heilman, K. M., & Valenstein, E. M. D. (Eds.) (2003). *Clinical Neuropsychology*. Oxford University Press.

Heinz, A., Braus, D. F., Smolka, M. N., Wrase, J., Puls, I., Hermann, D., Klein, S., Grusser, S. M., Flor, H., Schumann, G., Mann, K., & Buchel, C.(2005). Amygdala-prefrontal coupling depends on a genetic variation of the serotonin transporter. *Nature Neuroscience*, **8**, 20-21.

貝谷久宣(編)(2006). 認知療法 2006──第5回認知療法学会から　星和書店

Knutson, K. M., Mah, L., Manly, C. F., & Grafman, J. (2007). Neural correlates of automatic beliefs about gender and race. *Human Brain Mapping*, **28**, 915-930.

LeDoux, J. (1996). *The emotional brain: The mysterious underpinnings of emotional life*. Simon & Schuster.

Morris, J. S., Frith, C. D., Perrett, D. I., Rowland, D., Young, A. W., Calder, A. J., & Dolan, R. J.(1996). A differential neural response in the human amygdala to fearful and happy facial expressions. *Nature*, **383**, 812-815.

Nomura, M., Ohira, H., Haneda, K., Iidaka, T., Sadato, N., Okada, T., & Yonekura, Y. (2004). Functional association of the amygdala and ventral prefrontal cortex during cognitive evaluation of facial expressions primed by masked angry faces: An event related fMRI study. *NeuroImage*, **21**, 352-363.

Ohira, H., Matsunaga, M., Isowa, T., Nomura M., Ichikawa, N., Kimura, K., Kanayama, N., Murakami, H., Osumi, T., Konagaya, T., Nogimori, T., Fukuyama, S., Shinoda, J., & Yamada, J. (2009). Polymorphism of the serotonin transporter gene modulates brain and physiological responses to acute stress in Japanese men. *Stress*, **12**, 533-543.

Ohira, H., Nomura, M., Ichikawa, N., Isowa, T., Iidaka, T., Sato, A., Fukuyama, S., Nakajima, T., & Yamada, J. (2006). Association of neural and physiological responses during voluntary emotion suppression. *NeuroImage*, **29**, 721-733.

Pessoa, L. (2008). On the relationship between emotion and cognition. *Nature Review Neuroscience*, **9**, 148-158.

Phelps, E. A., O'Connor, K. J., Cunningham, W. A., Funayama, E. S., Gatenby, J. C., Gore, J. C., & Banaji, M. R. (2000). Performance on indirect measures of race evaluation predicts amygdala activation. *Journal of Cognitive Neuroscience*, **12**, 729-738.

Phillips, M. L., Ladouceur, C. D., & Drevets, W. C. (2008). A neural model of voluntary and automatic emotion regulation: implications for understanding the pathophysiology and neurodevelopment of bipolar disorder. *Molecular Psychiatry*, **829**, 833-857.

Quartz, S. R. (2009). Reason, emotion and decision-making: risk and reward computation with feeling. *Trends in Cognitive Sciences*, **13**, 209-215.

Quirk, G. J., & Beer, J. S. (2006). Prefrontal involvement in the regulation of emotion: convergence of rat and human studies. *Current Opinion in Neurobiology*, **16**, 723-727.

Rolls, E. T. (2000). The orbitofrontal cortex and reward. *Cerebral Cortex*, **10**, 284-294.

Siegle, G. J., Ghinassi, F., & Thase, M. E. (2007). Neurobehavioral therapies in the 21st century: Summary of an emerging field and an extended example of Cognitive Control Training for depression. *Cognitive Therapy and Research*, **31**, 235-262.

Siegle, G. J., Steinhauer, S. R., Thase, M. E., Stenger, V. A., & Carter, C. S. (2002). Can't shake that feeling: Event-related fMRI assessment of sustained amygdala activity in response to emotional information in depressed individuals. *Biological Psychiatry*, **51**, 693-707.

Thayer, J. F., & Brosschot, J. F. (2005). Psychosomatics and psychopathology: Looking up and down

from the brain. *Psychoneuroendocrinology*, **30**, 1050-1058.
津田　彰（編）（2002）．医療の行動科学2　北大路書房．
津田　彰・坂野雄二（編）（2003）．医療行動科学の発展　現代のエスプリ，**431**.
津田　彰・馬場園明（編）（2004）．健康支援学　現代のエスプリ，**440**.
津田　彰・稲谷ふみ枝（2009）．ストレスマネジメントと健康心理学　丹野義彦・利島　保（編）医療心理学を学ぶ人のために　世界思想社　pp. 76-93.
津田　彰 & プロチャスカ，J. O.（編）（2006）．新しいストレスマネジメントの実際　現代のエスプリ，**469**.
Tsuda, A., & Tanaka, M. (1989). Behavioral, physiological and neurochemical changes induced by psychological stress in rats. In K. V. Sudakov (Ed.), *Perspectives on research in emotional stress*. Gordon and Breach Science Publishers, pp. 45-64.
Tsuda, A., & Tanaka, M. (1990). Neurochemical characteristics of rats exposed to activity stress. *Anvnals of New York Academy of Sciences*, **597**, 146-158.
Tsuda, A., Tanaka, M., Nishikawa, T., & Hirai, H. (1994). Effects of coping behavior on gastric lesions in rats as a function of the complexity of coping tasks. In A. Steptoe & J. Wardle (Eds.), *Psychosocial processes and health*. Cambridge University Press, pp. 132-146.
Verdejo-García, A., & Bechara, A. (2009). A somatic marker theory of addiction. *Neuropharmacology*, **56**, 48-62.
Wheeler, M. E., & Fiske, S. T. (2005). Controlling racial prejudice: Social-cognitive goals affect amygdala and stereotype activation. *Psychological Science*, **16**, 56-63.
山岸俊男（1998）．信頼の構造　東京大学出版会
Yang, Y., Glenn, A. L., & Raine, A. (2008). Brain abnormalities in antisocial individuals: Implications for the law. *Behavioral Sciences & the Law*, **26**, 65-83.
Young, M. P., Scannell, J. W., Burns, G. A., & Blakemore, C. (1994). Analysis of connectivity: Neural systems in the cerebral cortex. *Review of Neuroscience*, **5**, 227-250.
Zola-Morgan, S., Squire, L. R., Alvarez-Royo, P., & Clower, R. P. (1991). Independence of memory functions and emotional behaviors: Separate contributions of the hippocampal formation and the amygdale. *Hippocampus*, **1**, 207-220.

## 第4章 行動心理学を活かす

# 4-1　行動心理学とは何か

山本淳一

## 4-1-1　心理臨床における行動心理学の意義

　心理臨床は，病院臨床，発達臨床，教育臨床などの様々な現場で，精神疾患，発達障害，不適応など多様な支援を実施している．このような幅広い実践を進めるためには，実証研究の成果（エビデンス）に基づいた技法（山本・澁谷，2009）を身につけるのは当然としても，ヒューマンサービスの基本をなす一連の研究成果の体系の理解が不可欠である．応用行動分析（山本・加藤，1997），行動療法（宮下・免田，2007），行動的心理療法（Kolenberg & Tsai, 1991），行動カウンセリング（足達，2008），行動コンサルテーション（加藤・大石，2004），組織行動マネジメント（舞田・杉山, 2008; 島宗，2000）などの枠組みと技法がそれに応えるべき大きな役割を果たしているが，それらを系統的に理解するには行動心理学の知識が欠かせない．本節では，行動心理学の中でも，理論，基礎，応用の一貫した体系を持つ徹底的行動主義（radical behaviorism）の立場を取る「行動分析学（behavior analysis）」の基礎について，その人間観と心理臨床に対する考え方を概説する．

### こころと行動

　人は，常に環境と接触しながら生きている．「心」も，そのような環境との相互作用の中から生まれる．「心」をとらえる場合，環境との接触のあり方の分析が不可欠である．個人と環境との相互作用のことを「行動（behavior）」と呼ぶ．行動とは，狭い意味での個々の反応のことではない．行動とは，生きている個体が行う全てのふるまいのことである（杉山ほか，1998）．人は生きている限り，環境と接触し，環境との相互作用を行っている存在である．行動分析学は，「心」の問題は，環境との接触のあり方として，クライアントの生命と生活の中でとらえるべきであるという人間観を，基礎，応用ともに徹底させて

いる．

　行動分析学では，「心」が原因で，その結果として「行動」が現れるという心身二元論の立場を取らない．また，「心」に直接アクセスできないので，便宜的に「行動」を調べるという立場（方法論的行動主義：methodological behaviorism）も取らない（佐藤，1987, 2001）．「心」とは，「言語行動（verbal behavior）」や「私的出来事（private event）」を含めた，「行動」そのものなのである（Skinner, 1957, 1974, 1987）．この点から，心理学の対象を，「個体と環境との相互作用」という次元に設定し，行動に影響をおよぼす環境の条件も含めて分析の対象にする．行動とは，「個々の反応」ではなく，機能的な単位であり，環境との相互作用によって共通の影響を受ける「行動クラス」ととらえる．

　行動は，刺激からの影響の受け方によって，「オペラント（operant）行動」と「レスポンデント（respondent）行動」に分けられる．後続刺激によって変容する行動をオペラント行動という．ヒトの行うほとんどの行動がオペラント行動である．レスポンデント行動は後続刺激の影響を受けることがなく，先行刺激によって一義的に誘発される反射のことである．以下では，特に断らない限り，行動とはオペラント行動を指す．

　われわれは，視覚刺激，聴覚刺激，自己受容感覚刺激など様々な外的・内的刺激の影響を受けて行動している．行動は，それに時間的に先立つ環境側の先行刺激をきっかけに起こる．刺激は，物理的特性ではなく，行動への影響の与え方（機能）によって定義される．刺激と行動との間には，直接的な不可分な関係がある．行動心理学の知覚論は，その意味で，生態学的知覚論に近い（境ほか，2002）．

　一方，行動した結果による環境の変化（後続刺激）も行動に大きな影響を与えている．例えば，乳児が母親の顔を見たり，手を伸ばしたり，声を発する行動は，母親の応答によって維持される．環境刺激が個人の行動に与える影響も含めた「個人と環境との相互作用」を分析の単位とし，「先行刺激→行動→後続刺激」の関係としてとらえる．そのような3項から成る「個人と環境との相互作用」の単位を「行動随伴性（behavior contingency）」と呼ぶ．「行動随伴性」を分析の単位とすることで，人の生命と生活の中で「心」を扱うことができ，支援方法の枠組みが格段に広がった．また，その妥当性は，数々の実証研

究，実践研究の成果から裏づけられている．

### 心理臨床における行動

これまで行動分析学は，表情や身振りなどの社会的行動，音声表出やその理解，言語機能，物理的・社会的刺激への注意，推論や概念形成，問題解決，社会的相互作用，セルフコントロールなど，人の心のはたらきに関するものほとんどをカバーしてきた（小野，2005）．自分自身に対する言葉かけ（「会社に近づくと心臓がドキドキする」「自分でなんとかしなくちゃいけないんだよね」）なども行動（言語行動）である（Hayes, 1994; 佐藤，2001）．言語行動には，相手に伝えるコミュニケーションを目的とした「外言」と，自分自身に小さい声（さらには「心の中」）で語りかけることで自分の次の行動を方向づけたり考えをまとめたりする「内言」がある．内言は，自分自身が話し手と聞き手の双方の役割を担う言語行動である（Skinner, 1974; 山本，2009）．

心と行動の問題が起きている場合でも，機能的な行動が本人の行動レパートリーにない場合と，行動レパートリーにはあるが出現機会が少ない場合が考えられる．前者の場合は，行動レパートリーの獲得の促進が目標になり，後者ではその行動が出現しやすくなるような環境整備（家庭，園，学校など）を行うことが目的となる．このように，どのような心理臨床を進めるかについては，それらの行動を生み出す条件の分析が不可欠である．

一般に心理学においては，意識，意欲，感情，知識，思考，記憶など様々な心的活動は「内的」経験として扱われてきた．しかしながら，他者の内的経験にアクセスするために，われわれは，他者の何らかのふるまい（言語行動も含む行動，生理的反応）を観察し，それに対応している（小野，2005）．心理臨床においても，われわれは「他者」の行動を手がかりにアセスメントを行い，心理臨床の成果を評価している．行動の直接観察の結果，質問紙への回答（叙述言語行動），面接での言葉や間合いやしぐさなど，すべて行動であり，それらへの直接的観察以外に「相手を知る」手だてはない．

心理臨床においては，行動の成立条件，行動間の相互関連，行動間の階層性に焦点を当て，それらが「どのような」不全を「なぜ」起こしているのか，環境からの支援によりどのように変容するのかを分析していく．例えば，クライ

アントが「内的事象に原因を帰属させる」誤った因果関係に囚われている（武藤・ヘイズ，2008）場合，本人を実際の環境と接触させながら，「個人と環境との相互作用」のあり方を修正し，生活の改善を目的とする（大河内・武藤，2007）．

## 4-1-2 個人と環境との相互作用

以上，まとめると，われわれの行動は，環境からはじめにきっかけとして与えられる刺激によって影響を受ける．また，行動した結果，環境からどのような応答（フィードバック）がなされたかによってもまた大きな影響を受ける．「行動のきっかけを与える先行刺激（antecedent stimulus: A）」と「行動した結果与えられる（生み出される）後続刺激（consequent stimulus: C）」とが，「行動（behavior: B）」にどのような影響を与えているかを分析する．「分析」とは，個人に与える刺激（環境）の機能を明らかにすることである．

心理アセスメントにおいても，先行刺激と後続刺激の与え方を系統的に変化させることで，治療につながる適切な行動が安定して出現し，不適切な行動が減少していく環境条件を見出していくことになる（Ramnerö & Törneke, 2008）．

### 行動を規定する先行刺激の機能

先行刺激（A）が有効にはたらくには，それに対応した行動（B）をした結果，ほめられた，うまくいった，状況が改善したというポジティブな経験（C）が必要である．例えば，保健室登校の生徒に，カウンセラーが「教室に入ってみようよ」という指示を，口調（音声刺激形態）をやさしく変えながら言っているがうまくいかないといった状況には，何が欠けているのだろうか．カウンセラーの指示（A）に従って，教室に入ったら（B），不安を感じなかった，友人からうれしい声をかけられた，クラスに参加できた（C）という行動随伴性を経験することが重要なのである．子どもの教室参加行動が，様々な面でポジティブな後続刺激を得られるように環境を整備することが何より必要なのである．

その際，本人とともに，どのような行動をしたいか，どのような行動ができそうかを決定すること（自己決定）で後続刺激の効果を高める．後続刺激のはたらきを強めるはたらきかけのことを「確立操作（establishing operation）」とい

う．これは，広い意味での動機づけを高める先行刺激の設定のことである．例えば，カウンセラーと生徒が，十分ラポールがついている状態は確立操作としてはたらき，指示に従うコンプライアンスが得られやすい．

行動レパートリーがない生徒に，その行動をするように指示を出しても，指示通りの行動は成立しない．行動そのものが安定的に出現するように，スキルの学習を促進しておかなくてはならない．例えば，教室に入れない生徒については，緊張を低減するようなリラクセーションや脱感作，クラスに戻った時に，友人と社会関係を築けるような「ソーシャルスキル」などを形成しておくことになる．

先行刺激の弁別が起こる場合がある．例えば，場面緘黙の子どもの場合，家族とは話すが，クラスメイトや先生とは話さない．これは，家庭での行動は強化され，学校での行動は強化されないか，あるいは学校の中に嫌悪刺激があり，強い不安緊張を生み出し，適切なオペラント行動の自発を抑制しているからである．つまり，両場面での弁別制御が強くはたらいているためである．

### 刺激等価性とルール制御行動

刺激と行動との対応は，一対一対応関係だけではない．直接学習がなされていない刺激間関係が成立することを刺激等価性（stimulus equivalence）の成立という．例えば，英単語を知らない児童において，以下の刺激が等価となる場合を考えてみよう．「笑っている顔写真（A1）」「悲しんでいる顔写真（A2）」，「夏の太陽の輝いている風景画（B1）」「冬の寒々とした風景画（B2）」，「happyという単語（C1）」「sadという単語（C2）」．A1（あるいはA2）が提示された時にB1（あるいはB2）を選択すると強化刺激が得られる（以下，「A1→B1」「A2→B2」と表記する）．同様に，「B1→C1」「B2→C2」の関係の学習をする．その後，刺激等価性に関する3種類のテストが，強化が得られない場面で実施される．①対称性（symmetry）テスト：B1→A1，B2→A2，C1→B1，C2→B2．②推移性（transitivity）テスト：A1→C1，A2→C2．③等価性（対称的推移性）(equivalence: reversed transitivity) テスト：C1→A1，C2→A2．

ここでは，刺激クラスが二つ，刺激セットが三つの例を出したが，それらが増えると，膨大な数の刺激関係が，直接の学習経験なく成立することになる．

ここにおいて,「少ない数の関係の学習によって膨大な数の刺激間関係が成立するという事実を生み出す条件は何か」を明らかにする行動分析学研究が,「少数の事例や少ない経験によってなぜ,認知や言語が生成されるか」といった問題への解答を提供することとなった（山本, 2009）．

刺激等価性の研究は,行動分析学から言語,認知,概念などを分析するための方法である（山本, 1992, 2001）．例えば,上記の例で,A→B の関係は隠喩の獲得を表し,A→C の関係は意味の獲得を表している．また,情動生成のメカニズムでもある．青塚（1999, 2000）は,特定の刺激に対して弱い電気ショックを与えた場合,その刺激と物理的な類似性はないが,等価な関係にある刺激によっても,皮膚伝導反応（SCR）が現れたことを示している．

「もし……ならば（if……then）」の論理を内包した先行刺激をルール（rule）という．強化刺激が得られる条件を明示したルールは,行動を安定させる上で有効である（小野, 2001）．「もし,この方法を実施すれば,このくらいの時期に,このような変化が現れる（強化刺激の提示）」などのポジティブ・ルールを事前に与えておくことが有効である．強化刺激は,直後に与えられる場合が最も効果的であるが,多くの心理臨床では,症状と生活の改善などの強化刺激が直後に得られない場合が多い．また,パニック障害や強迫性障害では,反応妨害のエクスポージャーが用いられ,その際,不適切な対処行動を制限するので,一次的に不安などの嫌悪刺激が出現することになる．このように,直後に嫌悪刺激が出現し,強化刺激が大幅に遅延される場合,ルールの提示がコンプライアンスを維持する上で重要な役割を果たす．

ルールは,他者から与えられる場合に比べ,自分でつくったルールのほうが守られることが多いので,ルール作成はクライアントにも参加してもらい決定し,支援の進行に伴ってルールを調整しながら進めていくことが効果的である．ただし,ルールに従ったところ,問題が解決され,安定した生活が送れるようになったという結果が現実的に伴わなければ,ルール制御行動（rule-governed behavior）は減少する．ルール制御行動も,最終的には,環境との接触の仕方の改善によって維持されなければならない．

## 強化刺激の効果

　行動（のクラス）を増やすはたらきがある後続刺激を「正の強化刺激（positive reinforcer）」という．強化刺激は，「適切な行動」を増やすはたらきがあるだけではない．他者（あるいはクライアント本人）が「意図しない」で，あるいは「意図と反対に」本人の「行動問題」を増やしてしまう場合もある．また，本人の感覚刺激そのものが強化刺激になり，外的なフィードバックがないにもかかわらず，こだわりが定着してしまう場合も多い．したがって，心理臨床においては，行動問題への強化を「意図的に」やめ，適切な行動への強化を「系統的に」行う．生活環境の中での「自然的随伴性」による強化で行動問題が維持されているならば，それを目的的な「治療的（教育的）随伴性」に変えていく．

　正の強化刺激は，年齢や生活経験，現在の症状，などによって個人個人で大きく異なってくる．したがって，支援する心理臨床家側が，できるだけ多くの強化刺激を活用できるようにしておく必要がある．アセスメントの段階でその人にとってどのような正の強化刺激が，どのような状況で最も有効かを十分評価し，心理臨床の経過の中で，その効果を常にモニターし，効果がなかったらすぐに別の強化刺激，強化方法を探していく．一般的に，効果的な正の強化刺激の例としては，以下のものがある．ただし，これらの後続刺激が，行動を増やすはたらきがなかった場合には，機能的な意味では強化刺激とは言わない．

- 一次性強化：食物，飲み物，特定の音や映像などである．
- 社会的強化：ほめ言葉，拍手，社会的な賞賛，他者からの注目などである．様々な一次性強化刺激と同時に存在していた刺激が，効果が限定されない般性強化刺激として効果を持つことがある．例えば，臨床場面ではトークン（代用貨幣）として用いられ，注意欠陥／多動性障害，不登校，少年非行の臨床で成果を上げている．
- 活動性強化：出現確率の低い行動に，出現確率の高い行動を随伴させることで，前者の出現頻度を上げることができる．課題を完了したら遊びに行けるなどの随伴関係を設定する．
- 行動内在強化：課題や行動遂行それ自体によって，行動が増加し維持される場合である．

**心理臨床場面における強化と弱化**

行動に焦点を当てると，行動が増えていく時の法則と，行動が減っていく時の法則に分けられる（Mazur, 1998; 佐藤，1987）．後続刺激によって行動が増えていく場合を「強化」，減っていく場合を「弱化」という（杉山ほか，1998）．心理臨床の目的は以下の（a）の状態を（b）の状態に変えていくことにある．(a) 問題となる状態：適切な行動が少ない（減る），不適切な行動が多い（増える），行動が不適切な場面で出現する．(b) 安定した状態：適切な行動が多い（増える），不適切な行動が少ない（減る），行動が適切な場面で出現する．ここで言う適切性は，当該の文脈によって決まる．

強化刺激を効果的にするには，行動の直後に（即時性），行動と関連するかたちで（関連性），様々なモードで（多様性），はじめは明瞭に（明示性）与える．行動すべてに対して，強化が得られる連続強化スケジュールは行動を「形成する」上で有効であり，間欠強化スケジュールは獲得された行動を「維持する」上で効果があるということがわかっている．心理臨床場面においては，セラピストが系統的に与える強化刺激を徐々に減らしていき，日常場面での強化だけで行動が維持されるように移行させていく．

### 4-1-3　レスポンデント行動

レスポンデント行動については，唾液分泌，眼瞼反射のほかに，刺激から一義的に引き出される行動という意味で，思い出やそれに付随する楽しい気分なども含まれる（小野，2005）．心理臨床の現場で問題になるレスポンデント行動は，緊張，不安，興奮，いらだちなどの情動反応に関するものである．それらは，反応の内容は異なるが，成立のメカニズムは基本的には同じである．

元々，人は，不意に与えられる強い刺激（無条件性嫌悪刺激）に対して，緊張，不安，興奮，いらだち（無条件反応）などを生起させやすい．嫌悪刺激が与えられると，不安，興奮などのレスポンデント行動が誘発される．これは，人が（ほかの動物も）生得的に持っている行動パタンである．これまで不安や興奮を誘発しなかった刺激（中性刺激）が，嫌悪刺激と同時に与えられる（あるいは同時に存在する）ことで，条件性嫌悪刺激（conditioned aversive stimulus）となり，

新たにそれらのレスポンデント行動を誘発するようになる．このようなプロセスをレスポンデント条件づけ（respondent conditioning）という．

例えば，子どもが，国語の時間に指名された時に緊張して読めなかったとする．はじめは優しそうに見えた先生（中性刺激）から叱責され，その子どもは真っ赤になって緊張し，どきどきしながら（無条件反応）再度読もうとするのだがうまくいかない．このようなことが繰り返されると，無条件性嫌悪刺激と同時に存在していた先生の顔，仲間たちなどの刺激が条件性嫌悪刺激となり，それらの刺激によっても不安や緊張などが条件反応として生み出されるようになる．さらに，その場にいなかった別の先生，別の教科，学校そのものが，不安，緊張を誘発するようになる．これを刺激般化（stimulus generalization）という．不安，緊張などのレスポンデント行動が誘発されると，適切なオペラント行動である「勉強をする」「友人と語り合う」「先生に質問をする」などの行動が抑制され，減少する．

一般に，条件性嫌悪刺激が与えられると，その場から逃れるオペラント行動である逃避（escape）や，その状況に遭遇しないようにする回避行動（avoidance）が生じる．嫌悪刺激が与えられている（与えられる可能性のある）状況で，ある行動をした時に，その嫌悪刺激がなくなったならば，その逃避・回避行動は増加する．このような行動随伴性を「嫌悪刺激の除去による強化」という．回避行動を行った結果「嫌悪刺激が除去され」ることが繰り返されるならば，逃避・回避行動が定着してしまう．

## 4-1-4　こころの機能分析

これまで述べてきた分析を，「不安」を対象に適用してみよう．クライアントが，「不安でしようがない」と語った場合，それを言語行動としてとらえ，その機能を分析する．一般に，われわれは，（言語）行動から推論された「不安」が「原因」で，「外出できない」「電車に乗れない」ことが「結果」であると，誤帰属してしまう傾向が強い（武藤・ヘイズ，2008）．これでは，推論されたものから，推論の基になっている事実を説明しようとする循環論に陥ってしまう．

「不安」は，本人が持つ行動傾向であるが，それは何らかの環境との相互作用の不全を原因として引き起こされる場合に，問題となる．何らかの強い嫌悪刺激と場面（状況）とが同時に存在したことによって，レスポンデント条件づけのプロセスによって誘発されるようになる．誘発された身体の状態（私的できごと：心拍の上昇，胃の収縮，SCR）が「不安」と命名・叙述される．また，「不安である」と他者に言うことで，他者からの応答（注目，関わり）が得られることが正の強化刺激になる．特定の場面や刺激を回避する際に，自分自身を聞き手として「不安であるから」と思う．また，「不安でしようがない」という言葉を，自らを聞き手として発することで，感覚性の強化となっている可能性もある．これらの「個人と環境との相互作用」のパタンは，それまでの個体発生的な行動随伴性の中で繰り返されるうちに複合的な制御関係を持つようになる．

このように，「不安」の内容ではなく，「不安」がどのような機能を持っているかを評価（アセスメント）し，それに対応した介入を行い，それによって問題が解決されたかを検証する．この場合，「不安」は，適応不全の原因（独立変数）ではなく，結果あるいは並立事象である（従属変数）である．したがって，以下のような支援が有効となる．「不安」が日常場面でどのような状況の中でどのくらい起こるのかを本人が記録すること（セルフモニタリング）で，「不安」が環境刺激と関係していることを理解する．不安を低減させる介入（例えば，反応妨害を含んだエクスポージャー）を受けることで，「『不安』という言語行動」と「実際の不安反応」を分離し，制御できること，あるいは「実際の不安反応」があっても生活できることを経験する．行動の機能的等価性の原理を活用し，「不安」と両立不可能な，身体的なリラックス反応，社会行動，主張行動，余暇行動などを獲得させ，それらを行動として増やし，結果として不安を低減させるなどの支援方略をとる．その前提としては，セラピストとの信頼関係を動機づけ条件（確立操作）として活用し，心理臨床初期のコンプライアンスを維持する．「不安」が減少し，新たな行動が日常場面で生起することが確認できたら，徐々に，治療的行動随伴性から自然的行動随伴性に移行させる．

## 4-2 応用行動分析学による心理臨床

山本淳一

### 4-2-1 科学的なヒューマンサービスの体系

　応用行動分析学（applied behavior analysis）は，各精神疾患や発達障害に対応する個別的な心理臨床技法にとどまらず，共通の理論，用語，方法論，運用論を持つ科学的なヒューマンサービスの包括的な体系である（山本・澁谷，2009）．そのため，心理臨床の実践そのものを，心理臨床家自身の行動の分析と他の専門家との協働も含めた大きな枠でとらえ，支援の軸を作る上で役立つ．臨床支援の目標は，「個人と環境との相互作用」の改善である．

　臨床支援は，二つのステップから実施される．まず何よりも支援の枠組みと技法の選択基準は，特定の「専門家」の意見ではなく，科学的な研究によって実証された「エビデンス」に基づいたものでなくてはならない（中野，2005）．効果的な支援方法は，常に新しい研究成果を受け，アップデートされているので，内外の研究成果に精通する必要がある．

　支援を求めているクライアントの「効果的な治療を受ける権利」（Hayes et al., 1994）を保障するためには，現時点でどの治療方法が，どの程度効果的であるかを心理臨床家自身が十分把握し，本人や保護者に提示する必要がある．

　次のステップとして，エビデンスに基づく支援が実質的な成果を上げるためには，効果的であるとされている支援方法を実際の支援の文脈（例えば，個人への個別的支援，園や学校へのコンサルテーション，家庭での子育て支援）で活用できるよう最適化する．支援方法として適切であり（methodologically sound），支援の文脈に適合していること（contextual fit）が必要なのである（平澤ほか，2003）．

### 4-2-2 スキル獲得支援と環境整備

　「個人と環境との相互作用」の改善を，個人のスキル獲得と環境整備の双方

向から進めていく．スキル獲得のための支援を実施する場合，行動は，個人の中でダイナミック・システムを構成しており，ある行動が増えると，ある行動が減るという相補的関係がある．例えば，主張反応と不安反応は，一方が増えると，一方が減る．したがって，クライアントに適切な行動レパートリー（スキル）を身につけてもらい，その結果として不適切な行動を減らすというかたちで支援を進めることになる．先行刺激と後続刺激を調整し，適切な行動随伴性の中で適切な行動が繰り返し実現されるよう支援する．緊急に不適切な行動を減らす場合でも，必ずそれと並行して適切な行動を増やす働きかけを行わなければ，生活の質の向上にはつながらず，問題が再び起きてしまう可能性がある．このような「ポジティブな行動支援」（平澤，2003; Koegel et al., 1996）によって，単に問題を解決する（reactive）ことにとどまらず，問題を予防する（proactive）ことが目標となる．

　スキル獲得への支援と同時に，獲得されたスキルが日常環境の中で安定して出現，機能するように環境整備を行う．例えば，不登校への応用行動分析学による支援は，個人にソーシャルスキルや生活スキルの学習を促進すると同時に，学校教育環境を本人や仲間が多くの正の強化刺激が得られるように整備することが不可欠である（小野，2006）．行動療法（behavior therapy）というと，個人療法的なアプローチが強調されることが多いが，「個人と環境との相互作用」の改善をめざす応用行動分析学では，環境整備が大きな役割を果たす．

アセスメント

　アセスメントは，個人の特徴を描くだけではなく，支援が成果を上げているかについて，支援の適切さをモニターするために行う．近年，教育臨床の中でのアセスメントとして，「個人の特性を見立てる」目的以上に，「支援による行動変容評価（response to intervention: RTI）」が重要視されている（Fuchs & Deshler, 2007）．心理臨床家は，「Plan—Do—Check—Action—Plan—Do……」の不断の行動連鎖の中で支援を進めていくことになる（山本・池田，2005, 2007）．応用行動分析学は，支援を受ける側の行動だけでなく，支援を行う側の行動，およびその相互作用を分析する視点も，行動倫理（中野，2005）として持っている．これは，科学者の行動も科学の対象にすべきであるというSkinner

(1987) の考え方を発展させたものである．

### 自己決定

　支援目標と支援方法を本人に提示することで，自己決定を促す．支援の中で，クライアントが「自己決定」（自己選択）するための機会と情報を提供する．この「自己決定」は，応用行動分析学による支援の中で重要な位置を占めている（望月，1995）．クライアント自身による，治療目標の選択，治療技法の選択，楽しみの選択，強化刺激の選択などが，支援の中に必ず含まれる．これは，乳幼児が対象の発達臨床においても同様である．例えば，おもちゃで遊びながらコミュニケーションを支援していく場合でも，複数のおもちゃを乳幼児に意図的に提示し，それを選んでもらってから，それを発展させる関わりを進めていく（Koegel & Koegel, 2006）．

## 4-2-3　行動療法

　前述したように，行動療法（behavior therapy）は，個体発生の中の「個人と環境との相互作用」のあり方によって生み出されるオペラント行動，レスポンデント行動の確立（未確立）過程を分析し，対応した適切な行動を確立し，不適切な行動を減らすかたちで治療を進める．これまで，不安障害，強迫性障害，パニック障害，摂食障害，うつ病などの多くの精神疾患に対する分析，治療方法が確立し，大きな成果を上げている（宮下・免田，2007）．Bellack & Hersen (1985) は，エクスポージャー，系統的脱感作，セルフコントロール，ソーシャルスキル・トレーニングなど，効果がデータとして示された158の行動療法技法をまとめている．実際の心理社会的治療は，行動面接，認知行動的技法も併用されることもあるが，最終的な治療効果を測る対象は，主観的な気分の変化ではなく，実際の行動変化である（宮下・免田，2007）．

　このように，基本的な治療方略は，特定の精神疾患に対してエビデンスに基づいた治療方法を適用するのであるが，実際の心理臨床場面では，同一のクライアントが複数の問題を示すことが多い．また，それぞれの症状が共通のメカニズムによって成立することも多い．これらの点から，DSM–IVの診断基準

は行動問題の「形態」に対応した分類であるとして，「機能」による分類が必要であるという提案がなされている．Hayesら（1996）は，いずれの症状においても「体験の回避（experiential avoidance）」という共通する機能があることを抽出し，それに対応する治療方法を提案している（Hayes & Smith, 2005）．

乳幼児期，児童期，青年期は発達途上にあるので，これまで支援方法の標準化がなされにくかった．Kazdin & Weisz（2003）は，これまでの研究の蓄積を統合するかたちで，発達期にある子どもから青年期（小児うつ，摂食障害，行為障害，自閉性障害，注意欠陥／多動性障害）までの支援方法のエビデンスの体系化を試みている．

## 4-2-4　行動医学，行動リハビリテーション

高血圧，心臓リハビリテーション，呼吸器疾患，糖尿病，慢性疼痛などの慢性疾患については，医学的治療のほか，治療を受ける行動を長期的に維持するための行動的支援，すなわち行動医学（behavior medicine）が必要となる場合が多い（Pearce & Wardle, 1989）．まず，医師や看護師からの指示（例えば，薬を定期的に飲む行動）に従うコンプライアンス（Rapoff, 2001）を高めるためには，毎日行うべき行動をリストとして与え，その行動が遂行されたらチェックしていくようにする．行動の変化を，グラフによって明確に示すことは，強化刺激になると同時に，次のコンプライアンスに対する弁別刺激になる．次のステップとして，自己制御であるセルフケアへと徐々に移行させていく．制御されるのが自分の行動であると同時に，制御する行動も自分の行動であることがセルフケアの基本である．例えば，日常生活において，疼痛の度合と起こった時間前後の状況の記録をつけることで，その時点での対処方略を自ら発見することができるように促していく．

この方法は，行動リハビリテーション（behavior rehabilitation）においても活用される（山﨑・山本，2008）．例えば，運動療法は，治療成果が上がる前に，筋肉痛，心拍の高進など嫌悪刺激を受けやすい．したがって，治療のはじめに明確なルールを提示し，いつまでどのくらい実施すると改善が見られるかを示す．また治療の従属変数である血圧の変動，関節可動域の変化，筋力の上昇の

目標設定値と現在の値をグラフで示す．これまで，患者の「動機づけ」「意欲」「性格」「障害」の問題であるとされてきた行動への対応方法も，リハビリテーションの体系の中に組み入れられるようになった．

同様な手法が，高次認知機能障害のリハビリテーション（Wilson *et al.*, 2003），看護（Berni & Fordyce, 1977），高齢者のケア（Pinkston & Linsk, 1984），職業リハビリテーション（若林，2009）にも用いられ，成果を上げている．

### 4-2-5　スクールカウンセリング

緘黙，不登校については，不安反応，緊張反応を徐々に減らしていくのと同時に，社会機能，学業，適応などの複数のスキルを向上させることを目的とする．その時点で遂行可能な社会行動，登校行動を自己決定してもらい，それを目標として，徐々にその目標をクリアさせる．目標がクリアされたなら，達成感を促進するために視覚的に明確な強化刺激を与える．いじめは，クラス全体の環境整備の問題である．いじめている側といじめられている側の双方が学級において，適切な行動に対して正の強化が得られるように教育環境を整備する．それを実現するためには，教師（担任，主任，管理職）が学校の支援的環境作りを進めることを支援する「行動コンサルテーション」（加藤・大石，2004）が有効な手段となる．

通常学級で，行動や学習面での困難がある小中学生は，全体の 6.3% いる．その中には，学習障害，注意欠陥／多動性障害，高機能自閉性障害，アスペルガー障害のある子どもたちが含まれている．学校では，ほとんどの時間が教科学習に費やされているので，その学習に必要なスキルが未獲得な児童にとっては，結果として学校生活全般（教科学習，対人関係，生活）において，不適切な行動が出現しやすくなる．情緒，不適応の問題は，教育環境と個人との相互作用の不全によって，二次的に結果として起こる．したがって，その個人の特性と教育的ニーズに対応した教育支援を実現することが，一次的には不可欠なのである．

学習障害の中でも読み障害への支援としては，読む行動，書く行動の学習支援が基本である．米国では，NICHD（2000）が，エビデンスに基づいた学習支

援ガイドラインを提案している．まず，音声の理解と表出，音韻意識，音と文字との対応，語彙，流暢性，読解などを指導してゆく．われわれは，それを参考に，日本語の読み書きに関する学習支援プログラムを構築した（山本・池田, 2005）．読む行動を，単語読み，文字読み，1文読み，段落読み，意味理解のカリキュラムで構成した読み支援コンピュータプログラムを作成し，はじめは正確性を基準として，次に流暢に読むことを支援した．また書字については，ワープロを使って文章構成を行い，鉛筆で書く行動への転移を促すカリキュラムを構成した．

　注意欠陥／多動性障害については，「医療的な対応」と注意と行動の自己制御の学習を基本とする「心理社会的支援」を実施する（Barkley, 2006）．次にその行動が維持されるように，家庭環境と教育環境が，共通の行動随伴性となるようしつらえる．無作為化比較試験（RCT）の結果，医療的対応と行動的支援を合わせた8週間のサマーキャンプでスキルの基礎を作り，その後家庭環境と教育環境に，適切な行動に対して正の強化が与えられる行動随伴性を設定することで，行動の大幅な改善が見られたことが示されている（MTA, 2004）．

　アスペルガー障害と高機能自閉性障害については，社会行動，対人関係，コミュニケーションの学習が基本である．Ozonoffら（2002）は，これまでの研究を総括し，①友人関係スキル，②会話スキル，③思考・感情の理解，④社会的な問題解決・コンフリクト管理，⑤自己認識を含んだソーシャルスキル・トレーニング・プログラムが効果的であることを示している．1対1，小集団など安定した関係性の中からスタートし，子どもにとってより日常場面に近い環境の中へ広げていくことで，社会的な行動を改善していくことになる．

　われわれは，東京近郊のA市と協働し，市内のすべての小学校への特別支援教育の実行プログラムを構築した．すでに起こっている学級内での行動問題への対応については，巡回相談の中で，児童のクラス内での行動観察を行い，その結果を基に支援方法を提案した支援ブックの作成，および保護者・担任・特別支援コーディネータ・管理職へのコンサルテーションを行う．予防的対応としては，「個別教育計画」を作成し，前述した各障害と個人の特性に対応した学習支援を，各学校にあわせて実施する．市内の小学校すべてに対応する「学習支援室」を設置した．また，各学校内にも「学習支援室」を設置した．

学習支援は，授業時間中，放課後などに，指導員，支援員，学習ボランティア，担任教諭が実施した．また，夏，冬，春の長期休暇中に，「読む」「書く」「理解する」「表現する」「対人関係を築く」などに関する集中指導を大学との協働によって進めている（山本・池田，2005）．コンピュータを活用したe-learningによる学習支援も同時に進めている（Yamamoto, 2003）．

## 4-2-6　自閉性障害の発達臨床への応用行動分析学の活用

自閉性障害の中心は，「対人的相互作用における質的障害」「意志伝達の質的障害」「行動，興味，活動が，限定的，反復的，常同的であること」（DSM-IV-TR: American Psychiatric Association, 2000）にある．関係する障害として，アスペルガー障害，非定型広汎性発達障害，小児期崩壊性障害をあわせて自閉症スペクトラム障害（Autism Spectrum Disorders: ASD）ということが多い．

ASDのある成人の脳の形態的，機能的研究からは，細胞それ自体や前頭葉，側頭葉，扁桃体，小脳などに異常が見つかっている．一方では，障害のあり方が広範囲であるところから，広い範囲にわたるネットワークの障害であるという考えも提出されている．Courchesneら（2007）によると，神経細胞は，徐々に長くそして多くのネットワークを広げ，言語，社会性，認知の高次機能を担う神経回路が生後6ヵ月以降大きく発達してくる．その期間に，神経細胞の成長の異常が起こると，言語，社会性，認知に大きな障害が起こることが予測される．過剰成長している部位では，それによって，近接の神経細胞どうしの連絡は強くなるが，遠くにある神経細胞どうしの連絡ネットワークの成長が阻害される．結果として，様々なモードを統合的に処理する系統の脳基盤が発達しにくくなる．

一方，神経機能は環境との相互作用によって変わり得る（Nithianantharajah & Hannan, 2006）．神経回路には，行動に依存するメカニズムがあり，それによって，適応的な結合が増え，不適応な結合がなくなっていく経過をとる．神経細胞のネットワークの適切な発達のためには，発達早期からの支援が最も重要である（Dawson, 2008）．

自閉性障害に対する応用行動分析学による早期支援の効果を初めて系統的に

示したのは，Lovaas（1987）の研究である．彼は，平均36ヵ月の自閉症児（発達年齢の平均は18ヵ月）19人について，週40時間の系統的指導を3年間受けることで，IQの平均は53から83となり，100以上を示した子どもは9人となった．また，適応行動でも大きな上昇を示し，11.5歳時点でのフォローアップにおいても，その成果は維持されていた（McEachin et al., 1993）．この発達支援方法は，無作為化比較試験においても概ね同様の成果を挙げていることが示され（Smith et al., 2000），最近の追研究においても同様の成果が得られている（Sallows & Graupner, 2005）．メタ分析の結果も，効果的な支援方法として推奨されている（National Research Council, 2001）．

　われわれは，これまで様々な研究で効果があるとされた早期療育プログラムのエッセンス（山本・楠本，2007）を抽出し，次の六つのステップからなる療育プログラムを構成した．カリキュラム構成は，先行研究を精査し発達的な妥当性を評価するのと同時に，各ステップでの支援方法の効果を基礎研究によって裏づけていった．3歳から7歳の13人の重度自閉症幼児に適用し，その効果を長期的観点から分析した（Yamamoto & Naoi, 2007a）．「基本的社会関係」は，ラポールを形成する段階で，すべての社会的行動（接近，手伸ばし，発声など）に感覚的，社会的強化を与え，他者が強化刺激であると同時に，注意を向けるための社会的先行刺激になるようにした（Schreibman, 2005）．また，逆模倣を繰り返すことで，社会的相互作用の促進をはかった（Yamamoto & Naoi, 2007b）．「共同注意（応答型，始発型）」（山本・直井，2006）については，子どもそれぞれにとって興味のある刺激を用いること（先行刺激），ターゲット行動として，視線の交替だけでなく，発声，手の動作（実験者の手にさわる，実験者の人さし指をつかんで刺激方向に向ける，実験者の肩をたたく）など，行動レパートリーにある反応を対象にした結果，獲得が難しいとされてきた始発型共同注意についても，重度の自閉症児でも獲得と般化がなされた（Naoi et al., 2008）．「模倣（粗大・微細，動作・音声，対称・非対称，他者方向・自己方向）」については，特に無発語の重度の自閉症児では，自己方向の模倣が困難であったが，プロンプトフェイディング法によってそれを確立した（Yamamoto & Naoi, 2007b）．「音声言語理解（音素，抑揚，単語，文）」と「言語表出（喃語，単音，単語，文）」は，対称的関係（山本，2009）にあるので，1試行の中で同時に教示する方法を用いて獲得を促

進できた（Naoi *et al.*, 2006）．「機能的言語（要求，叙述，会話）」について，これまでの研究では，叙述言語機能の成立が難しいとされてきたが，興味のあるビデオを観て，それを別の部屋にいるラポールの取れている聞き手に伝えるという状況を設定することで，獲得し，般化した（Naoi *et al.*, 2007）．

　このように各ステップが実証データに支えられた支援プログラムを構築し，週1回の大学での子どもへの指導，親面接（スーパーバイザーがワンウェイミラーから指導者の関わりを見ながら実施），家庭での関わり方と指導のアドバイスを含めて，系統的に適用した．指標としては，個別のスキルの評価のほかに，発達の全体的評価のためにK式発達検査（生澤ら，2002）を実施した．その結果，9人の「言語―社会領域」の発達指数が向上し，12人の「認知―適応領域」の発達指数が向上した．このような指導だけでは，音声言語の獲得がなされなかった4人の自閉症児については，絵カードの交換によるPECS（picture exchange communication system: Bondy & Frost, 2002）を導入し，3人について音声模倣と1語発話の獲得がなされた（Yokoyama *et al.*, 2006）．長期にわたる発達臨床支援は，このような評価と支援を有機的に統合した，分岐型のカリキュラムを基に行う必要があることが明確になった（Yamamoto, 2006）．

## 4-3　行動心理学の臨床的ふだん使い

### 4-3-1　学校教育臨床の現場から
山本淳一

　行動心理学をふだんの臨床活動の中での実践的知識・技法としてどのように活用していくかを，学校臨床の例を挙げながら解説していこう．系統的で再現可能な臨床支援を実現するためには，まず何よりも協働で支援に携わる側が，共通の枠組みを持ち，支援の方向を確認しながら進めていく必要がある．

　学校現場では，様々な行動問題が挙がってくる．一見すると，その問題は，クライアントの持つ特性からなされたものであるように見えるため，個人の「心の中」から生み出された「問題行動」のように感じてしまう．しかしながら，まず何よりもふだん使いとして重要なのは，一歩ひいた視線で，子どもと環境との相互作用を見ることである（望月，1997）．「子どもが問題行動を持っている」のではなく，「子どもとまわりの環境との相互作用の不全によって行動問題という状態が起こっている」と考える．

　問題解決の糸口を見つけるためには，少しクローズアップした視点でクライアントの行動を見てみよう．対人関係のトラブル，授業中の離席，いじめ，授業妨害など，行動自体を減らしたいと思うものがある．一方，場面緘黙，不登校など，適切な行動を増やしたいと思う状況もある．前者の場合であっても，常に「不適切な行動」に置き換わる「適切な行動」を増やすことを目標にして対応する．そうでないと，その時間，その場所での行動問題は解決したように見えても，別の時間，別の場所で起こる可能性がある．学校生活を送るために必要なソーシャルスキル，コミュニケーションスキル，読み書きなどの学習スキル，セルフコントロールスキルなどが未獲得であると，学校内で正の強化刺激を受けることが少ない状態となり，行動問題の出現の可能性が高まる．したがって，不適切な行動を減らすのではなく，適切な行動を増やすという点で，一貫したポジティブな教育支援を行う．ここでいう「不適切な」「適切な」と

いうのは，便宜的なラベルであり，それらは，支援の文脈によって決まる．

　次に，視線をひき，状況を俯瞰してみよう．そうすると，個人に影響を与えている環境の条件が見えてくる（望月，1997）．例えば，「見通し」が明確でない指示が出されたり，自分の行動の「予測」が立たなかったりすると，不安や緊張が強くなる場合がある．また，「見通し」がない状態で，教室から出ていったり，授業妨害する刺激を発したりし，その結果，強く叱責されるなどを繰り返し経験すると，興奮やいらだちの水準が高くなる．不安，いらだち，興奮，緊張が強いと，外的な刺激に関する過敏性が強くなる．

　先行刺激によって，適切な行動が引き出されることが少ない場合，ポジティブな強化刺激を受ける機会も少なくなる．つまり，不安や興奮を伴う不適切な行動が頻発し，その状態だけで学校生活が完結してしまうことも多くなる．

　確かに，日常環境での外的刺激を考えると，「見通し」が得られることが少なく，予測不可能な場合が多いかもしれないが，行動問題の悪循環に陥っている場合に，「先行刺激→行動→後続刺激」の関係を一度立て直すことを優先させる．

　さらに，視線をひいてみると，子どもに直接的にはたらきかける，保護者，担任，養護教諭，特別支援教育コーディネータ，校長，スクールカウンセラー，サイコロジスト，医師など，支援する側を支える環境が見えてくる．つまり，子どもを囲む人々が，共通の目標（ミッション）を持って，意見交換をしながら，協働して子どもとかかわることができる教育支援システムをつくることが，支援をシステムとして維持していく上で重要なのである．

　図 4-1 は，個人と環境との相互作用，およびその相互作用を取り囲む支援システムとしての環境を示している．そこで必要な臨床支援は，①クライアントの行動レパートリー（様々なスキル）を拡張させるための支援，②適切な行動が出現する機会を最大化するための環境作り，③それらの相互作用を支えるためのシステムへの介入，の 3 点である．ふだん使いのためには，「いま，ここで」どのような支援ができるか，三つの枠組みに書き入れることで明示し，共通認識の下に支援を進める．

　臨床支援は，不適切な行動を減らすのではなく，適切な行動を増やすことにある．その分析と支援のための枠組みが図 4-2 である．行動を増やすことは，

**4 行動心理学を活かす**

支援の文脈
日常環境：家庭，園，学校
治療的環境：面接室，プレールーム

環境を整える
1
2
3
4
5

支援システムをつくる
支援システムを整備する
1
2
3
4
5

環境

子ども

適切な行動の種類と
数を増やす
1
2
3
4
5

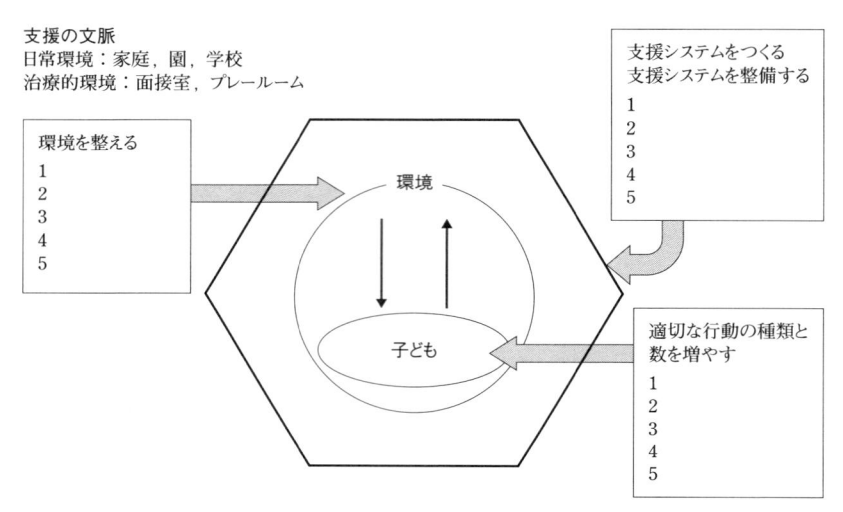

図 4-1　支援システムとしての環境

1　コミュニケーションスキルを増やす
2　授業中の適切な行動を増やす
　　（学習する，発表する，……）
3　学校生活での適切な行動を増やす
　　（挙手する，回答する，発表する，拍手する，……）
4　学校での適切な行動を増やす
　　（授業参加行動，学校生活行動，社会的行動，……）
5　家庭での適切な行動を増やす
　　（睡眠行動，……）
　　　　　　　　　　⋮

適切な行動

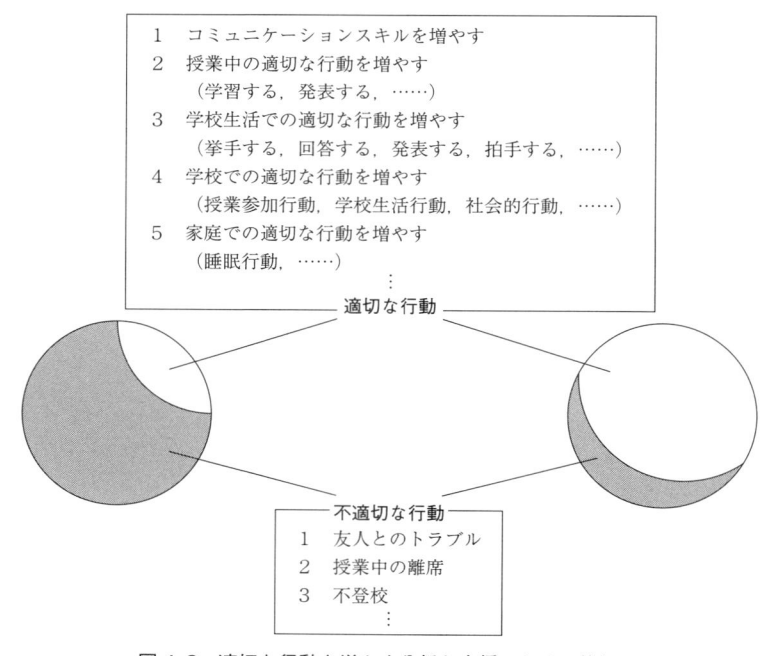

不適切な行動
1　友人とのトラブル
2　授業中の離席
3　不登校
　　　⋮

図 4-2　適切な行動を増やす分析と支援のための枠組み

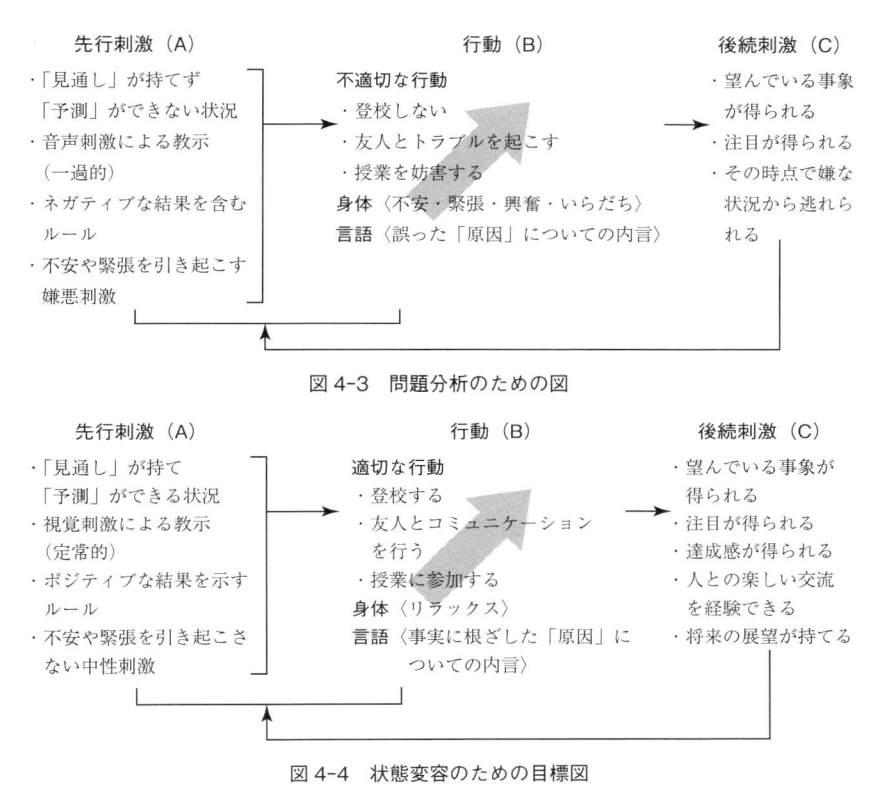

## 4-3 行動心理学の臨床的ふだん使い

**先行刺激（A）**
・「見通し」が持てず「予測」ができない状況
・音声刺激による教示（一過的）
・ネガティブな結果を含むルール
・不安や緊張を引き起こす嫌悪刺激

**行動（B）**
不適切な行動
・登校しない
・友人とトラブルを起こす
・授業を妨害する
身体〈不安・緊張・興奮・いらだち〉
言語〈誤った「原因」についての内言〉

**後続刺激（C）**
・望んでいる事象が得られる
・注目が得られる
・その時点で嫌な状況から逃れられる

図 4-3　問題分析のための図

**先行刺激（A）**
・「見通し」が持て「予測」ができる状況
・視覚刺激による教示（定常的）
・ポジティブな結果を示すルール
・不安や緊張を引き起こさない中性刺激

**行動（B）**
適切な行動
・登校する
・友人とコミュニケーションを行う
・授業に参加する
身体〈リラックス〉
言語〈事実に根ざした「原因」についての内言〉

**後続刺激（C）**
・望んでいる事象が得られる
・注目が得られる
・達成感が得られる
・人との楽しい交流を経験できる
・将来の展望が持てる

図 4-4　状態変容のための目標図

子どもたちにとって多様で多くの正の強化刺激が得られるよう環境を整備することである．この図に，焦点を当てるべき適切な行動を書き入れる．

図 4-3 は，問題が悪循環を起こしている場合に，それを分析するための図である．行動問題は環境との相互作用によって起こり，それが悪循環のパタンになっていることがわかると思う．外的な先行刺激としては，見通しのない状況や行動に効果を持たない（機能的な意味での情報価のない）音声での教示が与えられることが繰り返される状況が多く，内的言語行動としては，原因の誤帰属，固着的な自己生成ルールが頻発する場合である．それらによって，不適切な行動を行うことが多くなるのと同時に，より身体に関与した反応として「不安・緊張・興奮」が高まる．不適切な行動によって，一時的に望ましい結果が得られる，場面からの回避ができるなどの結果により，その悪循環が増長される．

図 4-4 は，図 4-3 の「状態」を変容させるための目標となる図である．適切な行動が成立しやすい状況を作るため，視覚刺激を活用した情報価の高い見通しと予測ができるような状況をしつらえ，また現実との接触のある（外的・内的）言語行動を促進する．それによって，適切な行動が成立したならば，十分にポジティブな強化刺激が得られることを経験させる．

　行動心理学を生かした臨床支援は，現実（先行刺激，後続刺激）との接触のあり方を安定させることで，生活が正の強化刺激によって支えられる状態を作ることに帰着する．

## 4-3-2　行動療法の心理臨床の中での位置づけ　　　　　加藤　敬

　ここでは行動療法に対する経験と実感を中心に記述する．筆者は Rogers を中心とした人間学派の教育を大学・大学院で受け，行動療法に関してはネガティブな話しか聞けなかった．当時は動物実験で得られた結果を人間事象に応用することはヒューマニスティックではないという哲学的な反発感が大きかったのだと思う．心理臨床を知らなかった学生としては行動療法に対する偏見ができあがってしまった．

　心理臨床の現場に入り始めた頃は Rogers の姿勢で臨んだが限界を感じ，クライアント理解を深めるため精神分析を学んだ．そして現在の職場に移り，精神分析を学ぶ同僚たちが行動療法も行うという開かれた姿勢を持つことに感銘を受け，行動療法，行動分析を学ぶことができた．やはり現場ではクライアントのニーズに心理臨床家がどう応えていくのかが問われるものである．4-1・4-2 にも記されているように，クライアントとのしっかりとした信頼関係の上に行動分析がなされ，不安や問題行動の消失，低減が実現されることが多くのクライアントのニーズに応えるものになっていると実感した．

　現在，筆者は統合折衷的な姿勢で心理支援を行っているが，わかりやすくまとめると以下の通りである．

① 　クライアントの訴えをしっかりと聞く／聴く：Rogers や Ivey の受容共感的態度，基本的傾聴姿勢など．

② 　クライアントの訴えや病理を多面的に理解する：精神分析的自己理論，

力動的精神医学，一般的な精神医学・心身医学，認知行動的理解，行動分析的理解など．
③ クライアントに適切な指導や助言をする介入姿勢：行動療法，認知行動療法など．現場で行っている相談行為は，クライアントのニーズに応えようとすると自然に統合折衷的になるものと思われ，そこでは多重的な思考や視点が必要とされる．筆者にとって行動療法は主に介入姿勢の中に位置づけられている．

## 応用行動分析学の有用性

4-2 では「心理臨床の実践そのものを心理臨床家自身の行動の分析と他の専門家との協働も含めた大きな枠でとらえる」応用行動分析学の汎用性や有用性が示されている．そのモデルは「先行刺激→行動→後続刺激」という関係であり，これを行動随伴性と呼んでいる．このモデルが優れているのは，環境だけでなく心理臨床家がクライアントにどう影響を与えているのかをわかりやすく示してくれるところにある．治療がうまく進まない時にクライアントだけに原因を求めるのでなく，先行刺激の項に心理臨床家の対応をあてはめて考えると，うまく進まない現状を分析することができ，その結果，心理臨床家のアプローチを変えることで治療が進む場合もある．一例を示すと，あるヒステリー性腰痛のクライアントの面接において，身体の痛みを何度も訴えるだけで，面接が進まず膠着した状態に筆者は悩んだ．同僚にスーパーバイズをしてもらうと，筆者がクライアントの痛みの表情に過剰に反応し，話題が痛みばかりに集中していたことに気づいた．つまり後続刺激である筆者の反応が，痛みばかりの話題になる原因を作っていたのである．そこに注意し，過剰な反応をやめ，違う話題の時に大きく頷くなどの対応に変えると，話題に変化が生じ，面接が進展した．

## レスポンデント行動の問題への対処例

クライアントは 67 歳男性で，息子に布団会社を譲り悠々自適の引退生活を送っていた．しかし布団裁断機で腕がちぎれるという夢を見て恐怖に怯えた頃から，そのイメージが毎日現れ，不安に襲われるようになった．抗不安剤もあ

まり効かないので筆者の面接に回された．面接では，その夢は若い頃に見た実際の事故であり，かなり衝撃を受けたが，忘れるようにして仕事に打ち込んだという．筆者は老年期の発達課題を乗り越えていくための長い面接を予想したが，この訴えをレスポンデント行動の問題としてとらえ直してみた．また早く治したいというクライアントの希望を優先し，イメージ脱感作法を指導したところ，クライアントは一生懸命に自宅での練習をこなし，3ヵ月ほどで完治した．1年経った頃にも再発はなかった．このように，症状が早く治せるものかどうか見極め，必要以上に面接を長引かせないためにも，行動技法は有用と実感した例だった．

**オペラント行動の問題への対処例**

クライアントは小学5年生の女児．2年ほど前から夜間に太ももの痛みを訴え，多くの医療機関で検査を受けるも異常は指摘されなかった．来たる林間学校で痛みが出ないかクライアントが心配になったため，来談した．多くの検査データで異常がないことを医師が確認し，心理的なものとして筆者に紹介されたが，オペラント行動という観点から後続刺激としての母親の行動を分析すると，発症した2年前から夜寝る前にクライアントは母親に「足が痛いからさすって」と訴えており，毎日寝る前に母親がクライアントの足をさすっていた．この対応が痛みを維持させる強化刺激になっていると推測し，母親の対応を止める方向で母親とクライアントに説明し，実行させた．1日目でクライアントは痛みを訴えず眠ってしまい，翌日「よく我慢できたね」と母親からほめられた．クライアントは自信をつけ，毎回一人で寝ることができ，痛みを訴えることがなくなった．

わかりやすい例をあえて出したが，このようにレスポンデント行動かオペラント行動かと症状を見直す行為は臨床的判断に非常に役立つものである．

行動心理学はヒューマンサービスとして進化発展していることを4-1・4-2から知った．臨床心理士，心理臨床家を目指す若い学生にはこうした優れた学問を偏見なく学んでほしい．

## 4-4 臨床的ふだん使いへのコメント

### 4-4-1 臨床から
前田泰宏

　筆者は学生時代，実験心理学，学習心理学の基礎を専門的に学び，大学院では，自閉性発達障害児に行動療法（フリーオペラント方式）でアプローチしていた臨床家に師事して，1年間の実地トレーニングを受けた後，病院臨床の世界に入った人間である．臨床を始めた当初の数年間は，主として自閉性発達障害や情緒・行動上の問題を抱えた子どもたちに対して，行動理論の立場から支援するのがもっぱらの仕事であった．当時，行動療法家としても著名な2人の上司（心理）の指導の下に，「先行刺激→行動→後続刺激」という行動心理学の基本モデルに基づき，事例のアセスメントを行い，有効な治療方略を案出し，それを実践した経験もあるので，4-2の図4-1～図4-4の「問題分析や支援のための枠組み（＝行動随伴性モデル）」が十分な臨床的妥当性と有用性を持っていることに，筆者は疑問の余地をほとんど持っていない（したがって，コメンテーターとして不適任かもしれない）．

　しかし年齢を重ねていくとともに，様々な年代層の，いろいろな苦悩や問題を抱えたクライアントたちとの関わりが増えていくのに伴い，筆者にとって行動理論はいまも変わらず重要な実践の礎ではあっても，依拠すべき唯一の理論ではなくなっている．エビデンスが支持する理論モデルや技法に基づく援助実践であるに越したことはないが，そうでなければクライアントの役に立たないわけでは決してない．クライアント自身が，自らの問題の解決や，自らの望みや願いの成就につながると実感できる（つまり，クライアントが支持する）治療関係を形成できることがより重要であり，そのような関係性に貢献できる理論や技法が，当該のクライアントにとってより役に立つものなのである．ある理論モデルや技法が有効であるのは，それらを有効化するような，クライアント側の様々な要因（例えば，能力や経験，リソース等）および治療関係が必ず認め

らられることを，ある程度の実践を積んだ心理臨床家であればおそらく知っているだろう．

山本が提案している応用行動分析学の立場からの臨床支援にも，やはり同様にそれらの有効要因を見出すことができる．4-3-1では，「一歩ひいた視線で」「少しクローズアップした視点で」「視線をひき，状況を俯瞰して」という記述が至るところに散りばめられ，文字通り，読者の"目をひく"．クライアントの置かれている具体的な生活状況や文脈を十分に考慮し，加えて家庭や学級，学校などクライアントを取り巻く幅広いシステムとの関係性にも十分に配慮することの重要性が指摘されている．そのようなスタンスを持つ臨床支援であるからこそ，素晴らしい実績を掌中に収めることができるのだと思う．蛇足になって恐縮だが，「状況を俯瞰する」ことで見えてくるのはクライアントの「問題の文脈」だけでなく，クライアント側に"既にある"「能力」や「リソース」などでもある．それらを順当に承認し，援助において有効に活用することも心理臨床家の重要な役割であることを忘れてはならないだろう．

さて一方，4-3-2では統合・折衷的な立場の心理臨床家の，理論モデルや技法との有効なつきあい方の一端が紹介されている．クライアントに役立つ援助を提供できることが心理臨床家にとって最重要事項である以上，自分のアプローチの有効性を高めるのに役立つものは，ある意味何でも取り入れることができる度量と柔軟性を心理臨床家は持つ必要がある．心理臨床家なら誰でも，何年経験を積んでも，嫌でも実践において"行き詰まる"ことがあるだろう．しかし，加藤も"実証"しているように，心理臨床家が"行き詰まり"から抜け出すのに有効な視点や糸口を，行動心理学や応用行動分析学が提供してくれることは間違いない．

### 4-4-2 基礎から

山本淳一

加藤は，Rogersの積極的傾聴，精神分析理論，精神医学，などを基礎理論とした心理臨床を進める場合でも，症状そのものの行動としての特徴（レスポンデント行動，オペラント行動）を把握し，症状が起きている環境条件・刺激条件を詳細に分析し，仮説を立て，それに対応する行動的心理臨床技法を活用し，

成果を上げた実践例を報告している．「症状をなくす（低減する）」，あるいは「クライアントの症状のとらえ方を変える」ことは，クライアントの「生命」と「生活」を支えることに大きく貢献する．心理臨床の目標はここにある．

　行動心理学の基礎研究は，行動の成立条件を，「系統発生的随伴性」「個体発生的随伴性」「現在の環境」の3点から明らかにしようとする．様々な文脈で，様々な状態（個人と環境との相互作用）を示す人たちへの心理臨床を実践し，成果を得るためには，心理臨床技術のふだん使いの中で，この三つの観点からクライアントとその症状に迫る．クライアントの身体的・行動的傾向（障害や脆弱性）は，その症状にどのような影響を与えているのか．過去のどのような経験を経て成立してきたのか．現在の生活環境の中でどのように維持されているのか．心理臨床家は，まず，それらの条件のどの部分が，どのように影響しているかについての仮説を立てる．アセスメントである．そして，これまでその状態の変容に効果があることが実証されている（エビデンスが得られている）技法を適用する．ただし，実際の適用にあたっては，心理臨床の文脈（本人への面接，保護者への支援，家庭・園・学校などの環境整備）の中で成果を得るための方略を立案する．

　基礎研究と心理臨床の共通点は，①「仮説を立てる（アセスメントを行う）」，②「条件を操作する（心理臨床を実践する）」，③「評価する（効果のあり方を心理臨床家自らの介入方法，個人と環境との相互作用の変化，QOLの向上を含めて再検討する）」，④「さらに明らかにしたい条件の効果についての研究プランを立てる（うまくいかなかった場合には，クライアントと協働しながら介入技法や臨床文脈への方略を練り直す）」，という一連のサイクルを明示的に行うところにある．

　基礎研究の成果は，データとして日々蓄積されている．同様に，臨床研究の成果も，毎年アップデートされ，論文やガイドラインとして提示されている．心理臨床家として，常にクライアントと接することで臨床技法を体で覚え，臨床感覚を研ぎ澄ましておくことと同時に，新しい研究成果に精通しておくこと，臨床家としての自分自身の行動を公正に「一歩ひいて」モニターすることは，ヒューマンサービスを提供するプロとしての矜持であると思う．

## 学習を進めるための参考図書

Hayes, S. C., & Smith, P.（2005）. *Get out of your mind & into your life: The new acceptance & commitment therapy*. New Harbinger Publications.（武藤　崇・原井宏明・吉岡昌子・岡嶋美代（訳）(2008)．〈あなた〉の人生をはじめるためのワークブック――「こころ」との新しいつきあい方　アクセプタンス＆コミットメント　ブレーン出版）：心理機能を独立に取り出して治療するのではなく，常に環境（自然，社会）と接触する生活を作ることが重要であることが示されている．行動分析学の本筋から体系化された理論と技法であろう．

宮下照子・免田　賢（2007）．新行動療法入門　ナカニシヤ出版：行動療法の基礎にある学習理論，行動理論が系統的にまとめられていると同時に，エッセンスを把握しやすい事例の解説が加えられている．心理臨床において，「認知」を説明概念，仲介変数にすることの危惧が理解できる．

小野浩一（2005）．行動の基礎――豊かな人間理解のために　培風館：時代を画する行動分析学の基礎研究の成果を，大きな枠組みの中でまとめてある．精緻な基礎実験体系と理論の発展がわかる．

Skinner, B. F.（1987）. *Upon further reflection*. Prentice-Hall.（岩本隆茂・佐藤香・長野幸治（監訳）(1996)．人間と社会の省察――行動分析学の視点から　勁草書房）：晩年の Skinner の著作で，心理のみならず，教育，社会の問題への一貫した提言を行っている．わかりやすい訳書である．

杉山尚子・島宗理・佐藤方哉・マロット, R. W.・マロット, A. E.(1998)．行動分析学入門　産業図書：行動分析学の枠組みを，系統的に知るためのテキストである．様々な現象について，行動分析学を適用して分析を試みてみたくなる書である．

山本淳一・池田聡子（2005）．応用行動分析で特別支援教育が変わる――子どもへの指導方略を見つける方程式　図書文化：通常学級の中での発達障害児支援を実現させるための具体的方法を解説した書．チェックシートを活用することで，明日からでも始められるように構成されている．

## 引用文献

足達淑子（2008）．行動変容のための面接レッスン――行動カウンセリングの実践　医歯薬出版

American Psychiatric Association（2000）. *Diagnostic and statistical manual of mental disorders* (4th ed. text rev.), Author.

青塚　徹（1999）．皮膚コンダクタンス反応により検討した刺激等価クラスにおけるノード距離効果　行動分析学研究，**13**, 130-138.

青塚　徹（2000）．皮膚コンダクタンス反応の刺激等価クラス内転移　心理学研究，**71**, 1-8.

Barkley, R. A.（2006）. *Attention-deficit hyperactivity disorder: A handbook for diagnosis and treatment* (3rd ed.). Guilford Press.

Bellack, A. S., & Hersen, M.（Eds.）（1985）. *Dictionary of behavior therapy techniques*. Pergamon Press.（山上敏子（監訳）(1987)．行動療法事典　岩崎学術出版社）

Berni, R., & Fordyce, W. E.（1977）. *Behavior modification and the nursing process*. The C.V. Mosby Company.（大橋正洋・前田小三郎・内山勉（訳）(1982)．ナースのための行動療法――問題行動への援助　医学書院）

Bondy, A., & Frost, L.（2002）. *A picture's worth: PECS and other visual communication strategies in autism*. Woodbine House.（園山繁樹・竹内康二（訳）(2006)．自閉症児と絵カードでコミュニケーション――PECS と AAC　二瓶社）

Courchesne, E., Pierce, K., Schumann, C., Redcay, E., Buckwalter, J., Kennedy, D., & Morgan, J.（2007）. Mapping early brain development in autism. *Neuron*, **56**, 399-413.

Dawson, G.（2008）. Early behavioral intervention, brain plasticity, and the prevention of autism spectrum disorder. *Development & Psychopathology*, **20**, 775-803.

Fuchs, D., & Deshler, D. D.（2007）. What we need to know about responsiveness to intervention (and shouldn't be afraid to ask). *Learning Disabilities Research & Practice*, **22**, 129-136.

Hayes, L. J.（1994）. Thinking. In S. C. Hayes, L. J. Hayes, M. Sato, & K. Ono（Eds.）, *Behavior analysis of language and cognition*. Context Press. pp. 149-164.

Hayes, L. J., Hayes, G. J., Moore, S. L., & Ghezzi, P. M.(Eds.)(1994). *Ethical issues in developmental disabilities*. Context Press.(望月　昭・富安ステファニー（監訳）(1998)．発達障害に関する10の倫理的課題　二瓶社）

Hayes, S. C., & Smith, P.(2005). *Get out of your mind & into your life: The new acceptance & commitment therapy*. New Harbinger Publications.（武藤　崇・原井宏明・吉岡昌子・岡嶋美代（訳）(2008)．〈あなた〉の人生をはじめるためのワークブック——「こころ」との新しいつきあい方　アクセプタンス&コミットメント　ブレーン出版）

Hayes, S., Wilson, K., Gifford, E., Follette, V., & Strosahl, K.(1996). Experiential avoidance and behavioral disorders: A functional dimensional approach to diagnosis and treatment. *Journal of Consulting & Clinical Psychology*, **64**, 1152-1168.

平澤紀子(2003)．積極的行動支援（Positive Behavior Support）の最近の動向——日常場面の効果的な支援の観点から　特殊教育学研究, **41**, 37-43.

平澤紀子・藤原義博・山本淳一・佐囲東彰・織田智志(2003)．教育・福祉現場における積極的行動支援の確実な成果の実現に関する検討　行動分析学研究, **18**, 108-119.

生澤雅夫・松下　裕・中瀬　惇(2002)．新版K式発達検査2001実施手引き書　京都国際社会福祉センター

加藤哲文・大石幸二（編著）(2004)．特別支援教育を支える行動コンサルテーション——連携と協働を実現するためのシステムと技法　学苑社

Kazdin, A. E., & Weisz, J. R.(2003). *Evidence-based psychotherapies for children and adolescents*. Guilford Press.

Koegel, L. K., & Koegel, R. L.(2006). *Pivotal response treatments for autism: Communication, social, & academic development*. Paul H Brookes Publishing.

Koegel, L., Koegel, R., & Dunlap, G.(1996). *Positive behavioral support: Including people with difficult behavior in the community*. Paul H Brookes Publishing.

Kolenberg, R. J., & Tsai, M.(1991). *Functional analytic psychotherapy: Creating intense and curative therapeutic relationship*. Plenum Publishing Corporation.（大河内浩人（監訳）(2007)．機能分析心理療法——徹底的行動主義の果て，精神分析と行動療法の架け橋　金剛出版）

Lovaas, O. I.(1987). Behavioral treatment and normal educational and intellectual functioning in young autistic children. *Journal of Consulting & Clinical Psychology*, **55**, 3-9.

舞田竜宣・杉山尚子(2008)．行動分析学マネジメント——人と組織を変える方法論　日本経済新聞

Mazur, J. E.(1998). *Learning and behavior*(4th ed.). Prentice-Hall.（磯　博之・坂上貴之・川合伸幸（訳）(1999)．メイザーの学習と行動　日本語版第2版　二瓶社）

McEachin, J. J., Smith, T., & Lovaas, O. I.(1993). Long-term outcome for children with autism who received early intensive behavioral treatment. *American Journal on Mental Retardation*, **4**, 359-372.

宮下照子・免田　賢(2007)．新行動療法入門　ナカニシヤ出版

望月　昭(1995)．「正の強化」を手段から目的へ　行動分析学研究, **8**, 4-11.

望月　昭(1997)．"コミュニケーションを教える"とは？　行動分析学によるパラダイムチェンジ　山本淳一・加藤哲文（編著）応用行動分析学入門　学苑社　pp.2-25.

MTA Cooperative Group(2004). National institute of mental health multimodal treatment study of ADHD follow-up: Changes in effectiveness and growth after the end of treatment. *Pediatrics*, **113**, 762-769.

武藤　崇&ヘイズ, S. C.(2008)．対称性バイアス研究におけるアブダクションとインダクションとのベスト・バランスとは何か——文脈的行動科学からのコメント　認知科学, **15**, 482-495.

中野良顯(2005)．行動倫理学の確立に向けて——EST時代の行動分析の倫理　行動分析学研究, **19**, 18-51.

Naoi, N., Tsuchiya, R., Yamamoto, J., & Nakamura, K.(2008). Functional training for initiating joint attention in children with autism. *Research in Developmental Disabilities*, **29**, 595-609.

Naoi, N., Yokoyama, K., & Yamamoto, J.(2006). Matrix training for expressive and receptive two-word utterances in children with autism. *Japanese Journal of Special Education*, **43**, 467-480.
Naoi, N., Yokoyama, K., & Yamamoto, J.(2007). Intervention for tact as reporting in children with autism. *Research in Autism Spectrum Disorders*, **1**, 174-184.
National Institute of Child Health and Human Development(2000). *Report of the National Reading Panel. Teaching children to read: An evidence-based assessment of the scientific research literature on reading and its implications for reading instruction*(NIH Publication No. 00-4769). U.S. Government Printing Office.〈Retrieved December 9, 2008, from http://www.nichd.nih.gov/publications/nrp/upload/smallbook_pdf.pdf〉
National Research Council(2001). *Educating children with autism*. National Academy Press.
Nithianantharajah, J., & Hannan, A. J.(2006). Enriched environments, experience-dependent plasticity and disorders of the nervous system. *Nature Reviews Neuroscience*, **7**, 697-709.
大河内浩人・武藤　崇（編著）（2007）．行動分析　ミネルヴァ書房
小野浩一（2001）．言語機能の高次化——ルール支配行動とオートクリティック　日本行動分析学会（編）浅野俊夫・山本淳一（責任編集）ことばと行動——言語の基礎から臨床まで　ブレーン出版　pp. 167-188.
小野浩一（2005）．行動の基礎——豊かな人間理解のために　培風館
小野昌彦（2006）．不登校ゼロの達成　明治図書出版
Ozonoff, S., Dawson, G., & McPartland, J.(2002). *A parent's guide to Asperger syndrome and high-functioning autism: How to meet the challenges and help your child thrive*. Guilford Press.
Pearce, S., & Wardle, J.(1989). *The practice of behavioral medicine*. The British Psychological Society.（山上敏子（監訳）（1995）．行動医学の臨床——予防からリハビリテーションまで　二瓶社）
Pinkston, E. M., & Linsk, N. L.(1984). *Care of the elderly: A family approach*. Pergamon Press.（浅野仁・芝野松次郎（訳）（1992）．高齢者の在宅ケア——家族に対する新しいアプローチ　ミネルヴァ書房）
Ramnerö, J., & Törneke, N.(2008). *The ABCs of human behavior: Behavioral principles for the practicing clinician*. New Harbinger Publications.（松見淳子（監修）武藤崇・米山直樹（監訳）（2009）．臨床行動分析のABC　日本評論社）
Rapoff, M. A.(2001). Pushing the envelope: Furthering research on improving adherence to chronic pediatric disease regimens. *Journal of Pediatric Psychology*, **26**, 277-278.
境　敦史・曾我重司・小松英海（2002）．ギブソン心理学の核心　勁草書房
Sallows, G., & Graupner, T.(2005). Intensive behavioral treatment for children with autism: Four-year outcome and predictors. *American Journal on Mental Retardation*, **110**, 417-438.
Schreibman, L.(2005). The science and fiction of autism, Harvard University Press.
佐藤方哉（1987）．行動分析　依田　明・河内十郎・佐藤方哉・小此木啓吾（編著）臨床心理学の基礎知識　安田生命社会事業団　pp. 147-192.
佐藤方哉（2001）．言語への行動分析学的アプローチ　日本行動分析学会（編）浅野俊夫・山本淳一（責任編集）ことばと行動——言語の基礎から臨床まで　ブレーン出版　pp. 3-22.
島宗　理（2000）．パフォーマンス・マネジメント——問題解決のための行動分析学　米田出版
Skinner, B. F.(1957). *Verbal behavior*. Prentice-Hall.
Skinner, B. F.(1974). *About behaviorism*. Vintage Books.
Skinner, B. F.(1987). *Upon further reflection*. Prentice-Hall.（岩本隆茂・佐藤香・長野幸治（監訳）（1996）．人間と社会の省察——行動分析学の視点から　勁草書房）
Smith, T., Groen, A. D., & Wynn, J. W.(2000). Randomized trial of intensive early intervention for children with pervasive developmental disorder. *American Journal on Mental Retardation*, **105**, 269-285.
杉山尚子・島宗　理・佐藤方哉・マロット，R. W.・マロット，A. E.（1998）．行動分析学入門　産業

図書

若林　功（2009）．応用行動分析学は発達障害者の就労支援にどのように貢献しているのか？——米国の文献を中心とした概観　行動分析学研究, **23**, 5-32.

Wilson, B. A., Herbert, M,, & Shiel, A. (2003). *Behavioural approaches in neuropsychological rekabilitation: Optimising rehabilitation*. Psychology Press.

山本淳一（1992）．刺激等価性——言語機能・認知機能の行動分析　行動分析学研究, **7**, 1-39.

山本淳一（2001）．言語の獲得と拡張——条件性弁別と刺激等価性　日本行動分析学会（編）浅野俊夫・山本淳一（責任編集）ことばと行動——言語の基礎から臨床まで　ブレーン出版　pp. 49-74.

Yamamoto, J. (2003). Acquiring literacy by computer-based teaching in students with developmental disabilities. In R. Kawashima & H. Koizumi (Eds.), *Learning therapy: A collection of lectures presented at 1st international symposium for learning therapy, Kyoto, Japan*. Tohoku University Press. pp. 81-94.

Yamamoto, J. (2006). Evaluation and intervention of communication in children with autistic disorders. In D. Andler, Y. Ogawa, M. Okada, & S. Watanabe (Eds.), *Reasoning and Cognition*. Keio University Press. pp. 140-162.

山本淳一（2009）．「対称性」の発達と支援　認知科学, **16**, 1-16.

山本淳一・池田聡子（2005）．応用行動分析で特別支援教育が変わる——子どもへの指導方略を見つける方程式　図書文化

山本淳一・池田聡子（2007）．できる！をのばす行動と学習の支援——応用行動分析によるポジティブ思考の特別支援教育　日本標準

山本淳一・加藤哲文（編著）（1997）．応用行動分析学入門——障害児者のコミュニケーション行動の実現を目指す　学苑社

山本淳一・楠本千枝子（2007）．自閉症スペクトラム障害の発達と支援　認知科学, **14**, 621-639.

山本淳一・直井望（2006）．共同注意——発達科学と応用行動分析の研究コラボレーション　自閉症スペクトラム研究, **5**, 17-29.

Yamamoto, J., & Naoi, N. (2007a). Systematic and long-term evaluation of behavioral intervention in children with autism. The 33th annual convention of the Association for Behavior Analysis, San Diego, May.

Yamamoto, J., & Naoi, N. (2007b). Imitation in children with autism spectrum disorders: Intervention studies. In S. Watanabe, T. Tsujii, & J. Keenan (Eds.), *Comparative social cognition*. Keio University Press. pp. 225-250.

山本淳一・澁谷尚樹（2009）．エビデンスにもとづいた発達障害支援　行動分析学研究, **23**, 46-70.

山﨑裕司・山本淳一（2008）．リハビリテーション効果を最大限に引き出すコツ——応用行動分析で運動療法と ADL 訓練は変わる　三輪書店

Yokoyama, K., Naoi, N., & Yamamoto, J. (2006). Teaching verbal behavior using the Picture Exchange Communication System (PECS) with children with autistic spectrum disorders. *Japanese Journal of Special Education*, **43**, 485-503.

## コラム2　学習心理学と行動療法

福井　至

　学習心理学は，生体の学習過程に関する研究であり，心理学を科学の一分野にするのに功績のあった基礎心理学である．1912年にWatsonが行動主義の心理学を唱えてから60年頃までは，学習心理学では学習を「比較的永続的な行動の変容」と定義し，刺激と反応の連合で学習を説明する連合理論が主流であった．この連合理論では，記憶や思考といった認知はブラックボックスとして理論に含まれていなかった．しかし，1960年代以降は，認知過程の研究が進み，認知理論が発展してきている．さらに近年は，脳科学の進歩と相俟って学習過程の神経科学的研究も進んできている．このような学習心理学を基盤として発展したのが行動療法である．行動療法は，「不適応行動を変革する目的で，実験上確認された学習諸原理を適用し，不適応行動を減弱・除去するとともに，適応行動を触発・強化する方法」（Wolpe, 1969）とか，「学習理論にもとづいて人間の行動を変える（変容する）方法のシステムあるいはプログラム」（内山，1988）と定義されている．つまり，行動療法とは科学的に実証された学習理論に基づく，行動を変容する治療法なのである．

　図に学習心理学と行動療法，さらに認知行動療法へどのように発展してきたかを示した．Watsonは，Pavlovの条件づけ理論（古典的条件づけとか道具的条件づけ，もしくはレスポンデント条件づけと呼ばれる）を行動主義の土台として用いた．このレスポンデント条件づけは，自律神経の支配下にある不随意な反応の条件づけであり，生体の内的状態を理論に含める必要はなく，刺激（stimulus）と反応（response）の関係のみのS-R理論であった．このレスポンデント条件づけの理論に基づいて，恐怖反応などのレスポンデント反応を低減する，レスポンデント条件づけに基づく技法が開発された．また，人間には体性神経系の支配下にある随意な反応もあり，Skinnerがオペラント条件づけの理論を提唱した．この随意反応の場合には，生活体（organism）の内的状態が理論に含まれるようになり，S-O-R理論となった．そして，オペラント条件づけの理論に基づいて，適応行動を獲得するためのオペラント条件づけに基づく技法が開発された．表に代表的な行動療法の技法開発年を示したが，技法そのものとしては1924年のJonesによる幼児の動物恐怖の脱感作ですでに開発されているが，当時はまだ行動療法とは呼ばれていなかった．行動療法という用語は，1953年にSkinnerらがオペラント条件づけの統合失調症などの精神疾患への適用研究を行動療法研究と称したところから始まっている．また，1959年にはイギリスでEysenckが，オペラント条件づけのみではなくレスポンデント条件づけなど広く学習理論に基づく治療法に行動療法の用語を用いている．このような経緯から，オペラント条件づけに基づく技法は当初は米国を中心に発展し，精神分析療法やクライアント中心療法では効果的に扱えなかった精神遅滞児の療育などで大きな効果を発揮した．また，レスポンデント条件づけに基づく技法はイギリスを中心に当初は発展したが，それらはやはり既存の心理療法では効果的に扱えなかった不安障害の治療に大きな効果を発揮した．そのため1950年代から80年代にかけて，行動療法は世界中に広まっていったのである．表では，自律訓練法や漸進的筋弛緩法などリラクセーションの技法の開発年を含めていないが，これらの技法も行動療法の技法として考えるのが一般的であり，自律訓練法は1932年に漸進的筋弛緩法は38年に開発されている．

　ところで，認知理論は1960年代以降に発展したと前述したが，60年代以前にも存在した．

## コラム 2 学習心理学と行動療法

(1) 連合理論（S-R 理論，S-O-R 理論）
　　レスポンデント条件づけ
　　　　↓
　　レスポンデント条件づけに基づく技法
　　オペラント条件づけ
　　　　↓
　　オペラント条件づけに基づく技法
(2) 認知理論（S-S 理論）
　　洞察説や信号ゲシュタルト理論など

橋渡しする理論
**社会的学習理論**
　　↓
モデリング法

統合して
**認知行動理論**
　　↓
認知行動療法

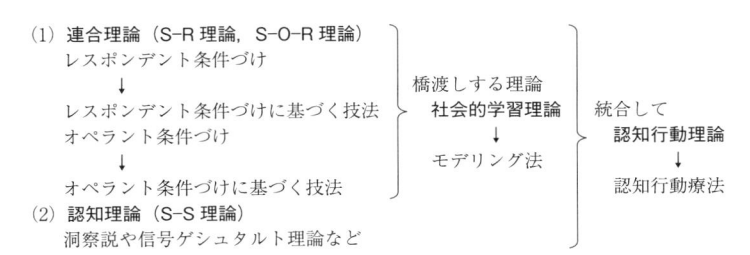

**図　学習心理学と行動療法および認知行動療法の関係**

**表　代表的な行動療法の技法**

| | | |
|---|---|---|
| 1924 年 | Jones による幼児の動物恐怖の脱感作 | |
| 1953 年 | Skinner のオペラント条件づけの各種技法 | |
| 1958 年 | Wolpe の系統的脱感作法 | |
| 1960 年 | Eysenck の神経症のレスポンデント条件づけ法 | |
| 1968 年 | Ayllon と Azrin のトークン・エコノミー法 | |

それが図中（2）の認知理論である．認知理論では，学習は知覚体系の体制化あるいは再体制化，つまり記号（sign）とその意味（significance）についての認知の変容の枠組みで説明されるとしており，S-S 理論とも呼ばれている．古くはゲシュタルト心理学の流れに位置する，学習は洞察によって進むとした Köhler の洞察説や，ねずみの迷路学習は脳内の認知地図によるとした Tolman の信号ゲシュタルト理論などがあった．しかし，これらの認知理論からは主要な行動療法の技法は発展しなかった．これは，認知理論で扱う認知学習は，知覚，記憶，イメージ，理解などの主に大脳皮質が関与する学習で，レスポンデント条件づけやオペラント条件づけよりもはるかに複雑なため，臨床的に応用して効果のある認知理論の発展に時間がかかったためである．

ところが 1960 年代以降には，人の行動を見るという代理経験による学習である，社会的学習の研究が発展した．この社会的学習は，Bandura が連合理論に認知変数を取り込んだ社会的学習理論を提唱して初めて十分な説明ができるようになった．この社会的学習理論は，図に示したように，認知変数が含まれているため連合理論と認知理論を橋渡しする理論であった．この社会的学習理論から，1960 年代後半モデリング法が開発されたのである．また，この 1960 年代には，Ellis の論理療法と Beck の認知療法も開発された．これらの論理療法や認知療法は，どちらも行動療法の技法も含んでいたものの，不適応状態からの回復に必要な認知学習の具体的内容が示されており，非常に効果的な心理療法であることが明らかとなった．これらのモデリング法や論理療法，および認知療法の理論などから，連合理論と認知理論を統合した認知行動理論が発展し，それに基づいた形で認知行動療法が発展したのである．以上述べた行動療法やその発展型である認知行動療法は，基礎心理学の基盤があり，早くからプリテスト，ポストテスト，フォローアップによる効果検証が行われてきたため，現在のエビデンス・ベースト・メディスンの時代でも，明らかに効果のある心理療法として認められ，さらなる発展を続けているのである．

**引用文献**
内山喜久雄 (1988). 講座サイコセラピー 2 行動療法 日本文化科学社
Wolpe, J. (1969). *The practice of behavior therapy*. Pergamon Press.

# 第5章
## 認知心理学を活かす

## 5-1　認知心理学とは何か

高橋雅延

### 5-1-1　情報処理システムとしての人間

　人間の心は，大きく知性と感情に分けることができる．認知（cognition）とは，この知性に関わるプロセスすべてのことであり，認知心理学（cognitive psychology）とは，1950年代後半に現れてきた，人間の知性を複数のプロセスに分けて研究する心理学のことである．例えば，初めて『認知心理学』という用語を書名に使った Neisser（1967）によれば，認知という用語は「感覚入力が変形され，減じられ，精緻化され，貯蔵され，再生され，使用されるようなすべての過程に関係するものである」（大羽（訳），1984, p. 4）と定義されている．この定義からわかるように認知心理学は，刺激入力から反応出力に至る複数のプロセスを仮定し，それぞれのプロセスについて調べることを目的としている．

　人間の知性を複数のプロセスに分けて検討するという認知心理学のアプローチは，それ以前に隆盛を極めた行動主義（behaviorism）の心理学が，人間の心を目に見えないブラックボックスとして研究対象から除外し，観察可能な刺激入力と反応出力の関係だけを検討していたこととは，全く異なっている．このように心の中の複数のプロセスに関心が持たれるようになった背景には，1940年頃から急速に発展を遂げたコンピュータにおける情報処理（information processing）という考え方の強い影響が認められる．つまり，認知心理学の最大の特徴は，人間をコンピュータと同様に，情報を処理するシステムとして考えたことにある（このため，認知心理学は，しばしば，情報処理心理学（information processing psychology）と呼ばれることもある）．

　図 5-1 は，このような立場の下，刺激入力から反応出力に至るまでの人間の情報処理システムの様子を極端に単純化して示したものである．この図では，外界から入力される刺激情報を選択的に取り入れる注意（attention），刺激情報の意味づけを行うパタン認識（pattern recognition），意味づけされた刺激情報を

刺激（情報）の入力 → 注意 → パタン認識 → 記憶 → 思考 → 反応（行動）の出力

図 5-1　極めて単純化された人間の情報処理システムの様子

一時的ないしは長期的に保存しておく記憶（memory），それらの刺激情報を使って問題解決（problem solving）を行う思考（thought）などが系列的に仮定されている．

　例えば，いま，英語で書かれた文（"I want a steak."）を読んで理解する場面を考えてみよう．まず，目の前の最初の単語（I）に注意を向けて，その単語の形態や発音のパタンを分析する．このようなパタン認識に引き続き，その単語を一時的に記憶にとどめておきながら，次の単語（want）に注意を向け，同様のパタン認識を行う．こうやって，個々の単語の意味を明らかにしながら，文法を使って，主語（I），述語（want），目的語（a steak）を同定し，文全体の意味（「私はステーキがほしい」）を解明（思考）していく．このように，刺激情報の入力後，その処理が低次から高次へと次々に処理されていく様子は，下から上への処理とか，ボトムアップ（bottom-up）処理と言われる．

　しかし，少し考えてみればわかることであるが，低次から高次へのボトムアップ処理だけでは理解にとって十分とは言えない．つまり，高次の知識（knowledge）が低次の処理におよぼす影響も考えなければならない（このような処理は，上から下への処理とか，トップダウン（top-down）処理と言われる）．例えば，先の英文（"I want a steak."）で言えば，英文の最初の単語は主語であることが多いという知識によって，'I' は「私」と解釈されるのであって，ローマ数字の「イチ」などとは分析されない．また，文全体の意味に関しても，この英文の前に話者が空腹だということが書かれていれば，「ステーキが食べたい」というように解釈されるだろうし，夕食のおかずを肉屋に買いに来ているのならば，「ステーキ用の肉をほしい」という意味として解釈されるだろう．さらにまた，もし話者がひどい打撲をしたところならば，ステーキは食べ物ではなく湿布として解釈される（この場合，アメリカでは古くから打撲箇所を冷やすために，生の牛肉を湿布代わりに使っていたという知識がなければ，正しく解釈することはできない）．つまり，われわれが情報処理を行う際には，その場面の状況や文脈を基にした主体側の高次の知識による処理も必要不可欠なのである．このような知識に基

づく外界の認知の際の枠組みは，しばしばスキーマ（schema）と呼ばれる（Rumelhart, 1980; Rumelhart & Ortony, 1977）．

　したがって，現在では，ボトムアップ処理とトップダウン処理という両方向の処理が必要と仮定され，しかも，それらが系列的ではなく並列的に行われることで，人間の情報処理が進んでいくと考えられている．ただし，トップダウン処理や並列処理が考慮されるようになってもなお，認知心理学のアプローチの特徴は，図5-1に示したように知性をいくつもの細かいプロセスに分けて，それぞれのプロセスの働きや，プロセス同士の関係を解明しようという点では変わりがない（ここで仮定されるプロセスの区分の妥当性に関しては，近年では，脳損傷者を対象にした認知神経心理学（cognitive neuropsychology）や，健常者も対象にしたPETやfMRIと呼ばれる脳機能画像法を使う認知神経科学（cognitive neuroscience）の知見からも裏づけられている）．

## 5-1-2　認知心理学における人間観

　これまで述べてきたように，認知心理学では，コンピュータに見られるような情報処理システムと人間の知性の仕組みは基本的に同じであるというセントラルドグマが存在している．このことから，認知心理学に特有の二つの人間観が生み出されている．その一つは人間の基本的な知性の仕組みは誰もが同じであるという認知の普遍性であり，もう一つは認知が感情に影響を与えるという認知の先行性である．

　第一の認知の普遍性に関しては，コンピュータのことを考えると理解しやすい．つまり，性能の違うコンピュータであっても，いずれもが本質的な情報処理の仕組み（複数のプロセスに分かれ，それぞれが分業してはたらくという点）は同じである．違うのは，ハード（中央処理装置（CPU），メモリ容量など）やソフト（プログラム）の違いに基づいた情報処理の効率性である．このことと全く同様に，人間の知性の仕組みに関しても，図5-1のようなプロセスには違いがなく，情報処理の際の記憶容量（memory capacity）や使われる方略（strategy）の違い（効率性）から個人差が現れてくると考えるのである．例えば，円周率を何万桁も覚えることができるような並外れた記憶力を持つ人々を調べた研究からも，

本質的な記憶の仕組みはわれわれと同じであって，膨大な時間をかけた訓練による方略使用の効率化に違いが認められるだけなのである（Ericsson *et al.*, 2006; 高橋，近刊）．

　第二の認知の先行性とは，われわれが身のまわりの事物やできごとをどのようなスキーマを使って認知するか（この場合，しばしば評価（appraisal）という用語が使われる）によって，喚起される感情が決まるということである．「幽霊の正体見たり枯れ尾花」という慣用句からもわかるように，暗闇に浮かぶ事物を正しく「枯れ尾花」だと認知すれば何の感情もわき起こらないのに対して，それを「幽霊」と誤って認知してしまうことにより恐怖感情が出現する．つまり，感情よりも先に認知が起こり，認知こそが感情を生み出すと考えられているのである．1980年頃からは，認知と感情の関係について多くの研究が行われるようになり，当初思われていたよりは認知に対する感情の影響が大きいという認識に変わってきたものの（Norman, 1980），それでもなお，根本的には認知が「主」で感情が「従」であるという人間観は変わっていない．

## 5-1-3　心理臨床の基礎としての認知心理学

　では認知心理学はどのような点で心理臨床の基礎となるのだろうか．心理臨床における実践活動とは，単純化して言ってしまえば，何らかの不適応を起こしているクライアント側の要因を特定化した上で，適応のための援助を行うことである．だとすれば，認知心理学に見られる二つの人間観（認知の普遍性と先行性）が，アセスメントと心理療法（psychotherapy）を考える際の基礎となると思われる．

　第一のアセスメントに関しては，不適応の原因となっている様々な要因を明確にする際に，誰もが同じ認知プロセスを備えているという普遍性という考え方は有用である．例えば，友人関係で悩んでいる児童の場合，そもそも相手の発言を正確に解読していない（つまり言語プロセスがうまくいっていない）ことに原因の一部があるのかもしれない．こうして，認知プロセスのどこに問題があるかが明確になれば，次に，問題のあるプロセスに焦点を絞った具体的な援助方法（語彙の知識を増やすなど）が明確になる．

第二の心理療法に関しては，不適応を起こしているクライアントの認知の枠組みを理解することは，どのような心理療法であれ，必要である．認知心理学と関連のある心理療法として，すぐに思いつくのは，認知療法（cognitive therapy）や論理療法（rational therapy）であろう（Beck, 1979; Ellis & Harper, 1975）．これらの心理療法は，細部に違いはあるものの，根本的なところでは，まわりの世界のできごとをクライアントがどのように認知するのかに焦点があてられている．つまり，いずれの心理療法も，認知の枠組み（すなわちスキーマ）を変えることによって，できごとの意味づけや感情を変え，クライアントの適応を図ろうとするものである．

　このように，認知の仕組みや感情との関係を基礎として学んでおき，その上で，個々人の置かれた状況を考慮することが，クライアントと関わる第一歩であると言える．

## 5-2 日常認知心理学

高橋雅延

### 5-2-1 生態学的妥当性と日常記憶研究

　認知心理学の典型的な研究方法は，個人を対象にした実験（experiment）である．ところが，1980年前後から，生態学的妥当性（ecological validity）という概念が強調されるようになり，研究テーマや研究方法が大きく変わってきた．生態学的妥当性とは，実験で対象としている心理的プロセスが，実際の日常場面で起こっている心理的プロセスと，どの程度まで類似しているかを指し示す概念である．このような生態学的妥当性の観点から見ると，実験的な厳密性を追求すればするほど，現実世界から離れてしまい，そこから得られる知見は日常生活に対して何の示唆も与えなくなってしまうと主張されるようになってきた（Neisser, 1976）．

　例えば，典型的な記憶の実験では，参加者に対して「3秒間に1語ずつ画面に出てくる単語をすべて覚えてください」などと言われ，後でどのようなテストが行われるのかといった情報は与えられない．また，通常は，声に出したり紙に書き留めることは許されず，一方的に提示される単語を黙々と覚えなければならない．これに対して，日常場面では，試験勉強を思い起こせばわかるように，テストが選択式なのか論述式なのかによって，勉強のやり方を変える．また，覚える際にも，何度も声に出したり，自分でノートを作ったりというように，実に様々な工夫をこらしている．

　この例からもわかるように，実験によって解明されてきた記憶に関する無数の知見は，日常場面では全く役に立たないという厳しい批判が起こってきた（Neisser, 1978）．これらの批判を受けて，認知心理学でも，生態学的妥当性を考慮した研究テーマや研究方法を重視する日常認知（everyday cognition）というアプローチが現れてきた（井上・佐藤，2002; Woll, 2002）．このようなアプローチの下で，それまでよりも興味深く，なおかつ実践的なテーマが研究されるよう

になり，とりわけ，日常記憶（everyday memory）と呼ばれる研究分野が確立され，現在も活発な研究が行われている（Cohen & Conway, 2008; Magunssen & Helstrup, 2007; 高橋・北神, 近刊).

## 5-2-2　偽りの記憶の移植実験

ここでは，日常記憶の中でも，近年最も研究の進展が著しい自伝的記憶（autobiographical memory）と呼ばれる記憶について取り上げよう．自伝的記憶とは，一言で言えば，自分自身に関する過去のできごとの記憶である（佐藤ほか，2008; 高橋，2000）．この自伝的記憶に関しては，1990年代の中頃から，全く起こっていなかったにもかかわらず，それが鮮明に想起されてしまうという偽りの記憶（false memory）と呼ばれる現象が，認知心理学者の関心を集めるようになってきた．

認知心理学者が偽りの記憶というテーマを研究し始めた一つの大きな理由は，1990年代に，セラピストと認知心理学者との間で起こった「回復された記憶・偽りの記憶論争（recovered / false memory debate）」にある．すなわち，セラピストの主張によれば，幼児期の性的虐待（child sexual abuse）に代表される個人にとって激烈なストレスとなるできごとは，抑圧されて，何年もの間，意識的には想起できなくなってしまうという．そして，これら抑圧された記憶（repressed memory）が原因となって抑うつや摂食障害などの精神的・身体的症状が引き起こされる．そこで，様々な心理療法を受けることによって，これらの抑圧された記憶の回復を試みたところ，回復された記憶（recovered memory）の大部分が幼児期に性的虐待を受けたというものであったというのである．このようなセラピストの主張に対して，認知心理学者からは，心理療法によって回復された記憶は，客観的な証拠のない偽りの記憶であるという反論が起こり，両者の間に，激しい論争が巻き起こったのである（Lindsay & Read, 1994; 高橋，1997, 1999）．

そもそも回復された記憶は存在せず，それらは偽りの記憶であるという認知心理学者の主張の根拠は，偽りの記憶が簡単に移植されることを示した実験に基づいている．これら自伝的記憶における偽りの記憶の移植は，心理療法の面

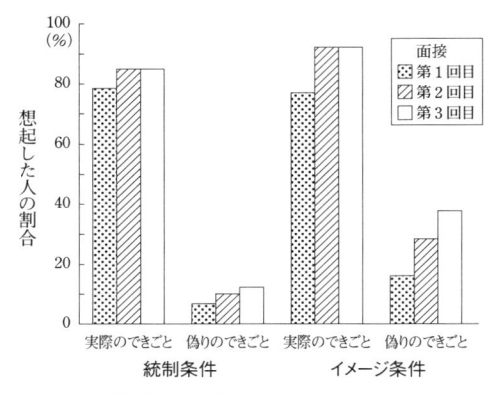

図5-2 条件ごとの実際のできごとと偽りのできごとを想起した人数の割合 (Hyman & Pentland, 1996)

接場面と類似した実験パラダイムが使われる．このパラダイムの典型的な方法は，まず親に参加者（大学生）の幼い頃に起こったできごとを聞いておく．次に，これら幼い頃に起こった実際のできごとに加え，幼い頃に起こっていないことが確認された偽りのできごと（例えば，迷子など）を実験者と参加者が1対1の場面で提示して，できるだけ詳しく想起させることを何回も繰り返すのである．このような方法を使うと，多くの者が実際には起こっていない幼児期のできごとの記憶を実際のできごととして，鮮明に思い出してしまうことが明らかにされている（Hyman & Pentland, 1996; Hyman *et al.*, 1995; 高橋, 2009）．

例えば，Hyman & Pentland（1996）は，心理療法の面接場面と類似した条件として，想起中にそのできごとのイメージを思い浮かべるという条件も設定した．まず，彼らは，参加者の親の協力を得て，参加者が6歳以下の時期に起こったできごとを調べておいた．そして，実験では，「親から聞いた幼い頃の思い出をどれだけ正確に思い出せるのか」を調べる実験と称して，実際のできごとと偽りのできごとを提示して詳しく想起を求めてみた．ここで重要な点は，親から聞いたできごとであるとして，実際には起こっていない偽りのできごとの想起も求めたということである．この偽りのできごとは，「5歳の時に出席した結婚式のパーティで飲み物をひっくり返して，中身を花嫁の両親にかけてしまった」というものであった．こうして，実際のできごとと偽りのできごとの想起を（1日ごとに）3回にわたって繰り返してみたのである．一方，イメージ条件の参加者には，「思い出せないできごとも一生懸命にイメージを思い浮かべるとよく思い出せる」というように，イメージの利用を促した以外は，全く同様の手続きを使って，やはり3回の想起を求めた．

図5-2は，3回の想起において，実際のできごとと偽りのできごとを想起した人数の割合を，何も指示しない統制条件と，イメージを使うように指示したイメージ条件ごとに示したものである．この図からわかるように，実際のできごとは，ほぼ80％以上の者が毎回想起することができた．一方，偽りのできごとについて見てみると，何度も面接（想起）するにつれて，偽りのできごとであるにもかかわらず，それを鮮明に想起してしまう人数の割合が増えていったのである．とりわけ，想起の際に何も指示しない統制条件よりも，できごとのイメージを思い浮かべさせたイメージ条件のほうが，偽りの記憶を想起してしまう人数の割合が多かった．このように，心理療法の面接と類似の場面では比較的容易に偽りの記憶が移植されてしまうのである．

## 5-2-3　偽りの記憶の形成プロセス

　その後の類似の多くの研究から，偽りの記憶の形成を促すプロセスとして，①記憶信念の関与，②再構成的想起（reconstructive remembering）の働き，③情報源識別（source monitoring）の失敗，が考えられている（Hyman, 1999; Hyman & Kleinknecht, 1999; 高橋，2002）．

　まず，第一の記憶信念の関与とは，あるできごとが本当に起こったはずだという感覚と関連している．一般に，幼い頃のできごとのように，記憶があいまいなために，起こったか起こっていないかを自分一人では判断しにくいような場合，まわりの人々からの情報に大きな影響を受けてしまう．前述した実験では，親など信頼の置ける人物からの情報として，偽りのできごとが起こったと参加者は信じ込まされている．このような場合，これらの情報は，そのできごとが起こったという感覚を強固にし，やがては信念を作り出していく．

　偽りの記憶の形成に関わる第二のプロセスは，記憶の再構成的想起という特質である．われわれの記憶は外界のできごとをそのまま写し取った写真やビデオのようなものではない．そうではなく，その時点で活性化される知識（スキーマ）に関連づけて再構成されていくというように考えられている（高橋，2000, 2002）．例えば，結婚式のパーティに関する知識を基に，結婚式のパーティなら，飲み物もあっただろうし，新郎新婦の両親も出席していたに違いない

という推論が行われる．また，似たようなできごとの記憶（何か飲み物をこぼして親から叱られたことなど）を基に，きっとこういうことが起きたに違いないというスキーマにしたがって，偽りの記憶が作り上げられていく．

　第三のプロセスは情報源識別の失敗である．われわれの記憶は，内容そのものの記憶と，いつどこでといった情報源の記憶に分けることができる．情報源識別とは，あるできごとの記憶の情報源を判断するプロセスを指す（Johnson & Raye, 1981; Johnson et al., 1993; 金城, 2001）．とりわけ，偽りの記憶で問題となるのは，あるできごとが，自分の外部すなわち外的情報源（実際に経験したこと）に由来するのか，それとも，自分の心の内部すなわち内的情報源（イメージしたこと）に由来するのかを識別するプロセスである．この情報源識別は，知覚的情報（音や色など）や文脈情報（場所の特徴など）の詳細さ（鮮明度）を基にして行われる．つまり，ある記憶の知覚的情報や文脈情報が鮮明である場合に，それは実際に体験したり見たりした外的情報源のできごとであると判断されるのである．

　外的情報源の記憶（実際の経験）と内的情報源の記憶（イメージ）の違いが知覚的情報や文脈情報の鮮明度であるとすると，内的情報源の記憶であっても，その鮮明度が高いと，情報源識別が難しくなり，時には失敗してしまうことが起こる．例えば，あまりにも鮮明な夢の場合，起床直後にはそれが夢か現実かという区別がつかないことがある．したがって，たとえイメージであっても，詳細なイメージを形成することによって，その鮮明度が高まり，情報源識別が難しくなり，実際の経験であると誤って判断されてしまうことが起こり得る．このことは，イメージ能力に優れる人のほうが情報源識別の能力に劣るという実験結果からも裏づけられている．

　さらにまた，イメージの際には，様々な心的操作が必要であるので，それらの操作も記憶として残る．これに対して，実際のできごとの記憶の場合，（イメージを思い浮かべる際の）心的操作は不要で，この心的操作の点からも情報源識別が行われる．しかし，たとえイメージであっても，何度もイメージを繰り返すことによって，心的操作が自動化され（不要となり），それが実際に経験したものであると誤って判断されるようになってしまう．したがって，ここで述べたような情報源識別の失敗は，先の実験（Hyman & Pentland, 1996）でイメー

ジと想起の反復によって偽りの記憶の移植が助長された原因として考えられるのである．

　もちろん，実験で移植された偽りの記憶と，回復された性的虐待の記憶は質的に異なるというセラピストからの反論もある（倫理上の問題のため，性的虐待のような記憶の移植実験は不可能である）．しかし，認知の普遍性という人間観に照らしあわせるのならば，回復された性的虐待の記憶においても，根本的には同様のプロセスが関与していると認知心理学者は考えているのである．

## 5-2-4　心理臨床場面における記憶

　「回復された記憶・偽りの記憶論争」は，最終的には，どちらのタイプの記憶もあるということで，いつしか終息してしまった（Gleaves *et al.*, 2004）．しかし，偽りの記憶に関する認知心理学的研究は，心理臨床場面における記憶の取り扱いに関して重要な示唆を与えている．それは，心理臨床場面においても，先に述べた偽りの記憶が形成される三つのプロセス（記憶信念，再構成的想起，情報源識別）の影響について常にセラピストが認識しておくべきだということである（高橋，1997, 2002）．自伝的記憶には，スキーマにしたがった再構成的想起という特質が必ず伴われることを考えるのならば，セラピストの関与の仕方によって，再構成的想起が思いがけない方向に助長されてしまうことが起こり得る．例えば，もしクライアントが自分の不適応症状の原因を，書物やメディアを通して，自分の過去の間違った親子関係のせいであるという信念を持っている場合，セラピストがそのような信念を意識的にしろ無意識的にしろサポートすることで，親子関係の偽りの記憶が作られる下地ができてしまう．また，多くの心理療法では，クライアントの心に浮かんだイメージや観念を重視することが多い（Poole *et al.*, 1995）．このイメージの利用と，長期間にわたり心理療法を繰り返すことの両方が，情報源識別の失敗を起こしやすくしてしまう．こうして，クライアント一人では思いもつかない記憶がセラピストによって植えつけられてしまうということすら起こってしまう．

　ここに述べてきたことは，記憶の「現実（真実）」と，（本人にとっての）「事実」の違いを考えることの重要性も示している．この点に関して，高名なセラ

ピストであった河合（1992）は，「心理療法家は，『唯一の正しい現実』が存在すると考えるよりは，現実を人間がどう認知するか，そして，そのような認知の仕方は，その人にとってどのような意味をもち，周囲の人々とどのように関係するか，ということに関心を払うということになる」(p. 35) と述べている．心理臨床に関わる者ならば誰であれ，このような認識を常に心に留めておかなければならないのは言うまでもないことである．しかし，偽りの記憶の研究は，認知心理学という全く別の立場から，このことを改めて訴えかけていると思われる．

　それと同時に，河合（1992）の言う「認知」は認知心理学で検討されてきた個人内の認知とは明らかに異なっている．すなわち，その人にとっての意味や周囲の人々との関係から「認知」を考えるという視点は認知心理学には全く見られないものである．したがって，このような心理臨床独特の人間観を取り込んだ研究を行っていくことは，認知心理学にとっても実り多いものになることは間違いないと思われる．

## 5-3　認知心理学の臨床的ふだん使い

### 5-3-1　認知行動療法の基礎理論としての認知心理学　　伊藤絵美

　認知行動療法（Cognitive Behavioral Therapy: CBT）は認知療法と行動療法から成るが，行動療法が基礎的な行動心理学（学習理論）をベースに構築されているのに対し，Beck が開発した認知療法は，精神分析に対する批判的検討を通じて構築された，極めて経験的・実践的な心理療法であった．認知療法はエビデンス・ベーストの心理療法として世界的に注目されるようになったが，その場合の「エビデンス」とは，もっぱら治療効果に限られており，治療の理論的な基礎となる認知モデルや各種技法の作用機序については，心理学的な実証研究の裏づけが乏しかった．そのことは Beck 自身が認めており，統合的かつ体系的な心理療法として認知療法を発展させていくとなると，そのベースに認知心理学や社会心理学などの実証的基礎心理学的な裏づけが不可欠となる（Beck, 1991）．

　実際，5-1-2 で提示された認知心理学における二つのセントラルドグマ（認知の普遍性・認知の先行性）も，トップダウンとボトムアップによる並列的情報処理という理論も，認知療法における主要なドグマ・理論とぴたりと一致している．ということは，認知療法の具体的なトピックについても，認知心理学を基礎としてその理論的裏づけを充実させていくことが可能であるし，必要であると思われる．認知療法・認知行動療法を志す心理臨床家は，その基礎理論として，さらに認知心理学を学び，活用するべきであると筆者は強く考えており，筆者自身は，そのためのトピックとして「問題解決」に注目し，検討を重ねてきている（伊藤，2008）．

**認知心理学の記述モデルを規範モデルとして活用する**
　認知行動療法の理念は，「人は普通に，そこそこ機能できればよい」という

ものである．したがって認知行動療法では，「自己実現」「その人の無意識に存在する"本当の問題"の解決」といったことを目指すのではなく，「普通に，そこそこ機能することができずに困っているクライアント」とともに，何が問題で普通に機能できないのかをアセスメントし，その問題を解消するために何ができるのかを一緒に検討する．その場合に重要なのが，「普通に，そこそこ機能している人間は，一体どうなっているのか」を把握しておくことである．そうでないとクライアントの抱える問題のどこがどう非機能的かどうかを判断できない．そしてその際大いに参考になるのが，「認知の普遍性」をセントラルドグマとした認知心理学の研究成果である．認知行動療法では，「人の認知の普遍的な構造と機能」を様々な面から明確化してくれる（記述モデル）．認知行動療法で，特にクライアントの認知に焦点をあてる場合は，認知心理学で明らかにされた記述モデルを，規範モデルに置き換え，それを目指して治療を進めればよい，ということになる．「普通に，そこそこ機能している人間の認知のあり様」を目指すのである．特に日常認知研究で示される数々のモデルは，そのまま治療で目指すべき人間像として活用できるものと思われるし，実際に活用を試みてもいる．

### 「人間の記憶のダイナミクス」をポジティブに活かす

5-2 では，「普通に，そこそこ機能している人間の認知のあり様」の一つとして，人間の記憶がいかにダイナミックに再構成されうるか，ということに関する研究を紹介してくれている．認知行動療法に限らず，心理療法では過去の体験の記憶（直近のものから幼少期のものまで）を扱うことが多いが，セラピストがこのような研究を知っていれば，クライアントの提示する記憶を，「絶対的・固定的・普遍的なもの」として扱う愚を犯さずに済むし，たとえネガティブな記憶であれ，それがダイナミックに再構成されうることをクライアントと共有し，希望を持ってポジティブな形での再構成を目指すことができるだろう．また人間の認知がこのようにダイナミックに再構成されるということを考慮すれば（特に「偽りの記憶」という現象について考慮すれば），「過去」ではなく「いま・ここ」に焦点をあてるという認知行動療法の原則は理に適ったものであると言えるのではないだろうか．

## 5-3-2　心理臨床と認知心理学の接点

杉山　崇

　認知心理学は一般的な人々の知的過程モデルなので，苦悩を抱えた人を対象にする心理臨床とはかけ離れて見えるかもしれない．しかし，この「知的過程」とは「他から秀でた知性」ではなく，苦悩する人も含めた万人共通の「普通の知的さ」と筆者は理解している．

　また，心理臨床家は「人」と出会う仕事でもある．病理や問題への理解は重要だが，過度に「人」に還元して，「正常な人，病理の人」を区別して考えることには慎重でありたい．まずは村瀬（1988）の指摘するように健全な人間の一般法則を理解し，「基本的には同じ人間だが，どこかで過度な負担がかかっている」と「人」を見たい．例えば，クライアントの多くは環境との相互作用（対人関係や不登校など）または知的過程自体（妄想・強迫観念や抑うつ感など）に苦しんで来談するが，「われわれと同じく，この世を懸命に生きる広い意味でのお仲間」として理解できるところはきっとある．近年の認知心理学は生態学的妥当性を追求して膨大な剰余変数が渦巻く「日常認知」も対象としており，「人間なるもの」と「その営み」への一つの壮大な人間観に近づきつつある．その意味で心理臨床への貢献は計り知れない．

### 情報システムとしての人間観：共感的理解と馴染み，補強するもの

　心理臨床では心理臨床家の「共感的理解」が強調されることが多い．共感の対象は内的過程というブラックボックスそのものであり，認知心理学と対象を同じくしている．また，内的過程はとどまることのない動的なものであり，認知心理学が動的な過程を対象にすることも共感的理解と馴染むと言える．

　相違点としては，Rogersの理論では現象学的な方法が強調され，一種の臨床的センスが問われることもあるが，認知心理学では相対的に観察可能性が高い入力刺激と出力反応の関係を緻密に検討し，仮説を検証する．筆者は臨床心理士であると同時に研究者でもあるが，心理学は科学とは言え仮説立案や的確な観察も高度なセンスを要する作業であると感じている．心理臨床家も高度な臨床的センスに加え，刺激と反応の関係性からより科学的に対象を知ることで，

情感のこもった共感的理解をより精緻なものにできると思われる．

### 「知性の仕組みは誰もが同じ」で「認知が主で感情が従」

認知で感情が変わることが万人にあてはまるなら，セラピストは何を認知してもらうかに配慮することで，面接場面でのクライアントの感情体験に一定の影響力を持てると言える．Rogers（1961）はセラピストが常に唯一の存在としてクライアントを扱い，その望むところに忠実であれば安心と満足を与えられるだろうと述べており，Mikulincer（1998）らや筆者らの研究（第1章参照）のように他者との好意に満ちた関係性の認知が気分をポジティブに保ちやすいことを報告する実証資料もある．よってセラピストをどのように認知してもらうかに配慮し，面接場面でわずかでもポジティブな気分を体験してもらう努力には，意味があると言える．もちろん単なる印象操作や自己一致の欠如は陳腐な演技になりかねないので注意が必要である．

### 偽りの記憶の生成と「感情の認知に対する影響」，修正感情体験

5-2-4で河合（1992）の「唯一の正しい現実」よりも「認知の仕方の意味」を引用しているが，河合はかつて若手の心理臨床家に向けて「体験に対する"納得"を支援すること」の重要性を指導していた．「現実か」どうかは最優先課題ではなく，いまとこれからにおいて認知が「いかに機能するのか」がより重要であると言える．例えば，偽りの記憶の一つに，既存の記憶項目に新しい項目が結合される「記憶結合エラー」があるが，これは新しい項目の情動性が高い場合に起こりやすい可能性が示唆されている．また共同想起で偽りの記憶は生成されやすい．ここから，面接場面で安心感や信頼感とともにトラウマティックな経験を想起すると，安心感や信頼感のある項目がトラウマティックな記憶に結合されて，偽りの記憶が生成される可能性があると言える．このことはAlexander（1961）が修正感情体験と呼んだ現象を連想させる．「唯一の正しい現実」ではないかもしれないが，「苦しい過去」の記憶が変われば苦悩が軽減されてより十全に生きやすくなるのではないだろうか．さらなる議論と基礎研究，臨床所見の蓄積が必要な問題提起と思われるが，5-2は心理臨床の本質に迫って認知心理学の意義を示唆するものと思われる．

## 5-4　臨床的ふだん使いへのコメント

### 5-4-1　臨床から　　　　　　　　　　　　　　　　　　　末武康弘

　筆者はパーソン・センタードの立場のセラピストであるので，本書の内容や本章における議論からは遠く離れたところにいると見なされるかもしれないが，本章の議論は筆者にとっても極めて興味深く刺激的なものである．その背景としては，最近経験したり考えたりした，次のようないくつかのことがある．

　一つには，2008年7月にイギリスのイーストアングリア大学で開催されたパーソン・センタード・セラピー（Person Centred Therapy: PCT）の国際学会において，深刻化するうつの治療のためにイギリス政府が決めた，認知行動療法（CBT）のセラピスト養成に多額の公的予算を配分するという政策をめぐる激しい議論を目のあたりにしたことである．イギリスでは伝統的に精神分析が根強く，また最近ではPCTも盛んなのだが，エビデンス・ベーストの潮流に抗うことは難しいようである．このままではPCTや精神分析の立場が危うくなる，という危機感が議論の導火線になっていた．

　イギリスだけでなく日本でも，今後はPCTにも精神分析にも，より確かなエビデンスが求められるようになるだろう．その際に認知行動療法とその基礎理論である認知心理学のタイアップのあり方が，一つのモデルとしてとても参考になる．PCTは認知行動療法に先駆けて実証研究に取り組んできたが，ベースとなる人間性心理学には認知心理学のような実証科学的な発展が乏しかった．精神分析にも同様のことが言えるだろう．5-2で述べられた一般の人を対象とした認知心理学の知見が，5-3において「人は普通に，そこそこ機能できればよい」（伊藤），「万人共通の普通の知的さ」（杉山）といった臨床的な知見に結びつく時，基礎研究と臨床の豊かなタイアップの可能性が開かれていることに改めて気づかされるのである．おそらく人間性心理学などは，最近発展しつつある質的研究の知見や成果を取り入れることによって，心理臨床との有機

的なタイアップを図っていかなければならないだろう．

　いま一つには，臨床の立場からの経験やできごとから気づいたことがある．現在，精神病理学には極めて多様な見解や概念が混在しており，例えば，パーソナリティ障害の人格構造やその成因についての精神力動論的な説明と，アスペルガー症候群などの発達障害の器質的な原因やメカニズムに関する脳科学や認知科学的な説明とでは，用いられる概念も方法論も全く異なっている．両者の傾向をあわせ持つようなケースの検討の場などでは，時に，共通する対話の基盤を見出すことすら困難であるような印象を持たざるを得ないこともある．5-2-2 で論じられた「回復された記憶・偽りの記憶論争」の背景にも，人間の心的機能を説明しようとする際の，こうした基本的なパラダイムや概念の隔たりがあったことが推測される．では，こうした問題を乗り越えることは可能だろうか．

　手がかりになるのは，伊藤が「クライアントの提示する記憶を，"絶対的・固定的・普遍的なもの"として扱う愚を犯さずに……ポジティブな形での再構成を目指すことができる」と言い（5-3-1），杉山が「いまとこれからにおいて認知が"いかに機能するのか"がより重要である」と述べる点であろう（5-3-2）．基礎研究においても臨床研究においても，それまで絶対的で変化しないと思われていた現象が実は変容するものであることが見出される時，また，それまで機能しないと思われていた要因が実は機能するものであることが発見される時，こうした発見は豊かな研究成果と展望をわれわれに提供してくれる．認知心理学と認知行動療法は，そうした研究と臨床の現時点でのパイオニアである．PCT にも Gendlin（1997）のプロセスモデル哲学（諸富ほか，2009）をはじめとした，新たな哲学や研究動向がある．情報処理論と生命体論の違いはあるが，変化と機能をめぐる有益な議論の可能性が開かれていると言える．

## 5-4-2　基礎から
高橋雅延

　5-3 からは，「普通に，そこそこ機能している人間」（5-3-1）や「われわれと同じく，この世を懸命に生きる広い意味でのお仲間」（5-3-2）という表現に代表されるように，クライアントとともに生き，ともに問題を解決していこうと

いう心理臨床家の「暖かいまなざし」が感じられた．これに対して，認知心理学では，あくまでも研究者は無色透明な存在として，対象者を突き放した位置から，彼らを「冷徹なまなざし」で分析するというスタンスを取っている．

　しかし，実験者効果やピグマリオン効果という名で知られているように，そもそも実験場面において，研究者が無色透明な存在であり続けることなど不可能ではないだろうか．本文でも述べたように，生態学的妥当性という観点から見るのならば，これまでのように研究者と対象者を切り離して考えるのではなく，むしろ対象者に大きな影響を与える存在として研究者を位置づけるほうが自然であろう．

　つまり，今後の認知心理学は，研究者の特性やふるまいなどの影響を切り離すのではなく，それらを積極的に検討すべき要因としてとらえ，それらが対象者にどのような影響を与えるのかの解明を目指してはどうであろうか．同時に，実践現場にいる臨床心理学の専門家も，認知心理学のような「冷徹なまなざし」で現場を突き放してとらえることによって，いままで気づかなかった心理臨床家としての特性やふるまいなどを洗い出してみてはどうであろうか．そして，この心理臨床家の気づきをもとに，検討すべき要因を絞り込み，認知心理学特有の「冷徹なまなざし」でそれらを分析し検討していけば，臨床心理学における「暖かいまなざし」の具体的な内容やプロセスが万人に理解できる形で浮き彫りになるはずである．このようなアプローチは認知心理学と臨床心理学のコラボレーションの一形態として，いますぐにでも実現できるものであるし，そこから得られる知見は心理臨床の実践にとって役に立つのは間違いないと思われる．

## 学習を進めるための参考図書

菊池　聡（1998）．超常現象をなぜ信じるのか　講談社：本書では，認知心理学の研究と日常生活との橋渡しとして，UFO，予知夢，占星術などの超常現象を取り上げ，それらを信じてしまう人間の心のしくみを解き明かしている．誰もが興味を持って読み進むうちに，自然に認知心理学の全体像を理解することができる．

Lindsay, P. H., & Norman, D. A.（1977）．*Human Information processing: An introduction to psychology* (2nd ed.). Academic Press.（中溝幸夫・箱田裕司・近藤倫明（訳）（1984-85）．情報処理心理学 I 〜III　サイエンス社）：認知心理学の標準的テキストであり，翻訳は 3 分冊（感覚と知覚，注意と記憶，言語と思考）に分かれている．原著は 1977 年出版であるが，現在の認知心理学で引用される研究の多くが，本書で引用されている研究と重複しているという点で，いまなおテキストとしての価値は高い．

Loftus, E. F., & Ketcham, K.（1994）．*The myth of repressed memory*. St. Martin's Press.（仲真紀子（訳）（2000）．抑圧された記憶の神話――偽りの性的虐待の記憶をめぐって　誠信書房）：偽りの性的虐待の記憶をめぐって，大きな社会問題となった事件の数々を取り上げ，そういった偽りの記憶が作り出される原因として，セラピストの意識的・無意識的誘導，催眠療法，グループセラピー，「自分探し」のような通俗本の影響を挙げて，わかりやすく解説している．

Neisser, U.（1976）．*Cognition and reality*. Freeman.（古崎　敬・村瀬　旻（訳）（1978）．認知の構図――人間は現実をどのようにとらえるか　サイエンス社）：認知心理学を初めて体系化した『認知心理学』の出版（1967 年）から約 10 年後に，再び Neisser によって著されたものである（原著出版は 1976 年）．本書を読むと，生態学的妥当性の高い日常場面における認知の仕組み（とりわけ環境との相互作用）に Neisser の関心が移っていることがよくわかる．

Neisser, U.（selections and commentary）（1982）．*Memory observed: Remembering in natural contexts*. W. H. Freeman.（富田達彦（訳）（1988）．観察された記憶――自然文脈での想起　誠信書房）：本書は記憶における生態学的妥当性を強調した Neisser 自身の 1978 年の有名な論文をはじめ，日常記憶に関する数多くの興味深い論文集の翻訳であり，日常記憶で扱われている記憶のテーマや方法について知ることができる．

Schacter, D. L.（2001）．*The seven sins of memory: How the mind forgets and remembers*. Houghton Mifflin.（春日井晶子（訳）（2002）．なぜ，「あれ」が思い出せなくなるのか――記憶と脳の 7 つの謎　日本経済新聞社）：人間の記憶のもろさに関し，七つのトピックス（「消失」「うっかりミス」「ブロッキング」「思い違い」「思い込み」「思い入れ」「固着」）に分けて，身近な事件や出来事を題材に挙げながら，最新の記憶研究と関連させて明快に解説している．

高橋雅延（2008）．認知と感情の心理学　岩波書店：本書は，認知心理学を初めて学ぶ学部生向けのテキストである．認知と感情の関係から認知心理学の基本となる知見を平易にまとめると同時に，認知心理学の最新の動向に関しても触れられている．

## 引用文献

Alexander, F.（1961）．*The scope of psychoanalysis, 1921-1961*. Basic Books.

Beck, A. T.（1979）．*Cognitive therapy and the emotional disorders*. International Universities Press.（大野　裕（訳）（1990）．認知療法――精神療法の新しい発展　岩崎学術出版社）

Beck, A. T.（1991）．Cognitive therapy as the integrative therapy. *Journal of Psychotherapy Integration*, **1**, 191-198.

Cohen, G., & Conway, M. A.（Eds.）（2008）．*Memory in the real world* (3rd ed.). Psychology Press.

Ellis, A., & Harper, R. A.（1975）．*A new guide to rational living*. Prentice-Hall.（北見芳雄（監修）國分康孝・伊藤順康（訳）（1981）．論理療法　川島書店）

Ericsson, K. A., Charness, N., Feltovich, P. J., & Hoffman, R. R.（Eds.）（2006）．*The Cambridge handbook of expertise and expert performance*. Cambridge University Press.

Gendlin, E. T.（1997）．*A Process Model*. The Focusing Institute.

Gleaves, D. H., Smith, S. M., Butler, L. D., & Spiegel, D. (2004). False and recovered memories in the laboratory and clinic: A review of experimental and clinical evidence. *Clinical Psychology: Science & Practice*, **11**, 3-28.

Hyman, I. E. Jr. (1999). Creating false autobiographical memories: Why people believe their memory errors. In E. Winograd, R. Fivush, & W. Hirst (Eds.), *Ecological approaches to cognition: Essays in honor of Ulric Neisser*. Erlbaum. pp. 229-252.

Hyman, I. E. Jr., & Kleinknecht, E. E. (1999). False childhood memories: Research, theory, and applications. In L. M. Williams & V. L. Banyard (Eds.), *Trauma and memory*. Sage, pp. 175-188.

Hyman, I. E. Jr., & Pentland, J. (1996). The role of mental imagery in the creation of false childhood memories. *Journal of Memory & Language*, **35**, 101-117.

Hyman, I. E. Jr., Husband, T. H., & Billings, F. J. (1995). False memories of childhood experiences. *Applied Cognitive Psychology*, **9**, 181-197.

井上　毅・佐藤浩一（編）（2002）．日常認知の心理学　北大路書房

伊藤絵美（2008）．問題解決療法と認知心理学　丹野義彦・小川俊樹・小谷津孝明（編）臨床認知心理学　東京大学出版会　pp. 17-34.

Johnson, M. K., & Raye, C. L. (1981). Reality monitoring. *Psychological Review*, **88**, 67-85.

Johnson, M. K., Hashtroudi, S., & Lindsay, D. S. (1993). Source monitoring. *Psychological Bulletin*, **114**, 3-228.

河合隼雄（1992）．心理療法序説　岩波書店

金城　光（2001）．ソース・モニタリング課題を中心としたソース・メモリ研究の動向と展望　心理学研究，**72**, 134-150.

Lindsay, D. S., & Read, J. D. (1994). Psychotherapy and memories of childhood sexual abuse: A cognitive perspective. *Applied Cognitive Psychology*, **8**, 281-338.

Magunssen, S., & Helstrup, T. (Eds.) (2007). *Everyday memory*. Psychology Press.

Mikulincer, M., Orbach, I., & Iavnieli, D. (1998). Adult attachment style and affect regulation: Strategic variations in subjective self?other similarity. *Journal of Personality & Social Psychology*, **75(2)**, 436-448.

村瀬孝雄 (1988). 臨床心理学にとって基礎学とは何か　心理臨床学研究，**5(2)**, 1-5.

諸富祥彦・村里忠之・末武康弘（編著）（2009）．ジェンドリン哲学入門――フォーカシングの根底にあるもの　コスモス・ライブラリー

Neisser, U. (1967). *Cognitive psychology*. Appleton-Century-Crofts.（大羽　蓁（訳）(1981)．認知心理学　誠信書房）

Neisser, U. (1976). *Cognition and reality*. Freeman.（古崎　敬・村瀬　旻（訳）(1978)．認知の構図――人間は現実をどのようにとらえるか　サイエンス社）

Neisser, U. (1978). Memory: What are the important questions? In M. M. Gruneberg, P. E. Morris, & R. N. Sykes (Eds.), *Practical aspects of memory*. Academic Press. pp. 3-24.

Norman, D. A. (1980). Twelve issues for cognitive science. *Cognitive Science*, **4**, 1-32.

Poole, D. A., Lindsay, D. S., Memon, A., & Bull, R. (1995). Psychotherapy and the recovery of memories of childhood sexual abuse: U. S. and British practitioners' opinions, practices, and experiences. *Journal of Consulting & Clinical Psychology*, **63**, 426-437.

Rogers, C. R. (1961). *On becoming a person*. Houghton Mifflin.

Rumelhart, D. E. (1980). Schemata: The building blocks of cognition. In R. J. Spiro, B. C. Bruce, & W. F. Brewer (Eds.), *Theoretical issues in reading comprehension*. Lawrence Erlbaum Associates. pp. 33-58.

Rumelhart, D. E., & Ortony, A. (1977). The representation of knowledge in memory. In R. C. Anderson, R. J. Spiro, & W. E. Montague (Eds.), *Schooling and the acquisition of knowledge*. Lawrence Erlbaum Associates. pp. 99-135.

佐藤浩一・越智啓太・下島裕美（編著）（2008）．自伝的記憶の心理学　北大路書房
高橋雅延（1997）．偽りの性的虐待の記憶をめぐって　聖心女子大学論叢, **89**, 89-114.
高橋雅延（1999）．「回復された記憶・偽りの記憶」をめぐる論争の再検討　聖心女子大学論叢, **92**, 81-112.
高橋雅延（2000）．記憶と自己　太田信夫・多鹿秀継（編）記憶研究の最前線　北大路書房　pp. 229-246.
高橋雅延（2002）．偽りの記憶と協同想起　井上毅・佐藤浩一（編）日常認知の心理学　北大路書房　pp. 107-125.
高橋雅延（2009）．偽りの自伝的記憶における記憶特性の検討　聖心女子大学論叢, **113**, 95-129.
高橋雅延（近刊）．超記憶力者を通して知る記憶の原理　鳥居修晃・川上清文・高橋雅延・遠藤利彦（編）こころの形象――異型を通して心の普遍を読む　東京大学出版会
高橋雅延・北神慎司（近刊）．日常記憶　太田信夫・厳島行雄（編）現代の認知心理学2　記憶と日常（仮）北大路書房
Woll, S.（2002）. *Everyday thinking: Memory, reasoning, and judgment in the real world*. Lawrence Erlbaum Associates.

# 第6章
# 発達心理学を活かす

## 6-1 発達心理学とは何か

遠藤利彦

### 6-1-1 発達心理学の変容——児童心理学から生涯発達心理学へ

　かつて発達とは，若年成人期頃にピークに達すると暗黙裡に把捉され，主に誕生からそこに至るまでの相対的に未成熟な期間における心身の上昇的・獲得的変化を意味するものであった．別の言い方をすれば，ピークを迎えた後の状態は，ひたすら停滞であり，そしてまた衰退であり，発達心理学の射程に必ずしも収められてはいなかったのである．その意味で発達心理学は，子ども時代と総称される時期の心理学的理解を目指した児童心理学とそう大差ないものであったと言っても過言ではない．しかし，ここ四半世紀くらいの間にこうした事情は大きく変貌してきている．いまや発達という術語は，ただ増進のみならず停滞および衰退や喪失をも含む，幅広く受精から死に至るまでの生涯にわたる多様な時間的変化を含意するように変じてきており，それに伴って発達心理学も，ターゲットとする時間を大幅に延長し，時にそれを強調すべく生涯発達心理学と呼ばれることも少なくはなくなってきているのである(Sugarman, 2001)．

　もっとも，生涯発達心理学のアイデンティティをもっぱら，それが解明すべき時間の延長にのみ置いてみる見方は妥当ではなかろう．そこには，旧来型の発達心理学の諸仮定に対する強烈なアンチテーゼと大幅な発達観の見直しが含まれている (Baltes *et al.*, 1998; Valsiner & Connolly, 2003)．例えば，生涯発達心理学の基本的方向づけを行った Baltes (1987; Baltes *et al.*, 1980) は，人の発達が，①成人という"完成体"に至るまでの短期間に限定されたものではなく（そもそも"完成体"という状態そのものが存在せず）質的にも量的にも生涯のあらゆるポイントで遍在的に生じ得ると仮定する以外に，②多次元的・多方向的に進み得ること，③高い可塑性を有すること，④獲得と喪失の両方が多くの場合，表裏一体の関係をなして進行すること，⑤社会・文化および歴史の中に深く埋め込まれていること，⑥（生物学的にも社会的にも人一般に標準的な）普遍的要因，

（ある時代に特有の）歴史的要因，（個々人に固有の）個別的要因といった様々な要因が交絡する，個人と環境の複雑な相互規定的作用の産物であること，さらには⑦心理学のみならず生物学，社会学，人類学といった多様な学問領域との密接な連携の下，学際的にアプローチされる必要があること，を生涯発達心理学の要件として掲げ，発達という現象そのものを根本的に，そして総合的に問い直す必要性を強く説いている．その上で，生涯発達心理学とは，人の誕生あるいは受精から死に至るまでの生涯過程にどのような個人内の変化と安定性・連続性が存在するのか，そしてまたそこにいかなる個人間の異質性と類同性が在るのかを記述・説明し，時にはその最適化を図る学であると定義づけている．

生涯発達心理学が声高に提唱された当時は，社会における高齢化・超高齢化の問題認識と相俟って，旧来の子ども期中心の発達観を見直し，もっと人生後半に目を向けよう，あるいは人生後半の心理社会的生活を充実させようという，いわばスローガン的意味合いを強く帯びたものであり，必ずしも実証的知見に裏打ちされたものでなかったことは否めない．しかし，21世紀に入り，いよいよ生涯発達心理学がただのスローガンから現実の研究を伴うものに実体化してきていることは確かである．いまや，世界規模において，人生前半についてはもとより，人生中盤や後半に関しても飛躍的に多種多様な実証的データが蓄積されるようになってきており，かなりのところ，それが文字通り人の生涯全般を鳥瞰できるところまで近づきつつあると言えるのかもしれない．

## 6-1-2 発達心理学における人間観——「氏か育ちか」の視点から

前節でふれたように発達心理学は，近年，児童心理学から生涯発達心理学へと確実にその性質を変容させてきているわけであるが，こうした移行の背後で，発達心理学が一貫して最も重要な問いの一つとして掲げてきた，いわゆる「氏か育ちか」(nature vs. nurture) に関する見方も大きく変貌を遂げつつある．そして，この「氏か育ちか」の問題は，発達というものを通じて人をいかなる存在と見なすのかという人間観と密接に絡むため，ここで多少とも考察していくことにしよう．この問題については，歴史の中でいくたびも論争となり，遺伝優位の見方と環境優位の見方が長くしのぎを削ってきたことは周知の通りであ

る．もっとも，いまや，「氏か育ちか」を文字通り，二者択一で考える者はおそらくほとんどなかろう．多くの者は，人の発達への影響に関しては当然「遺伝も環境」もであり，その複雑な相互作用のプロセスの中で，われわれ一人ひとりの個性が形成されるということを，もはや信じて疑わなくなってきている．

しかし，議論は当然そこで終わりではなく，その複雑な相互作用の機序そのものを明細に解き明かすことこそが，現今の発達心理学の大きな課題となってきているのである．先にふれた Baltes の生涯発達心理学の方向づけからは，どちらかと言えば，社会・文化・歴史といった後天的な獲得的要素を相対的に重く見る傾向が垣間見えるわけであるが，その一方で，近年，遺伝を重視する様々な生物学的なアプローチが発達心理学の中に急速に入り込んできていることも確かである．例えば，分子遺伝学は発達上，問題になる様々な心身の病理・障害や一部の心理行動的特質に関わる遺伝子そのものの機序について（Kendler & Eaves, 2005），また，進化心理学は従来，もっぱら育ちの観点から説明されてきた発達的な諸現象の進化的・生得的起源について（Bjorklund & Pellegrini, 2002），さらに行動遺伝学は多種多様な心理行動的特徴の個人差分散が遺伝的差異と環境的差異によってどれだけ説明され得るかについて（Plomin et al., 2002），有用な知見を数多く提示しつつある．

しかし，これらの生物学的知見を単純に"氏"優位の発想に結びつけてみるのは，いささか皮相な見方かもしれない．おそらく，近年の生物学的アプローチの意義は，一見発達の遺伝的規定性を匂わせる，関与遺伝子の解明や遺伝率（遺伝による影響の割合）の算出などの中にではなく，むしろ遺伝と環境の関係についての基本的な考え方を抜本的に変革しつつあるというところに潜んでいるのだと考えられる（Coll et al., 2004）．例えば，近年の行動遺伝学がもたらした逆説的な知見の一つに，人の様々な心理行動特質の個人差が，加齢とともに，一人ひとりが育った環境的要因の違いによってではなく，むしろ元々有していた遺伝的要因の差異によって説明される比率が徐々に高まるというものがある．未だ環境の中での学習経験が浅い乳幼児期ほど，その遺伝的傾向が発達に強く反映され，一方，加齢に伴う学習経験の蓄積とともに，それまで生きてきた環境による影響が強まるように思えるのだが，事実はその真逆であるらしい（e.g. Plomin & Petrill, 1997）．こうしたことがなぜ生じ得るのかということの詳細

はほか（遠藤，2005）に譲るが，概して，これが示唆するところは，歳をとるに比例して遺伝的要因に沿って徐々に環境の選択や構成が行われやすくなるということである．つまり，人は成長し，主体的意思に従っていろいろな経験を積むことができるようになればなるほど，自分が持って生まれた遺伝的素因に適うよう，自らその生活状況を選び，組み立て（発達的適所の選択），その中で個人特有の形質を発現していく傾向があるということである（Scarr, 1992）．

ここで仮に音楽活動に何らかの形で関わる遺伝的傾向を豊かに備えて生まれてきた子どもを思い浮かべてみよう．その子どもが幼い頃，養育環境に楽器や音楽 CD などがほとんどなく，テレビやラジオ等でも音楽を聴く機会をあまり持たないまま成育したとしよう．こうした場合，その子どもは，その発達早期の段階においては，その遺伝的傾向を十全に発現させる可能性は極めて低いと言えよう．しかし，加齢とともに養育者からの依存を脱し，自律的にふるまい得るようになれば，学校や街中などで様々な音楽に接するようになる中で自分の音楽に対する志向性に気づき，徐々にその志向性に沿って音楽媒体や楽器などを買い求め，時にバンドや音楽サークルなどを通して音楽好きの仲間と密に交流し，またともに演奏などをするようになることが想定される．そして，その中で，次第に音楽的な才を開花させていくのではないだろうか．

従来，遺伝と環境は長く対立的な構図で語られ，多くの場合，遺伝的素質の上に徐々に環境的経験が積み重ねられていくことで発達が進行すると把捉されてきた節があるが，むしろ前述の例が示唆するのは，"遺伝は環境を通して"徐々に発達過程の中で具体的な形を有するようになるということである．そして，それは生涯を通して変わらず，むしろ人生の後半になればなるほどその傾向は強まるということである．さらに言えば，遺伝とは，そもそも環境（学習や経験）とは独立のものとして在るのではなく，実のところ，学習や経験のメカニズム（環境からの刺激や情報などの取り込みを制御する仕組み）そのものであると言っても過言ではない（Ridley, 2003）．幼い子どもは，養育者も含め，その成育環境を自らはほとんど選べない．だからこそ，置かれた環境如何によって大きくその発達を左右される（学習メカニズムたる遺伝に制約がかかりやすい）．しかし，加齢とともに次第にそうした状況から脱却し，遺伝という学習メカニズムをより多く用いることができるようになる．各種心身の特徴に対する遺伝によ

る影響の割合が上昇するのは，こうした事情を反映してのことなのである．

　もっとも，これには但し書きが必要であろう．というのは，結局のところ，われわれの生涯発達は（環境を介するとはいえ）遺伝子によって規定されるところが大なのだと単純に結論されてしまいかねないからである．まず，加齢とともに次第に環境を選び構成することができるようになるとは言っても，景気や戦争などの歴史的状況や偶発的に降りかかる様々なできごとなど，個人にはコントロールできない環境的要素がいくらでもあるということを忘れてはならない．同時に，"遺伝は環境を通して"というプロセスばかりではなく，"環境は遺伝を通して"というプロセスもまた存在するということにも注目すべきであろう．近年の生物学的アプローチは，発達において重要な意味を有するのは，個人がどのような遺伝子を有しているかということ以上に，それが時間軸の中でいかに使われるかということであり，そしてその使われ方に環境的要素が一定の影響をおよぼすことを明らかにしている（Moore, 2001; Blumberg, 2005）．つまり，個人が生活環境の中でどのようなことを経験するかによって，種々の遺伝子活性化のオン・オフのパタンが変わり，結果的にそれが心身の発達の様相を左右するということである（例えば，クローン個体は，オリジナル個体と全く同一の遺伝子を有していても，育つ環境が異なる限りにおいて，決して同じ心身の表現型を備えるには至らない）．まさに，環境が遺伝を通して発達に影響するのである．

　ここで見てきた一連の考え方は，従来の遺伝と環境のとらえ方に関して大幅な修正を要求するものである．そして，それは確かに（例えば，かつて行動主義心理学においてまことしやかに喧伝されたがごとくに）われわれ一人ひとりの発達があらゆる可能性に拓かれて在るのだという，至極楽観的な人間観を無残に打ち砕くものである．しかし，その一方で，人が，遺伝という生得的に有する個性という制約を受けつつも，その制約の中で，環境との相互作用を通して，多様にその発達の道筋を変え得る存在であるということをもまた，強く印象づけるものであると言えるのではないだろうか．

## 6-1-3　生涯発達心理学と心理臨床との接点

　実のところ，冒頭でふれた Baltes らの理論的方向づけには，心理臨床との

接点を考える上で極めて重要なポイントがいくつか潜在している．最も自明なのは，発達心理学がターゲットを人生全体へと拡張することによって，子ども期だけではなく生涯のあらゆる発達時点で生じ得る様々な問題や障害・病理を包括的に理解するための，一つの基礎理論たる資格を得たということであろう．無論，古くから発達心理学と臨床心理学との関係は深く，殊に前者は後者に対して，種々の心理臨床的な問題を理解する上で多くの場合不可欠となる個人の成育史上の要因，すなわち子ども期にそれぞれの養育環境の中で経験した様々な事柄による影響や，生得的にあるいは人生初期から有していた器質・気質的特徴による影響に関して，いくつかの枢要なヒントをもたらしてきたと考えられる．しかし，いまに至って，生涯発達心理学の種々の知見は，単に成育史上の過去が現在の理解に寄与するというところにとどまらず，その個人の現時現空間における多様な事情との関わりも含め，その個人が抱える現在の問題の本質を包括的に見極め，さらにその現在の状態から未来の状態を予見することを部分的に可能ならしめるようになってきていると言えるのかもしれない．

　また，ややもすると見過ごしてしまいがちであるが，前述したBaltesの定義そのものが直に謳っているように，近年の発達心理学はもはや，人という存在が一般的・標準的にどのような時間的変化を経るのかということに関わる記述・説明にとどまらず，むしろ，そこに現れる広汎な個人差とそれに関わる要因の解明に力点を移し始めているという点にも着目すべきであろう．確かに，従来，例えば知能や社会性といった，ある特定変数に現れる個人差分散が，ほかのどのような要因および要因間の組み合わせによって説明されるかに，多くの発達心理学徒は特別の関心を注いできたと言える．しかし，それは多くの場合，"変数志向的（variable-oriented）"なものであり，その主目的は複数の変数間の相関関係を問うことで，ある発達現象を成り立たせる仕組みを推定することであったと言える．すなわち，例えばある発達時点における知能や社会性のスコアに相対的に強く連関する環境上あるいは器質・気質上の先行因を特定することで，子どもの知的発達や社会的発達がいかなる機序に支えられて生じてくるかに関する理論モデルを構成してきたのである．

　当然のことながら，こうしたアプローチの価値は，現今にあっても一向に色褪せないものとして在ると言うべきであるが，ここで注目すべきは，学究の焦

点となっているのはあくまでも変数であって人そのものではないということである．実のところ，この点において，近年の生涯発達心理学は，単に変数上の個人差ということのみならず，時間軸上で展開される発達パタン全体の個人差を精緻に問い始め，個々人の全人的な理解を目指す，いわゆる"個人志向的（person-oriented）"な方向性を相対的に強く打ち出すに至っていると言い得る（遠藤，2005）．換言するならば，個々人が，それまでにどのような発達ラインをたどり，いまいかなる状態にあるのか，そしてそれらがなぜそうしたかたちで生じたのかの解明を，部分的にではあっても目論見始めているということである．そして，その最前衛ではさらに，それぞれ固有の人生を生きているほかならぬその当事者の主観性にまで踏み込もうとする"主体志向的（agent-oriented）"なアプローチも生じ始めている（Van Lieshout, 2002）．研究者の枠組みをもっていわば第三者的に把捉される発達ではなく，まさに自らの人生の生き手である個人が主観的に経験する発達（これまでいかに生きてきて，いま現在どう在るか，そしてこれからどう生きていこうとするのかということに関する当事者的意識）に照準を合わせつつあるのである．当然のことながら，心理臨床は，まさに種々の問題に苦悩する個人に直に向き合おうとする．その意味で，それはまさに個人志向的あるいは主体志向的なアプローチを自ずと採ってきたものと言える．そうした意味において，近年の生涯発達心理学の動きは，心理臨床的実践に元来備わっていた志向性と相対的に親和性が高いものと考えられよう．

　さらに，Baltes の生涯発達心理学の定義の最後には，単に発達過程の精細な記述や説明にとどまらない，軌道修正や最適化という意味あいが含まれていることに止目して然るべきであろう．それは，広く個人のウェル・ビーイングやクオリティ・オブ・ライフを高め維持していく上で，発達心理学的知見をいかに活かし得るのかという，いわゆるプラクシス（理論に基づいた実践）の方向性を強く打ち出したものと言えるが，当然のことながら，それは，可能な限りエビデンスに基づいた方法を駆使しつつ心の問題や障害の快癒を図ろうとする近年の心理臨床の方向性と大きく重なるものと考えられる．

## 6-2　社会情動発達の視点から

遠藤利彦

### 6-2-1　発達研究における時間・臨床実践における時間

　近年の発達心理学が（理論に基づいた）実践的方向性を強め，心理臨床の営みとの重なりを増してきているとはいえ，その重点の置き方には，いわゆる心理臨床における実践とはいくぶん，異なる側面もあるのかもしれない．それは一つに時間の流れをいかに扱うかというところに集約されて在ると考えられる．

　心理臨床の実践は，当然のことながら，ある心の問題が顕在化した，その現時から始まる．無論，このいまは，過去からいま，そして未来へと連なる時間軸上の一点として在るわけであり，この現時の問題を確実に理解し，そこへ有効に介入するためには，半ば必然的に，その一点を背後から支える発達という時間の流れに注目せざるを得ないことになる．すなわち，多くの心理臨床的実践は，人の心の問題を解し癒そうとする時に，その直接のきっかけとなった結実因子（クライアントは直接的に何に端を発して，またどれだけ深い心の傷を負ったのか）のみならず，準備因子（クライアントはそれまでにいかなる成育過程をたどり，元来，どのような心身の特性を備えてきているのか）や持続因子（クライアントは現在，そして未来にかけていかなる生活環境の下に在り，それは心の問題の持続や快癒にいかに絡み得るのか）にも少なからず目を向けることになるのである．

　しかし，心理臨床の諸実践では，原理的に，個人の発達過程がその流れのままに把捉されることはない．そこにおける発達とは，通常の時間の流れのように，過去から現在，そして未来へと順行的に進むものではないのである．基本的に，問題の顕在化やクライアントの来談という現在から出発する臨床的営みにおいて，当然，セラピストは，クライアントにおける過去から現在への流れをリアルタイムでつかみ得ることはなく，それを逆行せざるを得ないことになる．すなわち，クライアントが現在というフィルターを通して語り構成する過去から，心の病理に絡む発達論を仮構しなくてはならないのである．例えば，

種々の臨床的営為においていまなおその一本の支柱たる精神分析では，発達早期における心的経験やトラウマは，常に，大人のクライアントのナラティブから"臨床的に構成された乳児"（clinical infant）の言葉として在ったのである（Stern, 1985）．

もちろん，こうした仮構された過去やそれに基づく発達論の価値は，クライアントの現在における主観性の中核を掬（すく）うという意味において，また，それを通して効果的な臨床行為を実践するという意味において，いささかも揺らぐものではない（e.g. Fonagy, 2001）．しかし，それと，種々の心の病理の発生に現実的に絡む発達的機序を厳密に特定することは，基本的に別種の作業であるのだろう．"臨床的に仮構された乳児"は基本的に，相対的に少数の，ある心の問題をすでに呈しているクライアントが，遠く過去を顧みたリトロスペクティブな情報に基づくものであり，現今における心の問題の真の原因をなしているか否かは一向に定かではないのである（Schaffer, 1996）．というよりは，例えば授乳や離乳をめぐる葛藤など，Freud らが仮定した発達過程における種々のトラウマとその後のパーソナリティや心の病理との関連性については，実証研究の大半が現にそれを訝（いぶか）るところとなっていることを冷ややかに受けとめなくてはなるまい（Brewin *et al.*, 1993）．

それに対して，実証的な発達研究が努めて扱おうとする時間は少なからず順行的な流れを有するものである．それは，現に"観察された乳児"（observed infant: Stern, 1985）から出発して，そうした子どものその後を，現実の時間軸に沿ってプロスペクティブに追跡することを通して，心の問題や病理の発生に絡む危険因子や防御因子およびその全体的なメカニズムを徐々に明るみに出しつつある．例えば，アタッチメント理論の創始者たる Bowlby は，自らがトレーニングを受けた対象関係論や Klein 理論と袂を分かち，人の生涯にわたる発達経路の多様性を客観的に描出するための基本的方向づけを行ったと言える（Egelamd & Carlson, 2004）が，彼に倣ったいくつかの長期縦断研究は，すでに 30 余年にもわたって，生後間もない子どもが現に養育者との間で経験する関係性の特質や不遇な事象が，その後の人生においていかに連続し，また変化するのか，さらに人生途上の何が現今の心理社会的適応を予測し得るのかを精細に報告するに至っているのである（数井・遠藤，2005, 2007）．

以下では，まず，しばしば心理臨床の文脈で重視される，いわゆる幼児期のトラウマとはいかなるものなのかを発達心理学の視点から再考した上で，すでに行われているプロスペクティブな長期縦断研究が，心の病理の発生や健康な心の成長などに関して何を示唆し得るのかについて，概観し考察を試みることにしたい．

## 6-2-2　発達的視点から見るトラウマ

　すでにふれたように，Freud のトラウマに関する議論は，無論，治療の文脈ではいまなおその有効性を失っていないとしても，少なくとも実証研究の文脈の上ではかなりのところ危ういものとなってきている．そして，その理由の一端は，彼がそれを"臨床的に仮構された乳児"に基づいて構成しているところにある．別の言い方をすれば，そこでは，おそらく子ども期にはまずあり得なかったであろう，大人になった現在の認知・情動的な枠組みをもって，子ども期の心が再構成されているのである．大人が大人の頭で振り返って考える，子どもにとっての心のつらさや痛みは，当の子どもが，その認知・情動的制約に縛られて経験するそれらと少なからず食い違っている可能性があるにもかかわらずである．

　それに対して，近年の発達研究は，特定の発達期に在る子ども自身の視点から，子どもが遭遇した事象の意味を精緻に解き明かす作業を進めている（Osofsky, 2004）．例えば，直接的に自らが見聞した情報と間接的に他者から伝聞した情報を比較した時に，大人は一般的にその信念の形成において圧倒的に前者に依拠する（人から伝え聞いたことよりも自分が直接見聞きしたことを信用する）．しかし，3歳前後の幼い子どもにおいては情報源の理解に大人とは決定的に異なる部分があり，直接，間接，両者の重みづけにはあまり差異がないことが知られている（e.g. Perner, 1991）．Bowlby（1988）は，幼い時期に親の自殺を直接目撃しながら，その後，その死が病気によるものだと繰り返し周囲の大人から聞かされ続けた子どもの不適応事例を挙げているが，これは，子どものそうした情報処理の特質によって，一事象について二つの相矛盾する記憶が止揚・統合されることなく，その後そのままに併存してしまったことに起因するもので

あることが推察されている (Main, 1991).

　また，いわゆる魔術的万能感にも関わる自己中心的な因果思考に由来して，5歳以下の幼児が，例えば，身近な他者の死を，それに先行して在った自らの情動や言動との絡みで，自分自身が引き起こしたかのように思い込み，理不尽に罪障感を抱え込んでしまうようなこともある (Dyregrov, 2008). さらに，これくらいの幼児はまだ，"人が死ぬ"という表現自体は用い得ても，死が絶対的な終わりを意味したり，誰にでも生じ得ることを理解していないと言われている．子どもの困惑を最低限に抑えようとして，しばしば大人は死に対して抽象的で婉曲的な表現，例えば"旅行に出かけた"とか"眠っているだけ"とかいう表現を用いることもあるが，このような場合，幼児は，まさに具体的に思考するという認知上の制約を受けて，それをそのまま受け取り，実際に旅行に出かけるなどの理由で自分から離れて行く対象に対して極度に不安を示したり，自分や他者が眠ることに強い恐怖を感じてしまうといったことも少なくはないらしい (Dyregrov & Dyregrov, 2008).

　これらは基本的に子どもの認知的制約が子ども特有のトラウマの形成にマイナスに作用する可能性を示唆するものであるが，逆に，そうした認知的制約が防御因子になる場合も想定されよう．例えば，乳幼児期の記憶システムは，経験事象の取り込みに関して，各事象の個別性や特異性よりも，それらに通底する共通性や不変性を抽出するように機能することが知られている (Fogel, 2004). つまり，エピソード記憶，その中でもとりわけ自伝的記憶が希薄な分，様々な災害や惨事など，大人からすれば際立って衝撃的な光景が，子どもにはあまりインパクトを残さないようなこともあり得るということである．また，言語獲得前においては，そもそもの記憶の構成に言語による符号化が絡まないため，当然，言語によって浴びせられた侮辱や暴言など，言語に由来する困難事も相対的に生じにくいことになる (Howe, 2000)（無論，早期の記憶には，後年になってからの，言語を通したアクセス・介入ができないなどの難しさもある (Stern, 1985)）．

　このように，正負，いずれの意味にせよ，トラウマというのは，経験事象そのものの特質以上に，それがある発達ステージに在る個人の知情意，様々なフィルターを通して，いかなる評価や意味を獲得してきているかによって大きくその様相を異にするものである (Lieberman & Van Horn, 2004). 子どもは，決し

て「小さな大人」ではなく「小さな子ども」そのままであり，経験事象に対して，独自の認識や情動的反応の原理を持つ存在であるということをわれわれは改めて確認しておいて然るべきなのだろう．

　また，トラウマは，それそのものとともに，あるいはそれ以上に，その前後におけるケアやアタッチメントなどとの関わりにおいて理解されなくてはならないものとも言える．例えば，地震や火事などの災害は，その直後には，確かに多くの子どもにほぼ一様に大きな情緒的混乱をもたらすものの，それが長期に及ぶケースはそのうちのごく少数に過ぎないことが知られている（Saylor, 1993）．そうした一回性のできごとが，子どもにとってトラウマになるか否かは，その前後に，特にその後に一貫して，子どもが養育者等との間でいかに安定したケアやアタッチメントを享受できるかということに大きく依存するらしい（Hinshaw-Fuselier *et al.*, 2004）．別の言い方をすれば，惨事そのものやそれによって一時的に生じた情緒的混乱よりも，それに対する周囲の大人の持続的な関わりの失敗や情動的利用可能性（emotional availability）の低さのほうが，より外傷的な意味を持ち得るということである．一度の突発的な極度の恐れや不安よりも，それがその後ケアされず制御されないままに長く放置されること，すなわち最も必要な時にアタッチメント欲求が充足されないままになることのほうが，子どもにとってははるかに破壊的なのである．

　このように，トラウマというのは，たとえ，元となる事象は一回性のものであったとしても，その後のケアやアタッチメント上の度重なる失敗との関わりにおいて形成されるという意味において，ほぼ常に"累積的性質"を有しているものと考えられる（Kahn, 1974; Masten & Coastworth, 1995）．そして，これに関連して付言しておくべきことは，度重なる恐れや不安およびそれらが適切に制御されないままになるという，特に発達早期における経験は，必ずしも，もっぱら，心の傷というかたちで，心理システム（各種心理行動的方略をもってストレス・コーピングや情動制御を司るメカニズム）のみにダメージを与えるわけではないということである．それは，同時に，生理学的なストレス・センサーやホメオスタシスの維持・調整メカニズムの発達にもかなり永続的な阻害効果をおよぼすようなのである（Goldberg, 2000）．そこでは，自律神経，免疫，神経内分泌などの活動に深く関与する，HPA（視床下部—下垂体—副腎皮質）システム

をはじめとする身体の仕組みが十全な発達を遂げず，ひいては，それがその子ども固有の脆弱性の素地となって，様々な心理行動上の問題を，生涯発達過程全般にわたって，際立って生じやすくさせるのだという（Gunnar, 2005）．一部の研究者（Schuder & Lyons-Ruth, 2004）は，子どもが受けるこうしたダメージを，従来の心理的なトラウマとは独立に，"隠れたトラウマ"（hidden trauma）と呼び，その破壊的意味合いの大きさに注意を促している．

## 6-2-3　プロスペクティブな発達研究が示唆するもの

　現今の発達心理学において，最も多く有用な縦断的知見をもたらしているものに，先にもふれたBowlbyに始まるアタッチメント研究がある．それらは，同じ理論枠をもって各発達期におけるアタッチメントの質を測定するツールを開発しながら，総じて，乳児期の環境的差異およびその子ども自身の特性的差異が，幼児期，児童期，思春期など，その後の各発達ステージにおけるアタッチメントおよび種々の社会情緒的行動の質やパーソナリティなどにいかに関わるかを問うてきている．もっとも，乳児期から成人期に至るまで，あるいはそれを超えて，20年以上にもわたって，同一集団を追跡し続けている長期縦断研究ということになると，世界を見渡しても，その数はごくわずかということになる（e.g. Grossmann *et al.*, 2005; Main *et al.*, 2005; Sroufe *et al.*, 2005）のだが，それらは乳児期におけるアタッチメント上の差異と成人期におけるアタッチメントおよび種々の社会的適応性との関連性について，実に興味深い報告を行っているのである．

　例えば，Watersら（2000）は，60人の白人サンプルについて，乳児期の（養育者との分離・再会場面の観察を通して測られる行動上の）アタッチメントの質と21歳時の（過去の養育者との関係を問う特殊な面接技法をもって測られる表象上の）アタッチメントの質との間に，理論的に想定される通りの一致が有意に認められたことを報告している（アタッチメント理論の枠組みでは，乳児期に現にその場に存在する養育者への物理的近接の仕方と，成人期に頭の中で想起される養育者への認知的・表象的近接の仕方に，相同的な関係があると仮定される（遠藤，2007））．つまり，乳児期に分離に際しては苦痛を示すが，再会に際しては容易に養育者を迎え入

れ，すぐに情動的に静穏化する，いわゆる安定型と呼ばれるタイプだった個人の多くは，成人期になっても養育者との関係に関して防衛なく正負，様々なことを具体的に思い出し，容易に整合一貫した語りをすることができた（自律安定型）．それに対し，乳児期に養育者との分離に際して苦痛を示さず，概して養育者との間に距離を置きがちな，いわゆる回避型と呼ばれるタイプだった個人は相対的に，成人期に至って養育者に関して表面的なこと以外はほとんど話そうとせず，殊に具体的な過去のエピソードについてはそれを極力，避けようとした（拒絶回避型）．また，乳児期に分離に対する苦痛が強く，かつ養育者と再会しても容易に落ち着かず時に養育者に怒りを表出したりする，いわゆるアンビバレント型と呼ばれるタイプだった個人は少なからず，成人期の時点で話が冗長で一貫性がなく，過去のことを語りながらそれがまるでいまのことであるかのように不安になったり怒ったりするような傾向が認められたのである（とらわれ型）．

　無論，すべての報告が，乳児期と成人期の間に有意なアタッチメント上の連関を認めているわけではない（e.g. Weinfield *et al*., 2000）のだが，メタ分析の結果（e.g. Fraley, 2002）などから現段階の暫定的な結論として言えることは，20年以上の時を隔てても，子ども期と大人期の間には，緩やかながら統計的に無視しがたい対人関係の持ち方やそれに絡むパーソナリティ特性などの連続性が認められるということかもしれない．もっとも，別の見方をすれば，このことは少なからず連続性が認められないケースも現に存在するということを示している．特に，過去に不遇な親子関係の体験や不安定なアタッチメントを有していながら，成人期に至ってそれを防衛なく冷静かつ整合的に語ることができ，なおかつ日常生活において適応的なふるまいを見せる，いわゆる"獲得安定型"（earned secure: Pearson *et al*., 1994）の者が相当数おり，こうした悪しき連続性の分断が何に起因して生じるのか，そのメカニズムの解明に現在，多くの研究者が関心を寄せている（Goldberg, 2000）．例えば，その一つにRoismanら（2002）によって行われた23年におよぶ縦断研究がある．それは，獲得安定型の個人において，20，21歳段階において特定パートナーとの恋愛関係の質が，"一貫不安定型"（continuous insecure）の個人に比して際立って良好であり，また"一貫安定型"（continuous secure）の個人と比べても，同等かそれ以上だっ

たことを示している．つまり，アタッチメントの質の大きな転換には，こうした異性との持続的な関係性のように，それまでの人生ではあまり経験してこなかった異質な対人関係の享受が，相対的に重要な意味を有するようである．

　瞠目すべきプロスペクティブな研究は，アタッチメントの領域に閉じて存在するわけでは当然ない．例えば，ハワイ・カウアイ島における同年出生 698 人を対象とした 30 年余におよぶ追跡調査（Werner, 1989, 1993）は，2 歳時に子ども自らの心身上の障害や遅滞および家庭環境に潜在する種々の問題状況からハイリスクな子どもを同定し，それらの子どもがその後，成人期にかけていかなる人生経路をたどるかを明らかにしている．それによれば，2 歳段階でハイリスクと判定された子どもの約 3 分の 2 は，児童期（10 歳時）に何らかの重篤な心理・教育上のつまずきを，青年期（18 歳時）には非行・犯罪や非婚妊娠を，さらに成人期（32 歳時）に精神健康上の問題を呈したという．しかし，残りの 3 分の 1 の人生経路は健常範囲にあり，Werner（1993）は，乳幼児期から気質的に扱いやすいこと，家族成員数が適度で，少なくとも児童期頃までには両親とも存在しており，相対的に情緒的絆が強いこと，家族外からのサポートが得られやすいことなどが防御因子として重要なのではないかと結論している．

　また，ニュージーランドのダニーディンにおいて 1972 年に始められた，同年出生 1000 人を対象とする長期縦断研究も特筆に値する（e.g. Silva, 1990; Caspi et al., 2002, 2003, 2005）．それは現在までに，乳幼児期から成人期にかけての全般的な心身の健康やパーソナリティーの発達に関心を寄せるほか，各種精神疾患や反社会的行動などの発生メカニズムに関して実に興味深い知見を多数，報告するに至っている．特に，このプロジェクトでは，個人差の源泉の一つとして遺伝的要因にも注目しており，例えば攻撃的行動の抑制に絡む脳内化学物質の一種たるモノアミン酸化酵素 A（MAOA）を規定する遺伝子型の差異が，暴力性や反社会性の発現を大きく左右する可能性を示唆している．それによれば，子ども時代における被虐待経験は，成人期に至るまでの学校内トラブル，暴力，反社会的行動，触法行為などのリスク因子となっていたが，元来，遺伝的に MAOA の活性が高い個人においては，こうした悪しき効果があまり認められなかったという．すなわち，MAOA の活性の高さは，暴力性や反社会性の発達において極めて重要な防御因子として機能していたのである．また，ストレ

スフルなライフイベントの経験の多さが抑うつの発生に影響をおよぼす過程に，脳内化学物質の一種であるセロトニンに絡む遺伝的差異が，リスク因子あるいは防御因子として重要な意味を有するというようなことも示唆されている．

　世界を見渡せば，このほかにも，極端に劣悪な施設環境で人生を出発させた子どもを追跡した研究（e.g. Chisholm, 1998; Rutter & O'Connor, 2004）や，発達早期における家庭外での保育経験が知情意全般の発達におよぼす影響を縦断的に検討している研究（NICHD ECCRN, 2002）など，まだまだ，今後のさらなる展開が待たれるプロジェクトは少なくない．こうした一群の知見を現段階において総括することは難しいことであるが，一つ確実に言えそうなことは，人の発達経路そのものが極めて多岐にわたるように，心の問題や病に至る道筋も実に多様であり，そこに単純な因果図式は安易に持ち込めないということであろう．当然のことながら，病理発生には，複数の個人内要因，個人外要因の複雑な絡み合いといくつかの偶然が関与すると見なすべきである（Schaffer, 1996; Sroufe, 1997）．こうした縦断研究は基本的に，幼い時期に同様の環境要因（劣悪な成育状況や時にトラウマとも呼ばれる不遇な経験など）にさらされながら，個人に潜在する脆弱性（vulnerability）や弾力性（resiliency）によって，またその後の偶発的あるいは意志的な経験によって発達的帰結が大きく異なり得ることを示しているのである．また，精神分析をはじめ，これまでの臨床的発達論はどちらかと言えば，いかにして人が"犠牲者"（victim）に仕立て上げられていくのかを問うものであったと言えるが，プロスペクティブな発達研究の多くは，むしろ，それ以上にいかにして人が"生存者"（survivor）になり得るのかを問うものでもあることに，われわれは刮目すべきであろう．そこには，心の問題や病理の素地を跳ね返すためのいくつか重要な示唆が含まれていると見なすべきであり，その意味でも，発達時間を逆行せざるを得ない心理臨床的営為が，発達時間を順行して得られた発達心理学的知見を，その理論的基礎に取り込むことの意義は決して小さくないものと言えるのではないだろうか．

## 6-2-4　心理臨床と発達心理学のあり得べき連携に向けて

　6-1 では，現今の発達心理学が生涯発達心理学へと移行する中で，また近年，

とみに人間の発達に関わる生物学的知見が増大する中で，発達観およびそれに不可分に関わる遺伝観や環境観も，そして広く人間観も大幅な再考を迫られていることについて記した．また，6-2ではより密接に心理臨床に関わるトピックとして，発達研究における時間と臨床実践の時間とを取り上げ，それらを対比・論考した上で，時間を順行的に追う発達研究が，トラウマをいかにとらえ，またそれをはじめとする発達早期の諸経験の長期的な影響について何をどこまで明らかにし得ているかについて述べた．

　繰り返しになるが，心理臨床の実践ではとかく，様々な異変や苦悩を訴えてくるクライアントのいまに対して迅速に介入することが絶対的な急務となる．しかし，一人の人間の生涯発達全体に目をやり，長きにわたる心理社会的な適応や安寧を思う時，そこには，ただこのいまに生じている危機的状態に直接的に"介入"(intervention)するばかりではなく，そもそもそれが起きないように"予防"(prevention)することや，それ以上の増悪を食い止めたり回復状態を長く持続させたりするために"予後的フォロー"(postvention)を試みることもまた，当然，必要となるのだろう (Coie *et al.*, 2000)．そして，生涯発達心理学が志向すべき実践性とは，むしろ，予防的な働きかけや予後的なフォローにこそ潜んでいると見なすべきなのかもしれない．当然のことながら，人の心の折れやすさや逆にたくましさは，長い時間をかけてゆっくり涵養されるべきものとして在る．すなわち，前者を減じ，後者を増しあるいは回復させるような営みは，子育てや教育あるいは社会的サポートというような形で，常にわれわれの何気ない日常の中で地道に積み重ねられなくてはならないものと考えられる．そうした意味において，心理臨床的実践と生涯発達心理学は，互いにそれぞれの特質と課題を理解しあった上で，人の生涯にわたる心身の健康の具現に向けて，いま以上に，協同的な歩みを続けていかなくてはならないのだろう．

## 6-3 発達心理学の臨床的ふだん使い

### 6-3-1 アセスメントの「縦軸」としての生涯発達　　　杉山　崇

**成長モデルと病理モデル**

病理や逸脱に注目して，病理を正常と区別するアプローチが有効なことがある．これはアセスメントの一種の横軸（横断的所見：病理モデル）であり，横軸的理解を基盤にする職種もある．しかし，心理臨床家はさらに縦軸（縦断的所見：成長モデル）として現状を成長の一過程であることも考慮して活動するので，現状に至った過程と今後の展開を検討する際に発達心理学は活用されている．ここでは 6-1・6-2 にある遺伝と環境およびアタッチメントの獲得安定について考えてみたい．

**遺伝子タイプと子どもの成育環境**

心理臨床家は「不登校」について，時に「（登校を）拒む力がつきましたね」といった旨のコメントをする．悲観しがちな周囲の大人に成長という肯定的側面を意識づける言葉だが，これにはアセスメント的な意味もある．

例えば，生得的に危険回避傾向が強く，新奇な対象に慎重になる遺伝的素因を持っている乳幼児が，社交的な行動や情動表出のパタンが好まれる条件づけシステムに置かれているとする．大人に好まれる態度は大人の好意的な反応によって強化されるだろう．大人の養育に生存をゆだねている乳幼児はこの条件づけシステムに参加せざるを得ないので，不安の表出を慎み，子どもなりに社交的な行動を身につけていくだろう．結果的に子どもの危険回避傾向は大人の目には潜在化するが，生得的な見知らぬ他者への不安と条件づけられた社交性が競合し，時に葛藤を起こすかもしれない．葛藤が子どもには負担な場合もあり，このような負担感が社会的刺激に条件づけられるのではないかと思われる不登校の事例もある．

**過敏な子どもたちに寄り添うために**

　このように幼い子どもに与えられる環境は大人に統制されているので，生得的に「得意な」刺激—反応パタンよりも，苦手とする刺激や反応を強いられ，さらにその環境を拒めないまま日々を過ごすこともある．これは子どものしつけ，社会化の援助，成熟の支援という意味あいもあり，普通のことかもしれない．しかし，十分な「体力」を得ていない幼児期の負担は，大人には計り知れない．

　不登校のように自分を疲弊させる環境を拒む力を周囲が無視できないかたちで発揮することは，確かに子どもが成長したことを示すと思われる．しかし，子どもはその責任を取ることはできないので，周囲の大人にその責任がかかる．心理臨床家は子どもの成長を正当に評価するとともに，周囲に理解を求め，時にともに苦悩して，次の成長がより健全で適応的であるようにともに努力する役割を果たしたい．「遺伝と環境」への理解は，われわれ自身が子どもに寄り添うこと，周囲への理解を求めることの両方を支えてくれるだろう．

**成人の「喜び」と「とまどい」に寄り添うために**

　成長するにつれて，生得的な好みにあった刺激を主体的に求める力がつくが，同時にその責任は自分で取ることにもなる．思春期，青年期，場合によっては成人後の心理臨床では，生得的な「彼なるもの」が求めるものと，社会が期待する「彼としてのもの」がずれてしまって「生き心地」が悪くなったのでは，と思わされる事例に出会うことがある．

　6-1-1では「音楽活動に関わる遺伝子」が例になっているが，本人も周囲も音楽の才能を期待せずに人生を設計し，社会的な役割を負っていたとしたら，才能開花によってとまどうことだろう．「彼なるもの」と「彼としてのもの」のバランスを取るには，それなりに時間をかけた試行錯誤が必要になるだろうし，この試行錯誤を手伝う場合にも「遺伝と環境」の示唆は有益である．

　また，晩年のJungは「悩みのない悩み」とされる社会的に成功している中年期の事例を扱ったことで知られている．実生活上の悩みが軽減されて，深層心理からわき上がる何かにより敏感になれることで「悩みのない悩み」が意識されるようになると説明されているが，本人が生得的に持っていた学習—反応

システムが解放されて，これまでは制限されていた心理的傾向が顕在化しているのかもしれない．「遺伝と環境」の示唆は中高年のとまどいや変容に対する新しい理解を開く可能性があると思われる．

**アタッチメントの「獲得安定型」**
心理療法における転移性恋愛は繊細なテーマだが，恋愛性の心理過程でアタッチメントの安定が獲得される可能性があることは非常に興味深い．恋愛関係に含まれるアタッチメントの変容に関与する諸要因と効果のメカニズムを実証して心理療法に活用できるかもしれない．

なお，心理療法における恋愛性の現象はあくまでも転移であり，実生活のものではない．成田（2005）が「二重の関係性」とした常識的関係性と治療的関係性を行き来して，獲得安定型のアタッチメントの雛形が壊れないように少しずつ転移性恋愛に「がっかり」してもらって，実生活を愛せるように支援することも一つの目標かもしれない．

## 6-3-2 臨床で発達を意識し判断の基準として使う時　　加藤　敬

筆者は小児心療内科外来，発達外来で勤務しているため，発達という概念に日々向きあっていると言えよう．初めに，仕事の中で発達心理学や発達という概念はどのように用いられているか確認したい．

**発達外来で意識される「発達」概念**
発達外来では，①子どもたちに対する行動観察，発達検査・知能検査の実施，②母親に行われる発達相談・養育指導，③子どもたちへの療育指導，などが臨床心理士の業務である．これらの業務では「発達」の遅れ，偏り，歪みをいかにサポートするかが問われている．そこでの「発達」概念は，正常ならこの年齢ではこういうことができるという一種の基準として使用されており，療育や指導の目標設定にも使用される．もちろん目標設定は子どもの能力の現状を把握，理解して個別に仕立てられるものだが，心理臨床家の思考背景には「正常ならばこういう発達」という基準イメージが横たわっている（正常から隔たって

いるのが異常というとらえ方には問題があると理解した上でではあるが……）．

### 小児心療内科での心理面接で意識される「発達」概念

小児心療内科（心療小児科）外来では，概ね不登校や心因性疾患の子どもたちへの心理面接が中心業務である．そこでの「発達」概念は，例えば，年代特有の疾患や治まりのつく時期の推定，不登校ならいつの時期に起きているのか知ることなど，①診断や治療方針の見立てに使われる．また，例えば，幼児期，児童期にはカウンセリングは無理なので遊戯療法を使うという判断や，自分の意志での問題解決も無理だが親や周りがどの程度まで肩代わりする必要があるのかというさじ加減，また小学高学年から徐々に自己を見つめる力が出てきたら，遊戯療法ばかりではなくカウンセリングを導入する必要性など，②治療・指導における判断の拠りどころともなる．

このように筆者は臨床における「発達」概念を，①発達そのものの問題を支援する時，②治療全般の診断・方針・技術上の指針を得るために，使っている．

### 成長・発達の規範モデル

生涯を通じた発達という概念は，Erikson（1963）のライフサイクル論を連想させるが，6-1・6-2 から生涯発達心理学とは思弁的なものではなく，調査などの実証的な検証を経ながら構築されている学問であることを知った．さらに驚くことに主体志向的なアプローチでは「これまでいかに生きてきて，いま現在どう在るか，そしてこれからどう生きていこうとするのかということに関する当事者的意識」に照準をあてるという（6-1-3）．これはまさにカウンセリングでよく意識されることである．さらに Baltes の定義ではそうした発達過程の記述，説明の積み重ねの上に「軌道修正や最適化」をも研究するとしている（6-1-3）．それこそ個人の生き方は多様で決めつけられないものであるが，こうした研究は成長・発達の規範モデルを作り，どういうかたちで生きていくかの実証的な参考資料になる．

面接でよく問われることとして，「私はこんな病気になりましたがこの先どうなっていくのでしょう」「同じような病気の人はどういう回復の仕方をするのですか」などがある．クライアントの多くはほかの人はどういうかたちで回

復し，どういう人生を送っているのかに興味があり，そうしたモデルを自己と照らしあわせながら治療の励みにしていく．もし主体志向的アプローチで心理的障害の人たちを研究しデータが集積されたら，クライアントにとっては非常に有益な規範モデルになるだろう．

### 子どもの立場に立ったトラウマの理解

「大人からすれば際立って衝撃的な光景が，子どもにはあまりインパクトを残さないようなこともあり得る」「言語獲得前においては，そもそもの記憶の構成に言語による符号化が絡まないため，当然，言語によって浴びせられた侮辱や暴言など，言語に由来する困難事も相対的に生じにくいことになる」，むしろ，「一度の突発的な極度の恐れや不安よりも，それがその後ケアされず制御されないままに長く放置されること，すなわち最も必要な時にアタッチメント欲求が充足されないままになることのほうが」問題であるという視点（6-2-2）は，筆者の臨床経験からも実感することであった．

トラウマ理解に限らず，心理臨床では，大人が決めつけた一方的な子どもの病気理解ではなく，それぞれの発達時期の認知的能力で体験されている病気を大人が理解するという，子どもの側に立った共感的理解が必要とされる．6-1・6-2全体から述べられている現在の実証的な発達心理学は，まさにクライアントの体験している世界をわかりやすくする認知的基準を提供してくれる可能性があると考えられた．

このように発達心理学は，子どもの立場に立つ共感的理解に必要な認知的基準や，治療指針となる規範モデルをも提供してくれる．充分に活用できる基礎心理学として臨床に活かしたい．

## 6-4 臨床的ふだん使いへのコメント

### 6-4-1 臨床から
青木紀久代

**発達心理学が心理臨床に与える元気**

　杉山は，心理臨床のアセスメントに成長モデルを活用することを想定していた（6-3-1）．これによって，心理臨床が予防や発達促進的な関わりに貢献できる．発達心理学の活用において最も魅力的な側面だと言える．

　加藤は，自らの臨床の場で，発達そのものの支援と発達概念を生かした見立ての二つを挙げ，活用可能性をより具体的に示してくれた（6-3-2）．認知発達に関する知識は，子どもの心理臨床には必須である．いま・ここで生き延びんとする子どもを援助するためには，「成人の語りの中に棲む子ども」の知識では役立たないことは自明である．それぞれに興味深く，もう少し詳しく知りたいというのが率直な感想だが，とにかく両者の「臨床的ふだん使い」から連想したことを述べさせていただくこととしたい．

　現在，心理臨床は，その対象も形態も非常に多様化している．この多様なものから一つを取り上げ，予防的観点を強調することは，発達心理学の活用を示す最も簡単かつ明確な方法だと思う．例えば，心理教育などは，新しい心理臨床の実践のスタイルとして着目され，活況を呈している．筆者自身の心理臨床実践も，多くは，子育て支援や学校臨床にあり，こうした面から発達心理学の効用を述べる資料にはこと欠かない．

　ただこのような「治療よりも予防」という観点の強調は，本来心理学の内部で，一部の心理学にあって一部の心理学にはないと批判すべきことではなく，広く医療モデルに支配された学問全体のあり方に対して再考が促されている局面に来ていると言える．これについては，すでに教育学や社会学あるいは哲学など，ほかの人文社会科学分野の功績が大きく，いわば「人間学」として心理学が発信してきたものは何だったのか，むしろわれわれもより大きな議論が必

要ではないかと思う．心理臨床からは，スクールカウンセラーなどの教育現場での実践の積み重ねが進み，すでに治療モデルから脱却する必要を認識した援助モデルが盛んに唱えられている（青木，2006）．

**発達概念が心理臨床で活きる場面を切り取る**

そこであえて，カウンセリングにおける一人のクライアントの主観的な体験という部分に焦点をあててみたい．ここで強調したいのは，「クライアントにとっての発達概念」という視点である．生身のクライアントには，個人の生き方の多様性や可変性を保証されたい時と，自分と類似の他者の存在を得たい時とがある．例えばそれが，生涯発達の経過を予見する一つのたとえ話であろうとも，そこにある普遍的な要素と固有な要素のどちらに意義を多く見出すかは，臨床プロセスにおけるクライアントの主観的なニーズで決まってくる．多様な発達経路を想定した生涯発達心理学は，この対照的な二つのニーズを複眼的にとらえる仕組みを包含していると言える．心理臨床家がカウンセリングのどの時点で何を差し出すのか，あるいは，ある時点で差し出した知識をクライアントが別の時点でどう意味づけるかに適切なアンテナを張ることができれば，発達心理学の知識は，クライアントの主観的体験の中で一層豊かに「生かされる」のではないだろうか．

少なくとも筆者には，現場で発達臨床心理学なるものを実践している時，これが最も発達心理学がクライアントによって活かされたと感じる瞬間の一つである．基礎知識が活かされるためには，それを現実の文脈に合わせて料理して主体的に活用しようとする心理臨床家の存在と，その知識を主体的に意味づけるクライアントの存在（および両者の関係の成立）が不可欠である．これを探求する研究もまた，求められているのだと思う．

## 6-4-2 基礎から

遠藤利彦

6-3-1・6-3-2の双方から思い至ったことは，心理臨床の実践において，実践者側の発達観，すなわち人の発達やそれを突き動かす要因などをどのようにとらえ，またあるべき発達のかたちをいかに思い描いているかということが極

めて重要な意味を持ち得るということである．それは，心理臨床的営為の対象の理解やアセスメントのみならず，支援目標の設定や技法の選択などに不可避的に影響をおよぼし，ひいてはその実践の有効性を大きく左右し得るものと言える．しかし，それは多くの場合，暗黙化しており，明瞭に自覚されるということが非常に少ないのかもしれない．どんなに客観的スタンスを貫いているつもりでも，われわれは多かれ少なかれ，自身でもほとんど気づかないまま，それぞれ固有の発達観という色眼鏡を通して対象や現象を見ているのである．

おそらく，ここで重要なのは，そうした色眼鏡を無理に外そうと努めることでは必ずしもなく，むしろ，その色眼鏡の特異性を意識化し，それだからこそ見えてくるものや，逆に見えてこない可能性があるものに対して冷ややかに注意を向けることなのだろう．そして，そうすることによって適宜，実践の軌道修正や足りない知識や技法などの補足を自発的に行い得るような，高度な柔軟性を身につけることであると考えられる．

しかしながら，こうした発達観の自覚化を実践者が，その人自身に閉じて，やりこなすことはことのほか，難しいのかもしれない．われわれは，外在するほかの発達の見方にふれた時にこそ，己の色眼鏡の存在やその特質に思いが至るのだろう．発達の基礎研究と心理臨床的実践のコラボレーションには様々な形があろう．しかし，意外にも，そのうちの最も重要なことの一つは，基礎研究が種々の実践的営為に潜む暗黙の発達観を照らし出すことの中にあるのかもしれない．また翻って，生身の事例を扱う実践が発達理論の中に潜む様々な憶見や虚構を炙り出すことの中にあるとも言えるのだろう．

## 学習を進めるための参考図書
遠藤利彦（編）(2005)．発達心理学の新しいかたち　誠信書房：「遺伝と環境」の問題を含め，発達についての近年の新しい見方が示されている．

数井みゆき・遠藤利彦（編）(2005)．アタッチメント――生涯にわたる絆　ミネルヴァ書房：生涯発達理論としてのアタッチメント理論の全体像が平易に解説されている．

数井みゆき・遠藤利彦（編）(2007)．アタッチメントと臨床領域　ミネルヴァ書房：アタッチメント理論の各種臨床領域への含意および具体的な応用のあり方が詳細に記されている．

## 引用文献
青木紀久代 (2006)．発達臨床心理学から見た老年期と心理臨床　内田伸子（編）誕生から死までのウェルビーイング　金子書房　pp. 183-196.

Baltes, P. B. (1987). Theoretical positions of life-span developmental psychology. *Developmental Psychology*, **23**, 611-626.

Baltes, P. B., Lindenberger, U., & Staudinger, U. M. (1998). Life-span theory in developmental psychology. In W. Damon & R. M. Lerner (Eds.), *Handbook of child psychology* (Vol. 1). John Wiley & Sons. pp. 1029-1143.

Baltes, P. B., Reese, H. W., & Lipsitt, L. P. (1980). Life-span development psychology. *Annual Review of Psychology*, **31**, 65-110.

Bjorklund, D. F., & Pellegrini, A. D. (2002). *The origins of human nature: Evolutionary developmental psychology*. American Psychological Association.

Blumberg, M. S. (2005). *Basic instinct: The genesis of behavior*. Basic Books.

Bowlby, J. (1988). *A secure base: Parent-child attachment and healthy human development*. Basic Books.

Brewin, C. R., Andrews, B., & Gotlib, I. H. (1993). Psychopathology and early experience: A reappraisal of retrospective reports. *Psychological Bulletin*, **113**, 82-98.

Caspi, A., McClay, J., Moffitt, T., Mill, J., Martin, J., Craig, I. W., Taylor, A., & Poulton, R. (2002). Role of genotype in the cycle of violence in maltreated children. *Science*, **297**, 851-854.

Caspi, A., Sugden, K., Moffitt, T. E., Taylor, A., Craig, I. W., Harrington, H., McClay, J., Mill, J., Martin, J. L., Braithwaite, A., & Poulton, R. (2003). Influence of life stress on depression: Moderation by a polymorphism in the 5-HTT gene. *Science*, **301**, 386-389.

Caspi, A., Moffitt, T. E., Cannon, M., McClay, J., Murray, R., Harrington, H., Taylor, A., Arseneault, L., Williams, B., Braithwaite, A., Poulton, R., & Craig, I. W. (2005). Moderation of the effect of adolescent-onset cannabis use on adult psychosis by afunctional polymorphism in the catechol-O-methyltransferase gene: Longitudinal evidence of a gene X environment interaction. *Biological Psychiatry*, **57**, 1117-1127.

Chisholm, K. (1998). A three year follow-up of attachment and indiscriminate friendliness in children adopted from Romanian orphanages. *Child Development*, **69**, 1092-1106.

Coie, J. D., Miller-Johnson, S., & Bagwell, C. (2000). Prevention science. In A. J. Sameroff, M. Lewis, & M. Suzanne (Eds.), *Handbook of developmental psychopathology* (2nd ed.). Kluwer Academic Publishers. pp. 93-112.

Coll, C. G., Bearer, E. L., & Lerner, R. M. (Eds.) (2004). *Nature and nurture: The complex interplay genetic and environmental influences on human behavior and development*. Lawrence Erlbaum Associates.

Dyregrov, A. (2008). *Grief in children: A handbook for adults*. Jessica Kingsley Publishers.

Dyregrov, K., & Dyregrov, A. (2008). *Effective grief and bereavement support: The role of family, friends, colleagues, schools and support professionals*. Jessica Kingsley Publishers.

Egeland, B., & Carlson, B. (2004). Attachment and psychopathology. In L. Atlinson, & S. Goldberg (Eds.), *Attachment issues in psychopathology and intervention*. Lawrence Erlbaum Associates. pp. 27-

48.
遠藤利彦 (2005). 発達心理学の新しいかたちを探る 遠藤利彦 (編) 発達心理学の新しいかたち 誠信書房 pp. 3-52.
遠藤利彦 (2007). 語りにおける自己と他者，そして時間――アダルト・アタッチメント・インタビューから逆照射して見る心理学における語りの特質 心理学評論, **49**, 470-491.
Erikson, E. H. (1963). *Childhood and society.*, W. W. Norton & Company.
Fogel, A. (2004). Remenbering infancy: Accessing our earliest experiences. In G. Bremner, & A. Slater (Eds.), *Theories of infant development*. Blackwell. pp. 204-230.
Fonagy, P. (2001). *Attachment theory and psychoanalysis*. Other Press. (遠藤利彦・北山 修 (監訳) (2008). 愛着理論と精神分析 誠信書房)
Fraley, R. C. (2002). Attachment stability from infancy to adulthood: Meta-analysis and dynamic modeling of developmental mechanisms. *Personality & Social Psychology Review*, **6**, 123-151.
Goldberg, S. (2000). *Attachment and development*. Arnold.
Grossmann, K. E., Grossmann, K., & Waters, E. (Eds.) (2005). *Attachment from infancy to adulthood: The major longitudinal studies*. Guilford.
Gunner, M. R. (2005). *Attachment and stress in early development: Does attachment add to the potency of social regulators of infant stress?* In C. S. Carter, L. Ahnert, K. E. Grossmann, S. B. Hrdy, M. E. Lamb, S. W. Porges, & N. Sachser (Eds.), *Attachment and bonding: A new synthesis*. The MIT Press. pp. 245-255.
Hinshaw-Fuselier, S., Heller, S. S., Parton, V. T., Robinson, L., & Boris, N. W. (2004). Trauma and attachment: The case for disrupted attachment disorder. In J. D. Osofsky (Ed.), *Young children and trauma: Intervention and treatment*. Guilford. pp. 47-68.
Howe, M. L. (2000). *The fate of early memories: Developmental science and the retention of childhood experiences*. American Psychological Association.
Kahn, M. M. R. (1974). *The privacy of the self*. International Universities Press.
数井みゆき・遠藤利彦 (編) (2005). アタッチメント――生涯にわたる絆 ミネルヴァ書房
数井みゆき・遠藤利彦 (編) (2007). アタッチメントと臨床領域 ミネルヴァ書房
Kendler, K. S., & Eaves, L. (2005). *Psychiatric genetics*. American Psychiatric Publishing.
Lieberman, A. F., & Van Horn, P. (2004). Assessment and treatment of young children exposed to traumatic events. In J. D. Osofsky (Ed.), *Young children and trauma: Intervention and treatment*. Guilford. pp. 111-138.
Main, M. (1991). Metacognitive knowledge, metacognitive monitoring, and singular (coherent) vs. multiple (incoherent) models of attachment: Findings and directions for future research. In C. M. Parkes, J. Stevenson-Hinde, & P. Marris (Eds.), *Attachment acrossthe life cycle*. Routledge. pp. 127-159.
Main, M., Hesse, E., & Kaplan, N. (2005). Predictability of attachment behavior and representational processes at 1, 6, and 19 years of age: The Berkeley longitudinal study. In K. E. Grossmann, K. Grossmann, & E. Waters (Eds.), *Attachment from infancy to adulthood: The major longitudinal studies*. Guilford. pp. 245-304.
Masten, A. S., & Coatsworth, J. D. (1995). Competence, resilience, and psychopathology. In D. Cicchetti, & D. J. Cohen (Eds.), *Developmental psychopathology Vol. 2: Risk, disorder, and adaptation*. John Wiley & Sons. pp. 715-752.
Moore, D. S. (2001). *The dependent gene: The fallacy of nature vs. nurture*. W. H. Freeman.
成田善弘 (2005). 治療関係と面接 金剛出版
NICHD Early Child Care Research Network. (2002). Child-care structure→process→outcome: Direct and indirect effects of child-care quality on young children's development. *Psychological Science*, **13**, 199-206.

Osofsky, J. D. (2004). Introduction: Different ways of understanding young children and trauma. In J. D. Osofsky (Ed.), *Young children and trauma: Intervention and treatment*. Guilford. pp. 3-9.
Pearson, J. L., Cohn, D. A., Cowan, P. A., & Cowan, C. P. (1994). Earned-and continuous-security in adult attachment: Relation to depressive symptomatology and parenting style. *Development & Psychopathology*, 6, 359-373.
Perner, J. (1991). *Understanding the representational mind*. Bradford Books.
Plomin, R., Defries, J. C., Craig, I. W., & McGuffin, P. (2002). *Behavioral genetics in the post genomic era*. American Psychological Association.
Plomin, R., & Petrill, S. A. (1997). Genetics and intelligence: What's new? *Intelligence*, 24, 53-77.
Ridley, M. (2003). *Nature vs. nurture: Genes, experience, and what makes us human*. Harper Collins Publishers.
Roisman, G. I., Padron, E., Sroufe, L. A., & Egeland, B. (2002). Earned-secure attachment status in retrospect and prospect. *Child Development*, 73, 1204-1219.
Rutter, M. & O'Connor, T. G. (2004). Are there biological programming effects for psychological development?: Findings from a study of Romanian adoptees. *Developmental Psychology*, 40, 81-94.
Saylor, C. F. (Ed.) (1993). *Children and disasters*. Plenum.
Scarr, S. (1992). Developmental theories for the 1990s: Development and individual differences. *Child Development*, 63, 1-19.
Schaffer, H. R. (1996). *Social development*. Blackwell.
Schuder, M. R., & Lyons-Ruth, K. (2004). "Hidden trauma" in infancy: Attachment, fearful arousal, and early dysfunction of the stress response system. In J. D. Osofsky (Ed.), *Young children and trauma: Intervention and treatment*. Guilford. pp. 69-104.
Silva, P. A. (1990). The Dunedin multidisciplinary health and development study: A 15 year longitudinal study. *Pediatric & Perinatal Epidemiology*, 4, 76-107.
Sroufe, L. A. (1997). Psychopathology as an outcome of development. *Development & Psychopathology*, 9, 251-268.
Sroufe, L. A., Egeland, B., Carlson, E. A., & Collins, W. A. (2005). *The development of the person: The Minnesota study of risk and adaptation from birth to adulthood*. Guilford.
Stern, D. (1985). *The interpersonal world of the infant*. Basic Books.
Sugarman, L. (2001). *Life-span development: Frameworks, accounts and strategies* (2nd ed.). Psychology Press.
Valsiner, J., & Connolly, K. (2003). Introduction: The nature of development: The continuing dialogue of processes and outcomes. In J. Valsiner, & K. Connolly (Eds.), *Handbook of developmental psychology*. Sage. pp. ix-xviii.
Van Lieshout, C. F. M. (2002). Lifespan personality development: Individual differences among goal-oriented agents and developmental outcome. In W. W. Hartup, & K. R. Silbereisen (Eds.), *Growing points in developmental science*. Psychology Press. pp. 177-202.
Waters, E., Merrick, S. K., Treboux, D., Crowell, J., & Albersheim, L. (2000). Attachment security in infancy and adulthood: A twenty-year longitudinal study. *Child Development*, 71, 684-689.
Weinfield, N., Sroufe, L. A., & Egeland, B. (2000). Attachment from infancy to early adulthood in a high risk sample: Continuity, discontinuity, and their correlates. *Child Development*, 71, 695-702.
Werner, E. E. (1989). High-risk children in young adulthood: A longitudinal study from birth to 32 years. *American Journal of Orthopsychiatry*, 59, 72-81.
Werner, E. E. (1993). Risk, resilience, and recovery: Perspectives from the Kauai Longitudinal Study. *Development & Psychopathology*, 5, 503-515.

## コラム3　養育(ペアレンティング)と子どもの精神的健康

菅原ますみ

**養育者の役割**

　近年，家庭内外で受ける養育の"質"(care quality)が子どもの心の健康や発達に大きく影響することが海外の大規模な実証研究(NICHD, 2005; 日本子ども学会, 2009)で明らかにされ，発達環境としての養育者の役割に改めて大きな注目が注がれるようになっている．

　養育(ペアレンティング)の中心的な内容としては，①子どもの必要とするケア全般(食事，清潔の維持，安全や健康の管理，衣服の調節など)を適切にマネジメントすること，②情緒的安定やコミュニケーション，認知的刺激に対する欲求を人間的に温かく充足すること，③社会的規範や生活習慣を教え，発達段階に見あった監督や行動統制により自己統制力を伸ばすこと，④社会的役割や社会的行動のモデルとなり，社会性の発達を促すことなどが挙げられ，これらが発達初期から特定の養育者たちにより適切な形態で遂行されていくことが子どもの健やかな育ちを保証する．特に，一人では生きていくことのできない乳児期から児童期前半頃までの子どもたちは，サバイバルをかけて養育者を信頼し，また愛し愛されようと努力する．しかし，養育者側の状況によっては，様々な形態の虐待(abuse, maltreatment)やストレス，抑うつなどによる非定型的養育行動を向けられ，発達に遅れや歪みを伴ったり精神的健康を損なったりしてしまうことがある．個々の子どもと養育者との関係性を考えていく時には，こうした不適応的な養育の影響とその回復過程について，養育の側面別に丁寧に考慮していく必要があろう．

　さらに，養育者が生物学的な親である場合には，子どもにとっての遺伝子の提供者であるとともに，家庭内の物理的環境および家族関係を中心とした心理・社会・経済・文化的な環境の提供者でもあり，また親戚・近隣・学校・友人など家庭外の対人的環境の提供と調整役，といった複数の重要な役目を担っていくことになる．養育行動を通じて子どもの人生最初の緊密な人間関係を取り結ぶ相手でもあり，子どもの発達に対する影響力は長期にわたって大きなものであり続けると言えよう．こうした役割を担う親がうつ病や統合失調症などの精神疾患を発症した場合には，子どもの精神的健康や発達に大きな影響がおよぼされることが懸念される．

**母親のうつ病の影響について**

　精神医学領域では，"親の精神疾患は，遺伝と環境の様々なメカニズムを通じて子どもの精神疾患発症のリスク要因となるだろう"という仮説の下に，様々な疾患に関する親子を対象とした追跡研究が実施されてきた．精神病理の世代間伝達については，1990年代以降，発達心理学の中に精神医学との境界的領域として成立した発達精神病理学(developmental psychopathology: Cummings *et al*., 2000)の主要テーマとして継承され，最近さらに研究が活発化している．中でも6〜17%もの生涯罹患率が報告されている女性のうつ病は大いに注目される．少なからぬ子どもたちが，その生育歴のどこかで母親のうつ病に出会うと言えるだろう．

　母親のうつ病(maternal depression)の子どもへの影響メカニズムについては，以下のような点が指摘されてきている(Goodman, 2007; 菅原 2005)．①うつ病の母親の養育行動と子どもの発達は統制群に比較してネガティブな傾向が認められるが，その原因はうつ病だけに求めることはできず，うつ病発現に関わる広範な家庭内外での心理社会的ストレス(父親やきょうだいなど家族メンバーのメンタルヘルスやサポート上の問題，貧困や失業，夫婦関係上の不適応

| リスク要因 | 影響メカニズム | 脆弱性の増大 | 結実 |
|---|---|---|---|
| 母親のうつ病の発現 | ・うつ病による母親の否定的な情動，認知，行動にさらされること<br>・家族間の葛藤の増加<br>・遺伝的要因の共有<br>・ネガティブなイベントの生起<br>・母子の愛着関係 | ・子どもの情緒的安定性の低下<br>・子どもの心理的機能の低下 | ・子どもの精神疾患<br>・子どもの問題行動 |
| 子ども自身の要因<br>・性別<br>・気質的特徴<br>・知的，情緒的，社会的スキル | | | |

図　母親のうつ病の世代間伝達のモデル

など）の間接的・直接的影響を考慮しなければならない，②子どもへの影響メカニズムとしては"母親から子どもへ"の一方向の因果関係だけでなく，時間経過に沿った"母親⇔子ども"の相互影響関係を想定すべきである，③親子の世代間伝達には養育を通じた環境上の影響だけでなく，遺伝子の共有による影響メカニズムも想定されるので，養育要因を組み込んだ上での縦断的な双生児研究や養子・家族研究などによる遺伝要因の検証が必要である．

　母親のうつ病の世代間伝達のモデルをまとめると，図のようになる．多くの先行研究で親の抑うつの世代間伝達の媒介過程として，養育行動や親子間の愛着関係の問題，夫婦間の葛藤と不和，親子間のうつ病に対する遺伝的要因の共有といった影響メカニズムが想定されているが，これらは子ども自身の特性との相互作用を経て，子どもの情緒的安定性や心理的機能を低下させ，時間経過の中で子どもの精神疾患や問題行動の出現という結果をもたらす．親のうつ病に影響されて起こる様々な現象と子どもの状態が日々影響をおよぼしあい，子どもの不適応という一定の結末を迎えるまでには時間の流れに沿ったこうしたいくつものプロセスが存在している．つまり，子どもにおよぼされる否定的な影響を最小限にとどめるためのいくつものチャンスがあり得ることになり，どの時期にどのような介入が有効なのか，一つひとつの過程に関する実証的検討が今後さらに必要であろう．個々のケースへの臨床的介入についても，できるだけ早い段階に必要な情報を収集して親子と周囲の環境に関する全体像を把握し，適切な支援を丁寧に展開することがよい結果につながるのではないだろうか（菅原ほか，2005）．

引用文献

Cummings, E. M., Davies, P. T., & Campbell, S. B.（2000）. *Developmental psychopathology and family process: Theory, research, and clinical implications*. The Guilford Press.（菅原ますみ（監訳）．（2006）．発達精神病理学──子どもの精神病理の発達と家族関係　ミネルヴァ書房）

Goodman, S. H.（2007）. Depression in mothers. *Annual Review of Clinical Psychology*, **3**, 107-135.

NICHD Early Child Care Research Network（2005）. *Child care and child development*. The Guilford Press.

日本子ども学会（編）（2009）．保育の質と子どもの発達──アメリカ国立小児保健・人間発達研究所の長期追跡研究から　赤ちゃんとママ社．

菅原ますみ（2005）．抑うつと母子・家族関係　坂本真士・丹野義彦・大野裕（編著）抑うつの社会臨床心理学　東京大学出版会　pp. 137-157.

菅原ますみ（2005）．子ども家庭総合評価票　児童自立支援計画研究会（編）子ども・家族への支援計画を立てるために──子ども自立支援計画ガイドライン　日本児童福祉協会　pp. 1-641.

# 第7章
# パーソナリティ心理学を活かす

# 7-1　パーソナリティ心理学とは何か

木島伸彦

　パーソナリティ心理学は，人の個人差に関わる心理学であると言える．しかし，そもそも，パーソナリティそれ自体の定義が完全にコンセンサスを得られるまでに至っていないのが現状である．最も頻繁に引用されるパーソナリティの定義は，Allport（1937）のもので，「パーソナリティとは，個人内の機能的組織体であり，その心理・生理的なシステムは，環境へのその個人独自の適応を規定する」というものである．ほかにも多くの研究者がパーソナリティを様々に定義しているが，ほぼ共通している点は，①環境への適応機能に関する全体的な特徴，②感情の要素も含む，③通状況的一貫性，④継時的安定性，である．このうち③の通状況的一貫性に関しては，Mishel（1968）が，パーソナリティの一貫性の存在を示す確たる証拠がないことを指摘し，従来の見解を批判した．その後，人間—状況論争が，しばらく続けられていた．この論争に関しては，パーソナリティの通状況的一貫性を継時的安定性と混同してしまうというような，議論がかみあわない混乱があったこともあって長く続いた（渡邊・佐藤，1993）．しかし，近年に至って，Pervin（1989）が，「大部分のパーソナリティ心理学者は，いまでは相互作用論者である」と述べているように，この論争は，行動を個人とその個人が直面している状況との多方向的な相互作用あるいはフィードバック過程との関数であるとする相互作用論が提出されるに至って，ようやく終焉を迎えようとしている（若林，1993）．

　また，この「パーソナリティ」に対するアプローチも様々なものがある．19世紀後半からは，精神医学や臨床心理学の分野で，臨床場面におけるクライアントとの関わりから，精神分析を中心とする理論が構築されてきた．また，20世紀に入ってからは，コンピュータの発展とともに，パーソナリティ特性語の分類研究（語彙アプローチ）として因子分析を主とする統計を用いて，パーソナリティの記述に関する研究が盛んになった．さらに20世紀の後半からは，Eysenck（1963, 1967），Gray（1970, 1981），Cloninger（1987; Cloninger *et al.*, 1993）

を代表とする生理学を基礎としたパーソナリティ研究が盛んになっている．

このように大きく分けると，①臨床アプローチ，②統計アプローチ，③生理学アプローチの三つのアプローチがあると考えられる．さらに，それぞれにおける研究方法も研究者によって異なり，①質問紙研究，②フィールド研究，③臨床研究が挙げられる．そして，現在までのところ，それぞれのアプローチ，研究方法において，最も生産的に研究が進められているのは，統計アプローチにおける質問紙法であり，現在，世界で最も頻繁に用いられているパーソナリティ質問紙は，Costa & McCrae（1992）が開発したNEO-PI-R（Revised NEO Personality Inventory）であると考えられる．NEO-PI-Rは，人が自分あるいは他者を認識する際に用いる概念枠組みを最先端の統計手法を用いて抽出したパーソナリティ尺度と言える．そして，人が人を認識する際に用いる視点が五つであるということ（Big Five理論）を示している．

しかし，筆者は，パーソナリティとは結局のところ，従属変数として扱われるよりも独立変数として扱われるべきものと考えている．つまり，パーソナリティとはそもそもどのようなものであるのか，というパーソナリティの記述に関わる課題も重要ではあるが，それ以上に，パーソナリティで何を説明できるのか，という課題がより重要であると考える．Costa & McCrae（1992）がパーソナリティの記述に関して，大いなる貢献を果たしてきたことは否定できないが，Big Five理論を用いて，例えば，精神疾患を説明しようとすると，その理論的基盤は脆弱であると言わざるを得ない．Big Five理論では，個々の精神心疾患やパーソナリティ障害の治療の指針を得ることはできない．後述するように，Cloninger理論では，特に精神疾患との関連において，非常に豊富な示唆を得られるのである．

また，パーソナリティ心理学の研究において最もよく用いられている質問紙法においても，その信頼性・妥当性は必ずしも十分とは言えない．数多くの質問紙法によるパーソナリティ測定では，再検査法や内的一貫性による信頼性は高いものが多いが，その多くは，妥当性の検討が十分なされているとは言えないのである．例えば，妥当性と言えば，構成概念妥当性として，因子分析を行い，概念構成と同様の因子分析結果が出ると妥当性が確認された，とするものがある．例えば，因子分析の結果から概念を構成していったBig Five理論の

NEO-PI-Rでは，因子分析の結果五つの因子が得られたので，構成概念妥当性が確認された，とするのは，明らかなトートロジーである．また，MMPIのような広く用いられているパーソナリティ尺度でさえ，因子分析をすると，概念と同様の結果が得られないとの報告もある（鍬柄, 1998）．このMMPIにおいては，構成概念妥当性さえ確認されていないことになる．

　さらに，パーソナリティ尺度の妥当性の検証で頻繁に用いられるのは，併存的妥当性である．しかしながら，例えば，EPQ（Eysenck Personality Questionnaire: Eysenck & Eysenck, 1975）で測定された外向性得点とNEO-PI-Rで測定された外向性得点の相関が高いので併存的妥当性が確認された，という議論は，全く浅薄である．それぞれの尺度を構成する質問項目が非常に似通っているので，相関が高いのはあたり前のことであり，当該のパーソナリティ尺度の妥当性が確認されたことにはならない．

　このような質問紙によるパーソナリティ尺度では，外的基準連関妥当性が確認されたものは，かつてはなかった．外的基準連関妥当性というのは，少なくとも，質問紙で測定されたある尺度得点が，その尺度得点と関連すると考えられる質問紙法以外の方法で測定される変数と関連性があることを言う．従来の研究においても，確実な外的な基準を求めて，例えば双生児を対象とする行動遺伝学の研究が盛んに行われた．すなわち，ある尺度において一卵性双生児間のほうが二卵性双生児間よりも一致度（相関係数）が高ければ，その尺度に関しては遺伝規定性が高く，よって，外的基準連関妥当性が高いと考える方法である．これに関しては，EPQの外向性尺度と神経症傾向尺度において，一卵性双生児間のほうが二卵性双生児間よりも相関係数が高いという結果が得られている（Heath et al., 1994）．しかしながら，EPQの外向性尺度と神経症傾向尺度が同一の薬物の投与後に，両方とも影響を受けてしまうという結果も得られている（Gray, 1982）ことから，外向性尺度と神経症傾向尺度は，実は一次元で測定できるのではないかとの疑問も投げかけられている（Gray, 1982）．

　さらに，パーソナリティと言えば，その特性がそれぞれ，ある程度の継時的安定性が確認される必要がある．しかしながら，多くのパーソナリティ尺度では，1週間程度の間隔を空けて，それぞれの尺度間での相関が高ければ，継時的安定性があると主張している．この点に関しては，Carlson（1971）が痛烈に

批判しているが，パーソナリティであると仮定するのであれば，少なくとも数ヶ月の間隔を空けても高い相関が得られるかを確認しなければならない．1週間程度は，いわゆる特性とは対比語の状態尺度（抑うつ尺度など）でも安定している可能性がある．こうなると，パーソナリティを測定しているのか，症状を測定しているのかわからなくなり，うつや不安などの状態とパーソナリティの特性との関係を見る時に，トートロジーに陥りやすい．

　そこで，従来の多くのパーソナリティ尺度にはない，外的基準連関妥当性と継時的安定性が確認されているパーソナリティ尺度を用いることが必要になる．後述するように，この両方が確認されているのは，筆者の知る限り，Cloningerら（1993）のTCI（Temperament and Character Inventory）だけである．このTCIは，生理心理学，生物学的精神医学，学習心理学，トランスパーソナル心理学の影響を受けて構成された，パーソナリティ理論に基づいて開発された尺度であり，信頼性，継時的安定性，基準連関妥当性のすべてを兼ね備えた優れたパーソナリティ尺度である．

## 7-2 Cloninger 理論

木島伸彦

### 7-2-1 気質，性格，パーソナリティ

Cloninger のパーソナリティ7次元モデルは，パーソナリティの構成概念を気質（temperament）と性格（character）とに大別し，気質4次元と性格3次元を各下位次元として想定し，TCI で測定される．

Cloninger の理論における気質は，主として幼児期に顕われ，海馬を介する認知記憶や習慣形成の際に前概念的バイアスを伴うものであり，無意識の自動的反応と見なされている．気質の4次元は，①行動の触発（Novelty Seeking: NS＝「新奇性探究」），②抑制（Harm Avoidance: HA＝「損害回避」），③維持（Reward Dependence: RD＝「報酬依存」），④固着（Persistence: P＝「固執」），である（（ ）内の呼称は TCI 日本語版下位尺度名）．これらのうち，新奇性探究（NS），損害回避（HA），報酬依存（RD）は，TCI の前のバージョンである TPQ（Tridimensional Personality Questionnaire: Cloninger, 1987）で測定されていたものであり，これらの気質はそれぞれ，中枢神経内の「ドーパミン（dopamine）」，「セロトニン（serotonin）」，「ノルエピネフリン（norepinephrine）」の神経伝達物質の分泌と代謝に依存しているものと想定されている（Cloninger et al., 1993）．

これに対して，Cloninger の理論における性格とは，自覚された計画の意識であり，気質が無意識の自動的反応であるのと異なる．また，性格は自己概念について洞察学習することによって成人期に成熟し，自己あるいは社会の有効性に影響するものであると想定されている．ここにおいて，自己洞察は，知覚の認知的組織化を伴い，関係性を理解することとも定義でき，人は経験を概念的に再組織化し，新しい適応的な反応を学習することによって成長する，とも考えられる．それゆえ，性格とは，自己の異なる概念に関連する反応バイアスによって記述できる．人の行動を自動的に触発・抑制・維持・固着する反応は，発達初期には気質によって決定されるが，これらの反応は，アイデンティティ

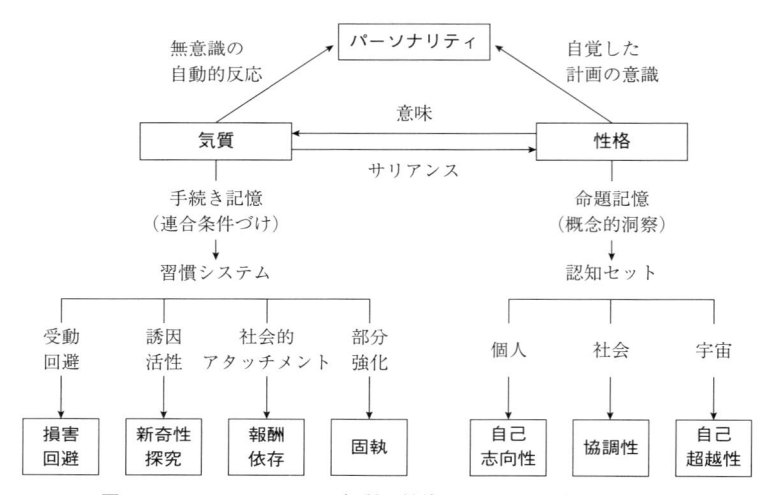

図 7-1　パーソナリティ，気質と性格それぞれの下位尺度の関連図

の概念の変化によって調節される．また，後述するが，当初は遺伝子の影響は気質のみにあり，性格には遺伝子の影響はないと考えられていた．

　Cloningerは，パーソナリティを気質と性格に分けて概念化しているが，気質は自己洞察学習を動機づけ，それによって性格が変容し，そして今度は逆に，性格が気質を調整すると考えている．パーソナリティは，気質と性格が相互に影響しあい発達すると仮定されているのである（図7-1）．

　性格の3次元は，自己を同定する程度によって異なる．すなわち，①自律的個人（Self-Directedness: SD＝「自己志向」），②人類社会の統合的部分（Cooperativeness: C＝「協調」），③全体としての宇宙の統合的部分（Self-Transcendence: ST＝「自己超越」），である（（　）内呼称はTCI日本版下位尺度名）．

　性格の3次元のうち，「自己志向」の基本概念は，自己決定と「意志の力（will-power）」である．つまり自己志向とは，各個人が選択した目的や価値観に従って，状況にあう行動を自ら統制し，調整し，調節する能力のことである．自己志向は，次のような発達の過程として規定できる．すなわち，①自己責任（vs. 他人非難），②目的志向性（vs. 目的志向性の欠如），③臨機応変・問題解決におけるスキルや自身の発達，④自己受容，⑤第二の天性を啓発すること，である．「第二の天性」とは「Yoga（ヨーガ）」における用語であり，自らの目標と

価値観を明確にすると顕在化する性質である．自らの目標と価値観と一貫した反応を自動的に行うことによって第二の天性を啓発すると，個人が本来持っている性質を超え，抑圧された葛藤を感じることなく自発的に行動できるようになる，と想定されている（Cloninger et al., 1993）．

「協調」は，他者の確認と受容に関する個人差を説明するものとして規定できる．協調性のある個人は，寛容で，同情的で，協力的である．このような社会的受容，協力性，他人の権利に対する関心は，自尊心と高い相関を示す．また，協力性や同情性は，しばしば発達心理学において成熟のサインと見なされる．協調は，次のような発達過程として規定できる．すなわち，①社会受容性（vs. 社会不寛容），②共感（vs. 社会的無関心），③協力（vs. 不協力），④同情心（vs. 復讐心），⑤純粋な良心（vs. 利己主義），である（Cloninger et al., 1993）．

人は瞑想したり，祈ったりすることで，特に高齢者においては，人生の満足感や個人の有効性を高めることができる．しかしながら，これまでのパーソナリティ研究では，こうした現象が看過されてきた．「自己超越」は，統一的全体の本質的，必然的部分として考えられる全てのものの確認として言及できる．自己超越は，全てのものが一つの全体の一部であるとする「統合意識」の状態を含む．統合意識では，自己と他者とを区別する重要性がないことから，個人的自己というものはない．人は単に，進化する宇宙の統合的部分であると意識するにすぎない．このような統合的観点は，自然とその資源の受容，確認，または霊的統合として記述できる．自己超越は，次のような発達の過程として規定される．すなわち，①自己忘却（vs. 自己意識経験），②霊的経験の受容（vs. 合理的物質主義），③超個人的同一化（vs. 自己弁別），である．この尺度によって測定される現象は，特に35歳以上の成人にとって，その人の適応状態と人生の満足度を知る上で重要であるとCloninger（1993）らは示唆している．

## 7-2-2 TCIの信頼性・継時的安定性・妥当性

TCIの信頼性に関しては，$\alpha$係数の高さ（気質尺度：.65～.87，性格尺度：.84～.89）からほぼ実用に足る信頼性を有していることが確認されている（Cloninger et al., 1993; 日本語版においては，木島ほか，1996）．また，継時的安定性に関しては，

元々の理論において，気質は比較的安定するが，性格は自己洞察によって成熟もしくは成人後も発達し得ることを示唆しているので，TCIの尺度のうち気質の尺度のみに継時的安定性が見られればよいことになる．TCIを用いて，気質尺度の継時的安定性を確認したデータはいまのところないが，TCIの前身で気質尺度のみを測定するTPQの新奇性探究尺度，損害回避尺度，報酬依存尺度においては，10年以上の間隔を空けても，相関が高いことが確認され，非常に継時的にも安定していることが確認されている（Heath et al., 1994）．

また，分子生物学の進展に伴って，TCIの測定値と遺伝子多型との関係性の研究が進んでいる．1996年の，新奇性探究尺度とドーパミン受容体に関与する遺伝子との関連性（Benjamin et al., 1996; Ebstein et al., 1996）についての報告以来，パーソナリティ尺度と遺伝子多型との関連性に関する研究が相次いで行われ，多くの研究報告がある．しかし，その研究結果は必ずしも一貫していない．そこで，筆者もそうした研究のレビューを試みた（木島，2000）ところ，当初の研究には，十分な準備もない研究デザインがずさんな研究が多いことが見出された．具体的には，研究の対象者が，研究者にとって都合がよい，精神科に通院している人に限定されていて，一般の対象者を研究デザインに組み入れていない研究が多かった．そうした，いわゆる臨床群のみを対象とした研究では，TCI測定値と遺伝子多型に有意な関連性が報告されていないのに対して，一般の人を対象にした研究では小さいながら有意な関連性が報告されていた．

その後，さらなるメタ分析を用いたレビュー論文があり，最初に報告された新奇性探究尺度とDRD4（dopamine D4 receptor）との関連性については，一貫して有意な結果が得られていないことから，新奇性探究とDRD4の関連性については，疑わしいと報告されている（Schinka et al., 2002;, Munafo et al., 2003）．しかしながら，これらのメタ分析では，DRD4関連遺伝子多型のうち，variable number of tandem repeats（VNTR：繰り返し塩基配列の繰り返しの数）に関する研究のみであったのに対し，より最近のメタ分析によると（Munafo et al., 2008），DRD4関連遺伝子多型としては，VNTRのほかにも，DRD4 1217G Ins/Del，DRD4 809G/A，DRD4 616C/G，DRD4 603T Ins/Del，DRD4 602 (G) 8-9，DRD4 521C/Tなどがあり，これらのうち，DRD4 521C/Tの遺伝子多型と新奇性探究には有意な相関があると結論づけられている．

## 7-2 Cloninger 理論

　さらに，損害回避とセロトニンの受容体あるいはトランスポーター決定遺伝子との関連性に関する研究も多く報告されており，それらをメタ分析したレビュー論文も既に報告されている（Sen et al., 2004; Munafo et al., 2005）．しかし，この二つのレビュー論文では，全く矛盾した結果が得られている．Sen ら（2004）によると，5-HTTLPR（serotonin transporter promoter polymorphism）と関連性があったのは，NEO-PI-R で測定される神経症傾向尺度であり，TCI の損害回避尺度とは関連性がなかったと報告している．これに対して，Munafo ら（2005）によると，5-HTTLPR と関連性があったのは，TCI の損害回避尺度であり，NEO-PI-R の神経症傾向尺度とは関連性がなかったと報告している．ただし，いずれのメタ分析の報告においても，パーソナリティ尺度の測定値に単一の遺伝子多型のみが関与しているのではなく，複数の遺伝子多型の影響があることを認めている点は共通している．報酬依存の尺度値については，まだメタ分析を行えるほど十分な研究の数がないが，報酬依存の尺度値とセロトニン・トランスポーター決定遺伝子との関連性（Benjamin et al., 1997; Ebstein et al., 1997; Kühn et al., 1999），ノルエピネフリン・トランスポーター決定遺伝子との関連性（Ham et al., 2005）の報告もある．

　このように，パーソナリティ尺度の測定値と遺伝子多型の研究に関しては，まだ十分なコンセンサスが得られるような状況にはないと言える．しかし，遺伝と環境の影響を包括的に推定できる行動遺伝学の手法を用いて TCI の測定値の特徴を報告している重要な研究がある．Ando ら（2002）によると，四つの気質のうち，新奇性探究と報酬依存の尺度値に関しては，相加的遺伝要因と共有環境要因によって，損害回避と固執の尺度値に関しては，相加的遺伝要因と非共有環境要因によって説明される，としている．さらに，Ando ら（2004）によると，TCI の気質尺度測定値の分散は，相加的遺伝要因によって，22〜49％ 説明され，四つの気質尺度の測定値に対する遺伝要因は互いに独立していることを示唆している．このように，現時点では TCI の測定値と遺伝子多型との関連性に関する研究は十分進展していないが，行動遺伝学による推定では，TCI の測定値に遺伝要因が関連しており，互いの測定値に対する遺伝要因が独立していると考えられる．

　TCI の性格の尺度に関しては，Svrakic ら（1993）によると，TCI によって測

定される低い自己志向性と低い協調性が，DSM-III-R（American Psychiatric Association, 1987）のパーソナリティ障害の核をなしているが，NEO-PI-R ではどの尺度もパーソナリティ障害と関連性が見られなかったことを報告している．さらに，TCI の尺度のうちパーソナリティ障害と最も関与が深いのが協調性であり，協調性の低さがパーソナリティ障害の核を成していると報告している．そして，中程度以上の自己志向性を持っていても，協調性が低い場合にはパーソナリティ障害である可能性が増すことを指摘している．このように，性格の各尺度においても，外的基準連関妥当性が確認されている．

　また，当初の Cloninger ら（1993）の想定とは異なり，性格尺度と遺伝子多型との関連性についての報告も散見される（e.g. Kumakiri et al., 1999; Comings et al., 2000; Lorenzi et al., 2005）．さらに，行動遺伝学の手法を用いた TCI 測定値の遺伝と環境に関する推定においても，TCI の測定値に遺伝の影響があることが推測される（Ando et al., 2002; Ando et al., 2004）．こうした報告に基づき，Cloninger（2004）は，性格は遺伝の影響をほとんど受けないという当初の想定を変え，「性格とは，人を意図的な存在にするものであり，個人の目標や価値の反映である」と概念上の規定を訂正している．

### 7-2-3　Cloninger 理論とパーソナリティ障害

　Cloninger（1987）は，当初，気質尺度のみでパーソナリティ障害を説明できると考えていたが，実際には不可能だった．そのため，パーソナリティの未熟と成熟の違いをとらえて概念化し，性格概念をパーソナリティ理論の中に付加したのである（Cloninger et al., 1993）．実際，前述のようにパーソナリティ障害と関連性が大きくあったのは，自己志向性と協調性という性格尺度であった（Svrakic et al., 1993）．もっとも，当初の予測通り，Svrakic ら（1993）によると，性格が未熟な場合，新奇性探究，損害回避，報酬依存の三つの気質の組み合わせによって，パーソナリティ障害の種類が説明できたと報告している．図 7-2 に見られるように，パーソナリティ障害のうち，7 種類は気質の組み合わせによって，説明できるとしている．さらに，自己志向性と協調性の両方が低く，自己超越性の傾向のみ高い場合に，統合失調型パーソナリティ障害になりやす

## 7-2 Cloninger 理論

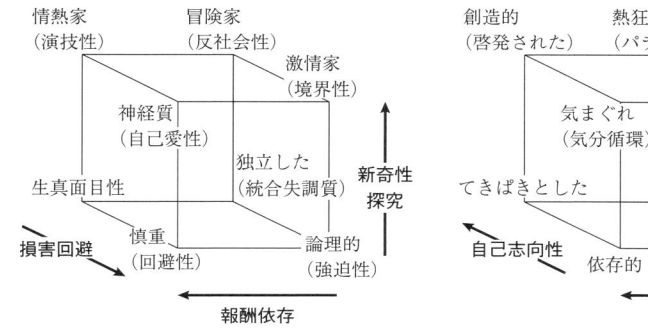

**図 7-2** 気質の組み合わせによる
パーソナリティ障害

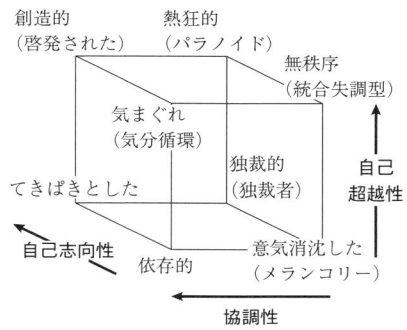

**図 7-3** 性格の組み合わせによる
パーソナリティ障害

いとしている（図 7-3: Svrakic *et al.*, 1993）.

　また，精神科医である Cloninger は，自身のパーソナリティ理論を応用して，パーソナリティ障害の治療が可能であるとしている（Cloninger & Svrakic, 1999）. まず，パーソナリティ障害の特徴のうち，特に以下の 2 点を強調している. すなわち，①自己中心的：他者によって強い感情的反応を引き起こすが，自らの異常性を認識できない. ②他者を変える：自分を変えず，他者を変えようとする. そして，治療の方針として，性格に着目することを勧めている. 中でも，自己志向性と協調性の両方が低いことが，パーソナリティ障害には多く見られるので，この二つの側面を成長させることが望まれる（ただし，反社会性と自己愛性では，自己志向性が高い場合がある. この場合は，協調性を高めるべきである）. 続いて，気質に着目し，それぞれの気質と感情の関係について次のように想定している. ①新奇性探究：攻撃性・衝動性，②損害回避：不安・抑うつ，③報酬依存：アタッチメント. そして，薬物療法を考える場合には，各個人の気質特徴を考慮に入れ，以下のような薬物療法が推奨されている. ①新奇性探究が高いパーソナリティ障害——感情的攻撃性：lithium, SSRIs など，捕食性攻撃性：非定型抗精神病薬，器質性攻撃性：imipramine など，発作性攻撃性：carbamazepine など，②損害回避が高いパーソナリティ障害——慢性認知不安：SSRIs, MAOIs, benzodiazepine など，慢性身体不安：MAOIs, SNRIs, TCAs など，急性不安：低量の抗精神病薬，古典的うつ：SSRIs, SNRIs など，非定型うつ・ディスフォリア：MAOIs, SSRI など，感情不安定：lithium, lamotrigine など，③報酬依存が低いパーソナリティ障害——社会的調整不全：非定型抗精神病薬．

このように，パーソナリティ障害においても，各個人の気質特徴に応じて，薬物療法で症状あるいはその症状があることによる生きにくさを一時的に緩和することができるが，根本的な治療においては，パーソナリティのドラスティックな変化が必要であると考えている．また，前述の①自己中心的，②他者を変えるという特徴から，パーソナリティ障害のある者は，自身の障害を認めず，他者が主張しない限りは治療を求めない特徴がある．さらに，パーソナリティ障害の治療を難しくしている妨害要因として，①専門家の客観性の欠如（転移），②パーソナリティ障害は治療に効果がないという神話（自己成就的予言），③専門家による直接的助言，を挙げている．それぞれ，①客観性を保つためには，同僚との協働が不可欠であり，②パーソナリティ障害の治療に効果がないとは考えずに，クライアントとの協調的治療的同盟関係を築くことが必要で，③直接的な助言を避け，一般的助言による，クライアント自身の気づきを促進させることが望ましい，としている．

### 7-2-4　Cloninger 理論とコヒーレンス療法

前述のように，パーソナリティ障害の治療には，クライアント本人のドラスティックなパーソナリティの変化が必要であると考えられている．では，どのようにして，そうした変化を促進することができると考えているのであろうか．実は，Cloninger は，コヒーレンス療法（coherence therapy）という独自の治療法を考案している．このコヒーレンス療法では，人間のウェル・ビーイング（well-being）がコヒーレントな状態にあることが望ましいと考えている．

まずは，ウェル・ビーイングとコヒーレンスという聞き慣れない概念について説明しておきたい．ウェル・ビーイングは，一般的に心理学では，「心理的安寧」あるいは「心理的幸福感」などと訳されることが多い．また，この概念は，「人生に対する主観的満足」，「ポジティブな情緒」，「高潔な生活」，「包括的パーソナリティ」などと説明されることもある（Cloninger, 2006）が，Cloninger 理論におけるウェル・ビーイングの概念は，これらの説明を全て含

有していながら，より深い意味あいを有している．まず，ウェル・ビーイングは二つの単語が結びついて造られた言葉であるが，Cloninger がここで意味する "being" とは，"human being" のことであり，日本語に翻訳すれば，「人」ということになる．また，Cloninger は，人を身体（body），心（mind），魂（soul）の三つの要素からなると想定している．三つの要素とは，一般的に人を対象とした科学では，この身体，心，魂をそれぞれ個別に扱うことが多いが，Cloninger は，この三つの要素が全体として "well"，つまり「よい」状態であることを指して，ウェル・ビーイングという語を用いているのである．

　Cloninger のコヒーレンス療法では，これまで精神医学や精神療法では，人の三つの要素が別個に扱われることが多かったことに異を唱え，これらの三つの要素が互いに首尾一貫して調和している状態を指向している．ここでコヒーレンスという用語を用いているのは，量子力学に由来する．量子力学においては，量子系における複数の状態ベクトルが重ねあわせられている状態で，各々の状態ベクトルの相対的な位相関係がよく揃っている状態をコヒーレンスととらえているが，Cloninger のコヒーレンス療法においては，人の三つの要素が統合されて，人のあらゆる側面における機能が統一していることを指しているのである．これに対して，従来の精神医学あるいは精神療法では，治療が人の身体と心にのみ焦点をあてていて，スピリチュアルな側面を扱うことを避けているために，十分な効果がないと主張している．

　一般的に，西洋のメンタルヘルスに関する理論では，身体と心ばかりを強調し，自己超越的なスピリチュアルな側面に対する気づきの重要な役割が軽視あるいは無視されている．これに対して，精神疾患のクライアントの多くは，その人自身のスピリチュアルな信念やニーズについて，精神科医やカウンセラーに気づいてもらいたいと考えている．なぜなら，人生を楽しんだり，難局を乗り越えたりするのに，スピリチュアルな側面は本質的な役割を果たすからである（Cloninger, 2006）．

　スピリチュアルな側面を育成することは，精神医学や精神療法の意味や目的を達成するためにも極めて重要である．そして，例えば，認知行動療法においても，自己受容や人生の意味などの実存の問題を扱うモジュールを加えることでスピリチュアルな側面の育成が可能になる．このモジュールを加えた認知行

動療法では，認知行動療法単独よりも，ポジティブな情緒や人生の満足度を高めることに効果的で，精神疾患の再発率を低め，生活する上での機能の回復に役立ったという報告がある（D'Souza & Rodrigo, 2004）．

スピリチュアルな側面を高めることに重要なのは，自覚を高めることである．つまり，「自分とは何なのか」「何が，人生に意味と満足をもたらすのか」といったことに対する自覚である．そして，この自覚を高めることで，より高次のウェル・ビーイングに至ることができるのである．

Cloninger によると，ウェル・ビーイングへの道には，自覚の三つの主要な段階がある（表7-1）．重症のパーソナリティ障害のある人は，自覚がないことが多い．自覚がないと，目の前にある自分の好きなことや嫌いなことに応じて，行動してしまうことになる．これは，未熟で，「子ども」の自我状態であると記述できる．

自覚の第一段階は，ほとんどの成人が多くの状況で有している典型的な自覚状態である．平均的な成人は，目の前の楽しみを，自分の目的のために後回しにすることができるが，それでも自己中心的で防衛的である．平均的成人の認知は，自分の執着や欲求が妨げられるとストレスを感じてしまう．このように，平均的な人は，よい状況下ではうまく適応できるが，ストレス状況下では，しばしば問題を経験する．そして，たいていの人は，防衛的になっているので，他人が間違っていると自分を正当化しようと，しばしば自分自身とあるいは他人と戦ってしまう．しかしながら，この第一段階にあっても，リラックスできるように行動を選択し，ネガティブな感情を解放することで，より高い段階へと自覚を高めることができる．

自覚の第二段階は，人が「よい親」であろうとする時に典型的に見られる自覚状態である．「よい親」であることは，他者中心の見方を持ち，子どもや他者の見方やニーズを考えることで自分自身が落ち着くことができ，自分自身の満足と他者との調和へとバランスを保つことができる．この状態は，人が潜在意識を観察することができるようになる時，つまり，自分自身の考えを観察する時と同様に，他者の思考プロセスを考慮する時に，経験するものである．そこで，この第二段階を，「メタ認知」と記述することができる．自分自身の考えを観察することができると，より柔軟に行動でき，「やるのかやらないの

## 7-2 Cloninger理論

表7-1 ウェル・ビーイングへの道における自覚の段階

| 段階 | 記述 | 心理的特徴 | 自我状態 |
|---|---|---|---|
| 0 | 未自覚 | 未熟で，目の前の喜びを求める． | 子ども |
| 1 | 平均的成人 | 目的はあるが，自己中心的な認知．喜びを後回しにすることができるが，しばしば，ネガティブな感情（不安，怒り，嫌気）を持つ． | 大人 |
| 2 | メタ認知 | 成熟していて，他者中心的．自分の潜在意識について自覚している．落ち着いていて，忍耐強い．葛藤や人間関係を管理できる． | 親 |
| 3 | 観照 | たやすく落ち着ける．公平な自覚，賢明，創造的，誠実．以前は無意識にあったことを，必要に応じて意識することがたやすくできる． | well-being |

か」というような二者択一的考え方を減らすことができる．この第二段階にあっては，他者の考えを，判断したり非難したりすることなく観察することができるが，それでもなお，二元論的考え方から来る感情をしばしば経験することがある．そのような場合，自分の感情をコントロールできるように懸命に努力しなければならない．しかし，そうした努力は大変なわりに，時々しかうまくいかない．メタ認知ができて，マインドフルであるということは，ウェル・ビーイングに近づくためには十分ではないのである．

　自覚の第三段階は，観照（contemplation）と呼ばれる．自分の根源的な見方を直接知覚するからである．根源的な見方とは，前言語的な世界観あるいはスキーマのことであり，これが，われわれの注意の方向を定め，われわれの予想や態度やできごとの解釈を系統立てる概念枠組みを与えるのである．この根源的な見方を自覚していることで，以前無意識だったことを意識できるようになる．そして，「あの人がこうしてくれるといいな」というような願望的思考や，「私は愛される価値がない」というような仮説，「信心は幻想だ」というような信念を疑うことなどから解放されるのである．

　また，この第三段階は，「ソウルフル」と呼ぶこともできる．なぜなら，この第三段階では，希望，同情，畏敬のような統合的観点から自発的に起こってくる深い前言語的感情に気づくことができるような状態になるからである．例えば，パーソナリティ障碍の治療の中でも，協調性を高めることは重要だが困難な課題であろう．しかし，ソウルフルな状態になった時，身体の条件，すな

わち，気質の特徴がどうであろうと，他者と自己を区別する必要さえなくなり，協調性の中でも重要な共感の感覚が自然と湧出してくると考えられる．そして，ネガティブな感情を減らすに当たっても，ソウルフルな状態は，不完全なマインドフルな状態よりもパーソナリティを変容させる力がある．

　しかしながら，唯物論やスピリチュアルを認めない考え方に富んでいる現代においては，この第三段階まで至る人はほとんどいない．そこで，Cloninger は，誰でもが第三段階にまで至ることをより容易にするために，「自分自身を知る」(Know Yourself) という精神療法のプログラムを開発している．このプログラムに収録されている，自覚を高めスピリチュアルな側面を育成する技法は，すでに臨床研究で確かめられており (Cloninger & Svrakic, 1997)，その一部は無作為化比較試験 (RCT) でも確認されている (D'Souza & Rodrigo, 2002)．

　まずは，①認知プロセスの基本的な概念を用いてポジティブな感情に焦点をあて，行動に関わる技法を強調している．次に，②潜在的思考の根底にある自らの世界観やスキーマにより深く気づくメタ認知を刺激して，マインドフルな状態を超越することを目指している．最後に，③われわれの生活に無意識の中で影響を与えてしまう，前言語的シンボルの意味を認識することを含んでいる．そうしたシンボルは，夢の中に現れたり，広告で用いられていたり，社会の動きでも見られたりするが，これが潜在意識の期待をかたち作ることで，われわれの生活に内的・外的に影響を与えているのである．これらの三つのセットは，スピリチュアルな側面の発達を促すものであるが，明確な心理生理学的な原則によるものであると Cloninger (2006) は主張している．

　本項で紹介した Cloninger によるウェル・ビーイングとコヒーレンス療法は，あまりにも唯物論的で，プラグマティックになっている現代において，物質的には豊かになったものの，精神的には貧弱になってきているわれわれ現代人の生活を改めて見直すことを勧め，われわれ一人ひとりの精神的幸福が，魂やスピリチュアルな側面を無視しては十分に得られないことを示唆している．ただし，Cloninger は，近現代の多くの先人たちによって進展され築き上げられてきた薬物療法や認知行動療法をはじめとする精神療法を否定しているわけではないことにも注意が必要である．あくまでも，身体と心と魂のそれぞれの位相が調和しているコヒーレントな状態を志向しているのである．

## 7-3 パーソナリティ心理学の臨床的ふだん使い

### 7-3-1 実証に基づくパーソナリティ心理学の重要性　　伊藤絵美

　心理臨床の実践にあたって，クライアントのパーソナリティを理解することが重要であることには異論がないだろう．それでは心理学におけるパーソナリティ研究の現状はどうであろうか．心理学研究においてもパーソナリティに焦点をあてた理論や研究や質問紙は数多くあるが，そもそもパーソナリティの定義があいまいであったり，実証研究の裏づけの少ない思惟的理論に過ぎなかったり，7-1にもある通り外的基準関連妥当性が十分に検討されていなかったりすることが多く，筆者としてはいろいろ模索しながらも，臨床で使えるパーソナリティに関する理論や検査をなかなか見つけられずにいた．また7-1にある通り，パーソナリティはその持ち主を理解するための独立変数として扱われる必要があると筆者自身も考えているので，「人間を認識する際の枠組み」としてパーソナリティを扱っている Big Five 理論は，研究テーマとしては魅力的だが，心理臨床に直接役立てることは難しいと判断していた．

　そこに登場したのが Cloninger 理論であり，TCI という尺度である．エビデンス・ベーストの心理臨床として認知行動療法（CBT）を志向する筆者にとって，Cloninger 理論や尺度の魅力は以下の5点にまとめられる．

① 生物学・生理学的アプローチに基づいていること（認知行動療法の根底にあるのは「生物―心理―社会モデル」であるが，認知行動療法の理論では生物学的視点がやや弱いように思われる．生物学・生理学を重視する Cloninger のアプローチはそれを補強してくれる）．

② 遺伝と環境の相互作用がモデルに組み込まれていること（「気質」と「性格」の相互作用がパーソナリティを規定するというのは，これまでの諸研究から明らかであると思われるが，Cloninger のモデルはそれを実にうまく説明してくれる．また認知行動療法は基本的にすべての事象を相互作用的に把握する志向を持つので，

Cloninger の相互作用モデルとの整合性を図りやすい）．
③　モデルに基づいて構成された質問紙（TCI）の信頼性，妥当性がきちんと検証されていること（質問紙の結果に基づき，その人のパーソナリティについて信頼性・妥当性の高い仮説を立てることができる）．
④　TCI に関する実証研究が蓄積される中で，TCI やモデルそのものが改訂され続けていること（そのように改訂されたモデルや尺度は，さらに実証的に精度が高く，現場でも信頼して活用することができる．ちょうど Beck の抑うつインベントリーが改訂され（BDI-Ⅱ），現場でより使いやすくなったように）．
⑤　パーソナリティ障害についてもエビデンス・ベーストな仮説が立てられていること（信頼できる病理モデルが仮説として立てられてこそ，介入についての仮説を立てることができる．パーソナリティ障害に対するアプローチは認知行動療法においても大きな課題である）．

## 「自らをよりよく理解する」ために役立つパーソナリティ心理学

　パーソナリティ心理学の最も重要な「使い道」は，アセスメントにおいてであると筆者は考える．心理臨床でまず行われるのは，クライアントの抱える主訴を，心理臨床家とクライアントがともによりよく理解することである．クライアントの主訴が深ければ深いほど，重ければ重いほど，その経過が長ければ長いほど，主訴の背景にパーソナリティを想定する重要性が増してくる．「クライアントがどのようなパーソナリティの持ち主で，そのパーソナリティのどこがどんなふうに，現在の主訴に影響を与えているか」ということを理解するのである．ここで重要なのはクライアント自身が理解するということである．「ああ，なるほど，自分はこういうパーソナリティの持ち主だったのだ」「ああ，だから自分はこのようなことに対して，深く強くネガティブに反応してしまうのだな」と実感を持って理解できるようになるだけで状態が落ち着くクライアントは少なくない．特に境界性パーソナリティ障害のクライアントにはそのような人が多いように感じている．その意味では，パーソナリティ心理学は，クライアントの自己理解を促進するための強力なツールであると言える．

### パーソナリティ障害に対する援助につなげる

　パーソナリティ心理学の「臨床的ふだん使い」のもう一つは，当然のことながらパーソナリティ障害について理解を深め，よりよい援助につなげていく，ということだろう．7-2-4 に紹介されている「コヒーレンス療法」は，その大きなチャレンジである．「マインドフルネス」まで発展してきた認知行動療法がさらによりよく発展するために，スピリチュアルな側面まで視野に入れたコヒーレンス療法は，大いに参考になると思われる．実証に基づくパーソナリティ心理学から「スピリチュアル」という概念が提出されたことの意味は大きい．

## 7-3-2　Cloninger 理論と心理臨床　　　　　　　　　　杉山　崇

　パーソナリティ心理学と臨床心理学の関係性は村瀬孝雄の見解（第 2 章）を参照いただきたいが，Cloninger 理論が特に有効なところをいくつか挙げる．まず，生得的な生理学的基盤に由来する気質と，適応に向けて後天的に獲得する性格という非常にシンプルで扱いやすい概念を持っているので，今後の適応に向けてクライエントが変わりにくいところ，変われば適応が進むところの両方を示唆してくれる．さらに，大規模な実証的検討もされている安心感もある．過信して使い方を誤ることがなければ，臨床的示唆も豊かであると思われる．

### 学校臨床を例として

　筆者の学校臨床の基本姿勢は近藤（1994）の学校風土および自己―他者体系モデルに由来しているが，補完的に Cloninger 理論を活用することがある．

　ただ，小・中学生では一見性格に見える側面も社会環境の条件づけシステム（現象に付与される情動と行動に随伴する報酬のパタン）に支えられた行動傾向と考えたほうが無難なことがある．例えば，教師に協力的だった子どもが，教師に非協力的で勝手気ままな子どもと同じクラスになると意気投合して以前ほど協力的でなくなる，などということがある．この場合，大人は成熟した協調性をモデルにして手のかかる子どもが協力的になることを期待をしてしまうが，協力的な態度は元のクラスで図らずも敷かれていた条件づけシステムに支えられていたもので，成熟した性格としての協調性ではなかったことが明らかになっ

てしまった．教師と心理臨床家は元のクラスでどのような条件づけシステムが作用していたのか一緒に探すことになる．心理臨床家としては過度に性格の成熟を小中学生に期待しないように心がけたい．なお，教師は成長・成熟を促すという役割上，期待しながら子どもたちを見ることが重要なこともあると思われる．

その一方で気質を考慮することはかなり有効性が高いと感じられる．筆者は学校や社会に「乗れない」生徒の気質に注目して社会化を促した試みを紹介したことがある（杉山，2006）が，丁寧に気質を見立てて子どもが反応しやすい刺激と反応の質を見極めながら，教師と協働して支援と指導の計画を練れば，それなりに有効な場合があると実感できる．なお，現時点で筆者が心がけている注意事項としては，①卒業後の社会適応には本人の性格形成に向けた試行錯誤が重要になるので，「子どもの将来を作る魔法の方法」ではないこと，②学校でのTCI実施は結果だけが一人歩きするリスクから慎重にならざるを得ず，資料収集が子ども本人の面接と教師，保護者からの諸情報に偏ってしまうこと，③大人からの情報は大人本人の気質や対人認知のパタンに影響を受けている可能性があるので，複数の大人からの情報を基にする必要があること，などが挙げられる．

**青年期・成人期の臨床を例として**

性格概念は思春期以降，青年期・成人期を考える場合に活用しやすいと思われる．例えば，青年期の事例で，日常体験に対する不全感や自動思考の質は変化が乏しい場合でも，ストレスを感じる場面で「自分は何を目指してその場にいて，ストレスに耐える自分をどう認知すればいいのか（自己志向性）」，「他者や集団にどのように対応すればいいのか（協調性）」について試行錯誤を積み重ねて適応状況が改善する事例を理解しやすくなる．対象関係やアタッチメント・スタイルの変容，および修正感情体験がセラピーの中で生じるかどうかは，クライアントがセラピストに投影するものや向けてくる転移性感情に依存する側面があるが，試行錯誤につきあうことは実行可能性が高く，さらに性格概念を活用して試行錯誤の暫定的な方向づけを見立てることもできる．

ただし，青年期・成人期以降も性格を支える適切な条件づけシステムを生き

ているかどうかに左右される面は否めない．過度に自己愛的な上司や先輩，支配的な両親，競争的な友人や同僚などは偏った条件づけシステムとなり得るので（例えば，徹底して人格を否定する，服従を強要する，など），自己志向性や協調性を形成する環境としては健全とは考えにくい．偏った社会環境で健全な心理を持つことは逆に苦痛な場合もある．心理療法の場でこの苦痛に寄り添い健全な心理を保護する必要性も感じているが，児童・生徒への対応と同様に可能であれば環境（条件づけシステム）の調整も視野に入れて性格の成熟を見立てたい．

　その他，性格概念の活用に関して筆者が配慮または工夫している注意点としては，①性格の成熟過程では過度に気質の顕在化を抑制してしまう可能性もあり，気質抑制の負担を無視しないこと，②同じく状況によって性格の適応機能が緩んで退行する可能性もあること，③自己超越性は概念が壮大なので日本社会で比較的重視されていると思われる「おかげさま（意識以前のところで相互につながって支えあっている）」の心（内観療法的人間観に近いもの）から説明すること，などが挙げられる．

## 7-4　臨床的ふだん使いへのコメント

### 7-4-1　臨床から
津川律子

　2001年の初頭に，勤務先の精神科の医局で，主として精神科医が読者対象である専門誌に「クロニンジャーの人格理論を検証する」という特集が組まれているのを目にした．すぐに特集記事の全部を読んだが，いかにも精神科医が好みそうな理論であり（Cloninger自身が精神科医ということなので当然のことではあるが），「10年経ったら精神科臨床現場でどうなっているのかな」と思いを馳せた記憶がある．木島は，その特集のトップでCloninger理論を紹介していた．それからまだ10年は経っていないが，それに近い日々が過ぎ，日本の精神科臨床においてTCI研究が多く行われてきたという現状ではないものと思われる．また，日本の臨床心理学分野の専門誌で，つい最近（2009年7月），パーソナリティ障害の特集が組まれたが，10本ある論文のうち，1論文において半頁弱，Cloninger理論が紹介されていた．それのみである．こうした現状は，熱心にこの理論を紹介している木島からすれば，何とも不満の募る状況ではないだろうか．

　"どうしてこうなるのか"に関しては，筆者のような精神科に勤務する心理臨床家にしてみれば，たくさんの要素をすぐに列挙することができる．しかし，ここはそれらを述べ立てる場ではない．編者たちが，基礎心理学と臨床心理学のコラボレーションを刊行意図の中に含めて本書を編纂されていることに敬意を表して，以下に若干のコメントを控え目に述べたい．

　心理学においてはどの領域でも基本的に構成概念を用いているので，妥当性の問題は本当に悩ましい．TCIにおいて妥当性をドーパミンやセロトニンの受容体などとの関連から見出そうとしている様子が7-2-2のまとめによって伝わってくるが，この傾向はTCIに限らず，生物学的な側面が強調されている現代において，当然の流れと思われる．それはそれとして，現実かつ真の妥当性は，何といっても，それを使用する心理臨床家によって体験的に得られるもの

だと勇気を持って書きたい．体験的だから非科学的で，それだから臨床心理学は駄目だという論理にはならない．どのような理論であれ，尺度であれ，それを現実に使う人の手応えが必要である．もちろん，一人の心理臨床家の体験というレベルではなく，たくさんの知見を積み重ねていかなければならないが，そのためにも，理論や尺度は，臨床現場を含めて，様々な領域で使用されなければ始まらない．TCIに限らず，ふだんは使用しない新しい尺度を，臨床現場で積極的に試用する姿勢を持つこと，そういう姿勢が，7-3の「臨床的ふだん使い」に加えて，どの心理臨床家にもできる「コラボレーション」の具現化の足がかりとなろう．

パーソナリティ全般の傾向を把握するような質問紙は，長年にわたって臨床現場で待望されている．それは事実である．ところが，日本における使用頻度調査（小川，1997）ではYG性格検査が13位で一つ入っているのみである．以来，日本における大規模調査を目にしないが，おそらく質問紙は惨憺たる現状であろう．TCIにせよ，NEO-PI-Rにせよ，その他の質問紙にせよ，やはり「ふだん使い」以前に臨床現場でどのような質問紙が望まれているのか，そのためには既存尺度の使用工夫も含めてどうしていったらよいのかについて，心理臨床家の意見を真剣に聴き，一緒に模索してくれるような基礎心理学者が日本で出現する日を心から願っている．本書がその契機となれば編者たちも喜ばしいであろう．

臨床現場は，基礎心理学研究を活性化するための刺激材料の宝庫であり，本来，人々の日常生活に心理学を役立たせることのできる最有力領域ではなかろうか．

## 7-4-2 基礎から

木島伸彦

Cloninger理論は，主として精神疾患を理解するためのものなので，心理臨床場面において活用されてこそ，最も有用なものである．しかし，Cloninger理論は，二つの点で臨床現場に携わる人々にはハードルが高いのではないかと考えていた．一つは理論の複雑さである．理論の根底には，学習理論や脳機能の理論などもあるからである．もう一つは，遺伝子との関連性の存在である．

遺伝子を扱うと，あたかも決定論的であるかと思われてしまい，Cloninger 理論を扱うことに躊躇してしまうのではないかと考えていたのである．

しかし，7-3 により，その心配が筆者の杞憂であったことに気づかされた．Cloninger 理論は決して簡単な理論ではないが，心理臨床で目の前のクライアントに対して何らかの援助を行おうと考えているのであれば，理論が難しいかどうかという以上に，役に立つのかどうか，ということが何より重要であり，本当に役に立つのだとわかれば，理論の難易度はむしろ瑣末なことにすぎないのだと安心させられた．特に，生物学的な背景は，むしろ忌避されてしまうのではないかと考えていたが，7-3-1 にあるように，認知行動療法の「生物—心理—社会モデル」に組み入れて理論を構築することが可能であるとの指摘は，筆者にとっては驚きであった．

遺伝子との関連性に関しては，例えば，遺伝で行動が決定されるわけではなく，性格によってコントロールもできる，などの理論的背景をきちんと説明すれば，クライアントにとっても非常に納得できるものであると考えられる．ただし，その際に，7-3-2 にあるように，適切な配慮も必要であろう．杉山は，小・中学生と，青年期・成人期と発達段階を考慮して，配慮の仕方を分けて指摘しており（7-3-2），実際の心理臨床場面で大いに参考になる．さらに，自己超越性の理論を，内観療法と結びつけて考えているのは，筆者にとっても大変に参考になった．

## 学習を進めるための参考図書

Cloninger, C. R. (2004). *Feeling good: The science of well-being*. Oxford University Press.: Cloninger の理論の詳細が説明されている．二元論の批判と一元論の支持に関する哲学的考察，観照（contemplation）の科学，脳機能とパーソナリティなどについて，一切の妥協なしに記されている．難解で現代科学に対する挑戦的な内容である．

日本語で読めるものとしては，下記の拙著が挙げられる．

木島伸彦（2000）．クロニンジャーの理論と人格障害　現代のエスプリ，392, 184-191.

木島伸彦（2005）．抑うつとパーソナリティ　坂本真士・丹野義彦・安藤清志（編）抑うつの臨床心理学　東京大学出版会

## 引用文献

Allport, G. W. (1937). *Personality: A psychological interpretation*. Holt.

American Psychiatric Association (1987). *Diagnostic and statistical manual of mental disorders* (3rd ed. rev.) (DSM-III-R). American Psychiatric Association.

Ando, J., Ono, Y., Yoshimura, K., Onoda, N., Shinohara, M., Kanba, S., & Asai, M. (2002). The genetic structure of Cloninger's Seven-Factor Model of temperament and character in a Japanese sample. *Journal of Personality*, **70**, 583-609.

Ando, J., Suzuki, A., Yamagata, S., Kijima, N., Maekawa, Y., Ono, Y., & Jang, K. L. (2004). Genetic and environmental structure of Cloninger's temperament and character dimensions. *Journal of Personality Disorders*, **18**, 379-393.

Benjamin, J., Li, L., Patterson, C., Greenberg, B. D., Murphy, D. L., & Hamer, D. H. (1996). Population and familial association between the D4 dopamine receptor gene and measures of Novelty Seeking. *Nature Genetics*, **12**, 81-84.

Benjamin, J., Ebstein, R. P., & Belmaker, R. H. (1997). Personality genetics. *Israel Journal of Psychiatry & Related Sciences*, **34**, 270-280.

Carlson, R. (1971). Where is the person in personality research? *Psychological Bulletin*, **75**, 203-219.

Cloninger, C. R. (1987). A systematic method for clinical description and classification of personality variants: A proposal. *Archives of General Psychiatry*, **44**, 573-588.

Cloninger, C. R., Svrakic, D. M., & Przybeck, T. R. (1993). A psychobiological model of temperament and character. *Archives of General Psychiatry*, **50**, 975-990.

Cloninger, C. R., & Svrakic, D. M. (1997). Integrative psychobiological approach to psychiatric assessment and treatment. *Psychiatry*, **60**, 120-141.

Cloninger, C. R., & Svrakic, D. M. (1999). Personality Disorders. In H. I. Kaplan, & B. J. Sadock (Eds.), *Comprehensive textbook of psychiatry* (7th ed.). Williams & Wilkins.

Cloninger, C. R. (2004). *Feeling good: The science of well-being*. Oxford University Press.

Cloninger, C. R. (2006). Fostering spirituality and well-being in clinical practice. *Psychiatric Annuals*, **36**, 1-6.

Comings, D. E., Gonzales, N., Saucier, G., Johnson, J. P., & MacMurray, J. P. (2000). The DRD4 gene and the spiritual transcendence scale of the character temperament index. *Psychiatric Genetics*, **10**, 185-189.

Costa, P. T. Jr., & McCrae, R. R. (1992). *Revised NEO Personality Inventory (NEO-PI-R) and NEO Five-Factor Inventory (NEO-FFI)*. Psychological Assessment Resources.

Ebstein, R. P., Novick, O., Umansky, R., Priel, B., Osher, Y., Blaine, D., Bennett, E. R., Nemanov, L., Kats, M., & Belmaker, R. H. (1996). Dopamine D4 receptor (D4DR) exon III polymorphism associated with the human personality trait of novelty seeking. *Nature Genetics*, **12**, 78-80.

Ebstein, R. P., Segman, R., Benjamin, J., Osher, Y., Nemanov, L., & Belmaker, R. H. (1997). 5-HT2c (HTR2C) serotonin receptor gene polymorphism associated with the human personality trait of reward dependence: Interaction with dopamine D4 receptor (D4DR) and dopamine D3 receptor (D3DR) polymorphisms. *American Journal of Medical Genetics*, **74**, 65-72.

Eysenck, H. J. (1963). The biological basis of personality. *Nature*, **199**, 1031-1034.

Eysenck, H. J. (1967). *The biological basis of personality*. C. C. Thomas.

Eysenck, H. J., & Eysenck, S. B. G. (1975). *Manual of the Eysenck Personality Questionnaire*. Hodder & Stoughton.

Gray, J. A. (1970). The psychophysiological basis of introversion-extraversion. *Behavioral Research & Therapy*, **8**, 249-266.

Gray, J. A. (1981). A critique of Eysenck's theory of personality. In H. J. Eysenck (Ed.), *A model for personality*. Springer.

Gray, J. A. (1982). *Neuropsychological theory of anxiety*. Cambridge University Press.

Ham, B. J., Choi, M. J., Lee, H. J., Kang, R. H., & Lee, M. S. (2005). Reward dependence is related to norepinephrine transporter T-182C gene polymorphism in a Korean population. *Psychiatric genetics*, **15**, 145-147.

Heath, A. C., Cloninger, C. R., & Martin, N. G. (1994). Testing a model for the genetic structure of personality: A comparison of the personality systems of Cloninger and Eysenck. *Journal of Personality & Social Psychology*, **66**, 762-775.

木島伸彦・斎藤令衣・竹内美香・吉野相英・大野　裕・加藤元一郎・北村俊則（1996）．Cloninger の気質と性格の7因子モデルおよび日本語版 Temperament and Character Inventory（TCI）　精神科診断学，**7**, 379-399.

木島伸彦（2000）．パーソナリティと神経伝達物質の関係に関する研究――Cloninger の理論における最近の研究動向　慶應義塾大学日吉紀要，**28**, 1-11.

近藤邦夫（1994）．教師と子どもの関係づくり　東京大学出版会

Kühn, K. U., Meyer, K., Nöthen, M. M., Gänsicke, M., Papassotiropoulos, A., & Maier, W. (1999). Allelic variants of dopamine receptor D4 (DRD4) and serotonin receptor 5HT2c (HTR2c) and temperament factors: Replication tests. *American Journal of Medical Genetics*, **16**, 168-172.

Kumakiri, C., Kodama, K., Shimizu, E., Yamanouchi, N., Okada, S., Noda, S., Okamoto, H., Sato, T., & Shirasawa, H. (1999). Study of the association between the serotonin transporter gene regulatory region polymorphism and personality traits in a Japanese population. *Neuroscience Letters*, **263**, 205-207.

Lorenzi, C., Serretti, A., Mandelli, L., Tubazio, V., Ploia, C., & Smeraldi, E. (2005). 5-HT 1A polymorphism and self-transcendence in mood disorders. *American Journal of Medical Genetics. Part B, Neuropsychiatric Genetics*, **137**, 33-35.

Mishel, W. (1968). *Personality and assessment*. Wiley.

Munafo, M. R, Clark T. G., Moore L. R, Payne E., Walton R., & Flint J. (2003). Genetic polymorphisms and personality in healthy adults: A systematic review and meta-analysis. *Molecular Psychiatry*, **8**, 471-484.

Munafo, M. R., Clark, T., & Flint, J. (2005). Does measurement instrument moderate the association between the serotonin transporter gene and anxiety-related personality traits? A meta-analysis. *Molecular Psychiatry*, **10**, 415-419.

Munafo, M. R., Yalcin, B., Willis-Owen, S. A., & Flint, J. (2008). Association of the dopamine D4 receptor (DRD4) gene and approach-related personality traits: Meta-analysis and new data. *Biological Psychiatry*, **15**, 197-206.

小川俊樹・田辺　肇・伊藤宗親（1997）．わが国における臨床心理検査の現状　日本心理臨床学会第16回大会論文集，116-117.

Pervin, L. A. (1989). Goal concepts in personality and social psychology: A historical introduction. In L. A. Pervin (Ed.), *Goal concepts in personality and social psychology*. Erlbaum.

Schinka, J. A., Lestch, E. A., & Crawford, F. C. (2002). DRD4 and novelty seeking: Results of meta-analyses. *American Journal of Medical Genetics (Neuropsychiatric Genetics)*, **114**, 643-648.

Sen, S., Burmeister, M., & Ghosh, D. (2004). Meta-analysis of the association between a serotonin transporter promoter polymorphism (5-HTTLPR) and anxiety-related personality traits. *American Journal of Medical Genetics*, **127**, 85-89.

杉山　崇 (2006). 若年のキャリア・コンサルティングとクローニンジャーのパーソナリティー理論　山梨英和大学紀要, **5**, 1-16.

鋤柄増根 (1998). 項目反応理論による MMPI の潜在特性構造の分析　性格心理学研究, **6**, 95-108.

Svrakic, D. M., Whitehead C., Przybeck, T. R., & Cloninger, C. R. (1993). Differential diagnosis of personality disorders by the seven-factor model of temperament and character. *Archives of General Psychiatry*, **50**, 991-999.

若林昭雄 (1993). パーソナリティ研究における"人間―状況論争"の動向　心理学研究, **64**, 296-312.

渡邊芳之・佐藤達哉 (1993). パーソナリティの一貫性をめぐる「視点」と「時間」の問題　心理学評論, **36**, 226-243.

# 第8章
# 社会心理学を活かす

## 8-1 社会心理学とは何か

坂本真士

### 8-1-1 社会心理学とは何か

　社会心理学を一言で定義するのは非常に難しいが，安藤（1995）を参考にしながらあえて一言で言うと「人間が日常生活の中で互いに影響を与えあって生きている，その人と人との相互作用のあり方を研究する学問領域」と言える．社会心理学は，表8-1のように個人内過程，対人関係，集団・組織，集合現象，文化の五つの領域に分けることができる．それぞれについて見てみよう．
① 個人内過程：人と人との相互作用のあり方を社会心理学では研究しているが，その際に個人に焦点をあてて研究することができる．つまり，人は社会的場面で自己や他者・状況についての情報を統合的に理解し，理解した内容に沿って行動する．例えば，対人認知において，われわれは外見や性別などのステレオタイプの影響を受けるし，ある人の行動が意図的か否かによっても影響を受ける．このように，人と人との相互作用に対し「個人内の心理的過程」に焦点をあてて研究することができる．
② 対人関係：次に，ある社会的な文脈での対人相互作用や人間関係を研究することがある．例えば，人同士が協力しあったり（協同），人を助けたり（援助）するためには，どのような（個人および状況の要因）が関係しているかを研究する．また，身近な人間関係の成立，発展，維持や崩壊の過程についても実証的に検討している．他にも，ソーシャルサポートやソーシャルスキル，対人ストレス，攻撃なども研究しており，臨床心理学とも直接に関連している．
③ 集団行動：人間の行動は，一人でいる時と，複数の人が周囲にいる時で異なる場合があるが，それは集団の影響を受けているからである．例えば，集団で仕事をすると，一人で仕事をする時よりも仕事がはかどったり（社会的促進），逆に手を抜いたりすることがある（社会的手抜き）．また，例え

**表 8-1 社会心理学の研究テーマ分類例**（大橋，2005より一部改変）

① **個人内過程**
  1 自己・パーソナリティ：自己概念，社会的自己，自己開示・自己呈示，パーソナリティと社会行動
  2 感情・動機
  3 認知：社会的認知・対人認知，印象形成，社会的比較，偏見，ステレオタイプ，帰属
  4 態度・信念：態度構造・態度変容，説得
② **対人関係**
  1 対人的相互作用：対人的コミュニケーション，協同・競争，援助，攻撃，対人魅力，社会的スキル
  2 身近な人間関係
  3 ソーシャルサポート
  4 対人葛藤・対人ストレス
  5 被服行動・化粧行動
③ **集団・組織**
  1 集団：社会的アイデンティティ，社会的交換，社会的ジレンマ，集団内過程（同調と逸脱，リーダーシップ等）
  2 社会的勢力・統制
  3 集団間関係
  4 組織
  5 産業
④ **集合現象**
  1 集合行動：流言，普及，流行
  2 コミュニケーション：電子ネットワーキング，マスコミュニケーション
  3 消費・生活意識：消費行動，ライフスタイル，広告
  4 政治行動：政治参加，投票行動，世論過程，政治意識
⑤ **文化**
  1 社会化
  2 文化：比較文化・異文化適応・宗教
  3 社会問題・社会病理：QOL，高齢化社会，犯罪・非行，いじめ・学校内問題，性役割，都市化
  4 環境

ば，周囲の人の意見が割れている場合は自分の意見を表明することは比較的たやすいのに，周囲の意見が一致している場合にはそれと異なる自分の意見は表明しづらく，周囲の意見に賛同しやすくなる．これは集団の持つ斉一性への圧力のために，同調が起きたのである．このように，集団との関係における人の行動に注目して，相互作用のあり方を研究することもできる．

④ 集合現象：人から受ける影響は，特定の人や集団からの直接的なものだけに限らない．例えば，人は誰が流したかわからない噂に影響されたり，

流行に左右されて商品を買ったりする．そして，そのような行動がほかの人の行動に影響を与え，さらに噂や流行を広めることになる．このようにお互いに面識がない集まりの中でも，人々が互いに刺激を与えあって，ある方向に全体的な行動が向かうことがある．このような「集合現象」も社会心理学における研究のテーマである．

⑤ 文化：最後に，人は社会や文化の影響を受けて行動している．これは人がある社会の中で，人によって育てられ，人として生活していく以上，避けられないことである．このような文化や社会の影響についても社会心理学で研究されている．また，犯罪・非行，高齢化社会といった社会問題についても，社会心理学で研究している．

ここでは，社会心理学の研究テーマを大きく五つの研究領域に分けたが，これらの領域間には関連がある．例えば，個人はある文化の中で生まれ育つので，その個人の考え方や対人行動には文化の影響が現れるだろう．したがって，個人の認知のあり方に文化が影響をおよぼすことが考えられる．この五つの領域は，「心理学的社会心理学」と呼ばれる，心理学的な視点から個人に焦点を当ててアプローチする立場（前述の①〜③を主な研究領域とする）と「社会学的社会心理学」と呼ばれる，社会学的な視点から社会全体にアプローチする立場（前述の④と⑤を主な研究領域とする）に分けることができる．臨床心理学の基礎としては前者のほうがより重要であり，本章でも前者に絞って論を進めていくことにする．

## 8-1-2　社会心理学における人間観

社会心理学では「人間」をどのようにとらえているのだろうか．社会心理学者の間で統一された人間観は存在しないが，代表的なものとしてLewinの場の理論による人間観，すなわち，人は状況の影響を受けやすく人の行動はそれが生起した状況と切り離して説明することはできないという考えが挙げられる．われわれはある人の行動を見て，そこにその人の性格，動機，欲求などの内的要因が反映していると考えがちである．しかし，その人をその行動に駆り立てた状況的要因も存在し，状況的要因と個人の要因が相互に作用して行動が起き

ると考えるのである．

　社会心理学には複数の人間観が並立しており，それぞれの人間観に基づいて理論が提出されている．例えば「人は自分の得る報酬をできるだけ多くし，支払うコストをできるだけ少なくするよう行動する」という功利的な人間観は，意思決定理論に反映されている．「人は一貫性を希求する存在である」という人間観は，認知的不協和理論や認知的均衡理論に見られる考え方である．また「人は素朴な科学者であるかのように，物事を論理的に考え判断しようとする」という人間観があり，ここから初期の原因帰属理論（例：共変モデル，対応推論モデル）が派生したが，近年では，原因帰属のバイアスやヒューリスティックに関する研究成果から「人は論理よりも直観に依存した判断を行う」という人間観が登場した．つまり「人は面倒でコストのかかることは嫌う傾向があり，認知的な処理資源を節約するために，これまで得た知識を活かしてごく一部の手がかりから直観的な判断をする」と考える．ほかに「人は，単に環境からの影響を受けるだけでなく，自分で目的を設定し，それを追求し，自分の行動をコントロールする存在である」という自己調整者としての人間観を考える研究者もいる．この人間観に基づくと，心理的な適応の問題は，目標追求における問題（目標設定や行動の効率的な調整における問題）となってくる．このように多様な人間観が並立しているところが，よくも悪くも社会心理学の特徴である．

## 8-1-3　心理臨床の基礎としての社会心理学

　心理臨床の基礎として社会心理学を挙げる理由は多数あるが，ここでは3点に絞って述べる．なお，社会心理学と臨床心理学との関連性については伊藤（2007），坂本（2005, 2007a），坂本ほか（2007），山本（1991）なども参考にしてほしい．

　まず，心理臨床場面はクライアントと心理臨床家という2人の人間から成る対人相互作用場面である．したがって，心理臨床場面でのクライアントと心理臨床家の二者関係を考える際には，対人相互作用を実証的な点から研究している社会心理学の知見が役に立つ．例えば，面接は，心理臨床家によって，クラ

イアントの持つ自己や周囲に対する態度を適応的なものに変える「態度変容」の過程と見ることができる．心理臨床家はクライアントの「自己開示」に「共感」しつつ傾聴する．心理臨床家はクライアントの言語的・非言語的手がかりを基にクライアントの悩みを理解しようとするが，そこには「対人認知のエラー」が入り込む可能性がある．例えば，印象と一致した行動についてはその人の属性に，一致しない行動については外的要因に帰属することで当初の印象が維持される「印象維持帰属バイアス」や，他者に関するある判断に基づいて行動することによって，結果的に自分が期待している行動を他者から引き出してしまう「自己成就的予言」などがある（坂本，2007a に詳細）．「　」で示したものはいずれも社会心理学の研究テーマであり，実証的な知見が積み重なっている．したがって，それらの知見を活用することにより，実証に支えられたよりよい実践につなげることが可能である．また，面接における自己開示や共感は，対人認知の枠組みを使って整理でき，実際のケースを取り上げても十分考察が可能である（坂本，2007b）．

　二つ目は「行動は人と状況との相互作用により生じる」という社会心理学の代表的な人間観が，クライアントとその問題を偏りなく理解するために役に立つという点である．古典的な精神分析ではそのクライアントになぜその問題が起きたのかを理解するために，個人（特に無意識）に焦点をあてて考えることが多い．そこでは「他の人ではなく，なぜ眼前のその人に起きたのか」を問い「その人の内部に何か問題があるからそうなったのだ」と考える．クライアントの内面を理解しようとするこのような試みは，状況のあり方を是認し，問題の原因を個人に求めてしまう危険性を伴う（小沢，2002）．一方，社会心理学では人の行動や感情は，状況と人との相互作用で決まると考えている．そして，状況的要因と個人の特性が，どのように関係してその現象が起きたのかを探ろうとする．言うまでもなく人は社会との相互作用の中で生活しており，その中で不適応が生じているのであり，状況的要因を繰り返し検証する姿勢を社会心理学は強調する．

　三つ目は，健常者を対象として構築される社会心理学のモデルが不適応の理解や介入に役立つという点である．社会心理学では健常者の対人相互作用のあり方を記述するが，この視点から考えると，不適応は「通常なら機能するはず

の心理過程が何らかの要因で機能していない状態」と考えられる．不適応を，健常とは質的に異なるものとして記述していくと，その特異性に目を奪われてしまい，健常者との異同を検討するという視点を見失ってしまう．健常者の心理過程を十分理解し，不適応を健常の心理過程の機能不全ととらえることで，不適応に関する仮説を立て，対処することが可能となるだろう（杉山，2007）．また，適応と不適応を質的に異なるものでなく，認知—行動—感情の相互作用が機能的に働く程度として連続的にとらえることで，不適応の心理が理解されやすくなり，不適応に対する偏見が軽減することも期待される（丹野・坂本，2001）．

　このように，社会心理学は心理臨床の基礎となり心理臨床の実践を行う上で役に立つだろうと筆者は考えている．社会心理学によるモデルは，個々のクライアントにあてはまることが保証されているわけではないが，クライアントの心理を理解する参照枠の一つとして使えるものは多い．膨大な社会心理学の研究テーマのうち，8-2 で自己注目，8-5 でソーシャルサポートを取り上げ，臨床心理学との関連を考えていく．

## 8-2 自己注目から見た抑うつ

坂本真士

### 8-2-1 自己注目とは

自己注目（self-focus, self-focused attention）に関する研究は，Duval & Wicklund（1972）の客体的自覚理論に端を発する．その後，自己意識尺度が開発され（Fenigstein *et al.*, 1975），特性としての自己注目に関する研究も始められた．このように自己注目という用語は，自覚状態（self-awareness：人が自分自身のほうへ注意を向け，自らが自らを注目の的としている状態）と自己意識特性（self-consciousness：ふだんから自己に注意を向けやすい性格特性）との両方を意味する．また，注意を向ける自己の側面は公的自己と私的自己に分けて考えられることが多い．公的自己とは自己の容姿やふるまいなどの他者から観察され得る側面，一方，私的自己とは感情，動機，思考，態度など他者が直接観察できない，その人のみが体験し得る側面のことを言う．自己注目については社会心理学において多くの研究がなされてきたが，1980年代からは「自己注目」から抑うつ，不安，妄想などの不適応を説明する試みが行われてきた（Ingram, 1990）．

### 8-2-2 自己に注目した時に起こる心理的変化

自己に注目するとどのような心理的な変化があるかを制御理論（Carver & Scheier, 1981; 図8-1）を基に説明する．

制御理論によると，人の注意は自己または環境のいずれかに向いているという．いまあなたはこの本を読んでいるが，これは言い換えればこの本に注意を向けている状態である．しかし，この本を読んでいるところを誰かに見られて「こういった心理学に関する本を読んでいる自分を，人はどう思うだろうか」と考えた場合，自己に注意を向けたことになる（この場合，本を読んでいるあなたを見ている人が，図8-1の「自己注目誘導刺激」にあたる）．

**8 社会心理学を活かす**

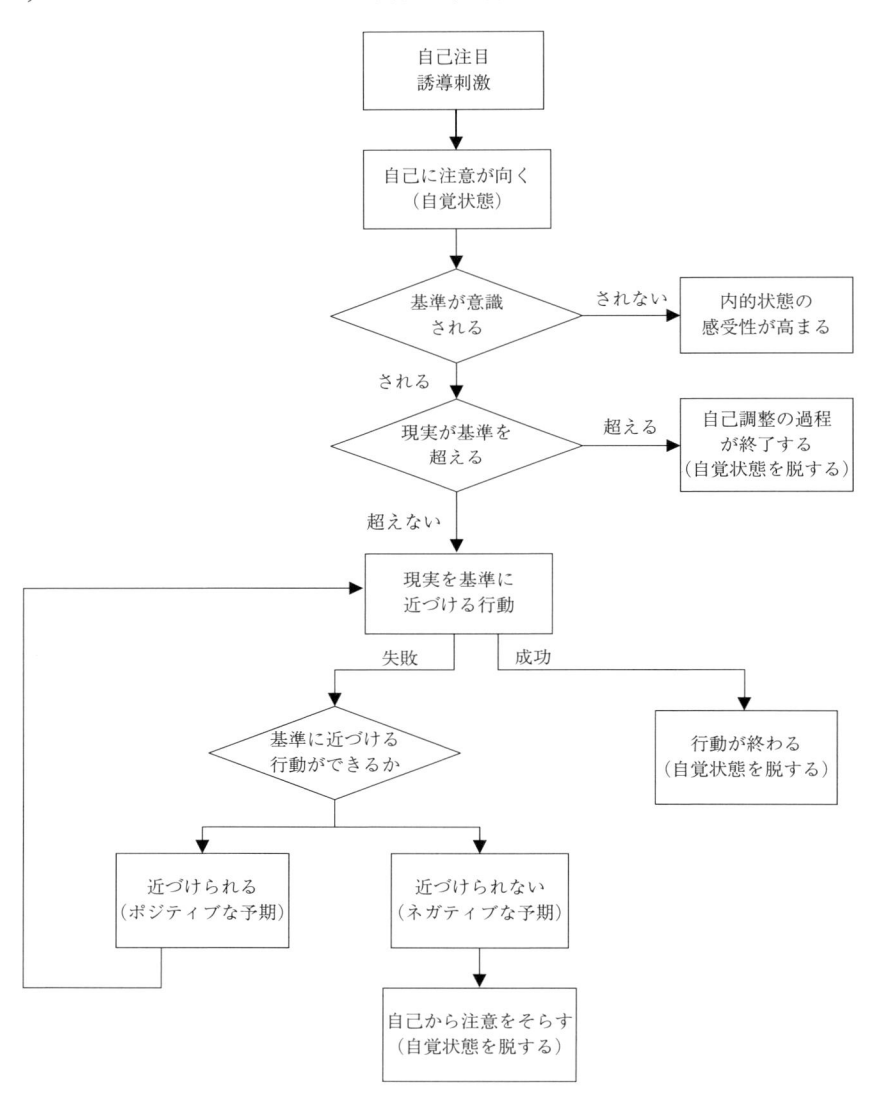

```
        ┌─────────────┐
        │  自己注目    │
        │  誘導刺激    │
        └──────┬──────┘
               ↓
        ┌─────────────┐
        │自己に注意が向く│
        │ （自覚状態） │
        └──────┬──────┘
               ↓
          ╱ 基準が意識 ╲  されない   ┌─────────────┐
         ╱   される    ╲──────────→│ 内的状態の   │
         ╲             ╱            │ 感受性が高まる│
          ╲_____╱             └─────────────┘
               │される
               ↓
          ╱ 現実が基準を ╲ 超える    ┌─────────────┐
         ╱    超える    ╲─────────→│ 自己調整の過程│
         ╲              ╱           │ が終了する   │
          ╲_____╱            │（自覚状態を脱する）│
               │超えない             └─────────────┘
               ↓
   ┌───→ ┌─────────────┐
   │     │ 現実を基準に │
   │     │ 近づける行動 │
   │     └──┬───────┬──┘
   │       失敗     成功
   │        ↓        ↓
   │   ╱基準に近づける╲         ┌─────────────┐
   │  ╱ 行動ができるか ╲        │ 行動が終わる │
   │   ╲              ╱         │（自覚状態を脱する）│
   │    ╲_____╱          └─────────────┘
   │      ↓           ↓
   │  ┌────────┐  ┌────────┐
   │  │近づけられる│ │近づけられない│
   │  │(ポジティブな予期)│ │(ネガティブな予期)│
   │  └────┬───┘  └────┬───┘
   └───────┘            ↓
                  ┌─────────────┐
                  │自己から注意をそらす│
                  │（自覚状態を脱する）│
                  └─────────────┘
```

図 8-1　Carver & Scheier（1981）の制御理論

## 8-2 自己注目から見た抑うつ

　自己に注意を向け自覚状態になると，その場での「行動の適切さの基準」が意識される場合がある．行動の適切さの基準とは，その状況でどのようにふるまうべきかという行動の指針のことである．例えば，人前でスピーチやプレゼンテーションをする場面では，人から見られることで自己に注意が向かうことが多い．このような場面では，行動の適切さの基準が明確になりやすく，その基準を指針として行動するようになる．適切さの基準はその場の状況のほかに，その人の個人的信念，理想，規範，他者との以前の経験やその人にとってのその次元の重要性などによっても決まる．

　さて，適切さの基準が重要なものとして意識された場合，その基準と現在の状態とを比較する．そして，現在の状態が基準を上回っていれば，自己調整の過程が終了し自覚状態から脱する．一方，基準に達しない場合，基準に近づけるような行動を起こす．この行動により，現在の状態が基準に達した場合，自己調整の過程は終了し自覚状態から脱するが，基準に達しない場合は，行動を基準に近づけることができる可能性を推測する．この可能性が高いと判断すれば，再び基準に近づけるよう行動するが，可能性が低いと判断した場合，そうした試みは放棄され，落ち込みなどのネガティブな感情を経験し，自覚状態を回避する行動が取られる．

　人前でプレゼンテーションをしている人の例を考えてみよう．発表者は聴衆の視線を感じ，自覚状態が高まる．その状況では「わかりやすくメッセージを伝えること」が適切さの基準となるだろう．自覚状態が高まり適切さの基準が意識され，これに従って行動し，うまく発表が進めば自己調整が終了し問題は生じない．また「うまく発表できてないな」と基準との間にずれを感じ，焦りなどの不快な気分を経験しながらも，うまくいくだろうとポジティブな期待を持てば，努力を続け，ゆっくりと落ち着いて話すなど行動が調整される．しかし，このような努力にもかかわらず自己の行動が調節されない場合，うまくいくだろうという期待は薄れ，落ち込みを経験し，早めにその場を立ち去りたいといったように自己から注意をそらす試みをする．

　適切さの基準が意識されない場面もある．例えば，一人の部屋で，自分の性格や将来のことなどを，あれこれと考えるような場面では，何が「適切な」行動なのかは想定できない．制御理論によると，適切さの基準が意識されない場

合は，自己の内的状態への感受性が高まり，自己に関する様々な情報を知覚しやすくなるという．「自己に関する様々な情報」には，その時の自分の感情や身体の状態だけでなく，長期間かけて作られたもの，例えば自己概念や自分が持っている信念や記憶などが含まれる．

　適切さの基準が意識されない場合に内的状態への感受性が高まることを説明するために，認知的な概念に踏み込んで考察した Ingram & Hollon（1986）および Ingram & Kendall（1986）を援用する（図8-2）．Ingram らは認知の諸概念を，認知構造，認知命題，認知操作，認知結果に分けている．認知構造は，認知システムの構造，すなわち，情報が組織化され，記憶の中に表象されている構造と定義できる．その「構造」とは，生物学的な意味での構造ではなく，情報が貯蔵される機能的，心理的メカニズムのことを意味している．認知命題は，実際に貯蔵されたり表象されたりしている情報，すなわち，スキーマ的な記憶情報やエピソード的な記憶情報のような内容のことを言う．認知操作は，認知システムの構成要素が，情報処理に際して相互に作用する，様々な手続きのことである．認知結果は，情報，認知構造，認知命題，認知操作の相互作用の結果生じた，認知や思考のこと（端的に言えば意識された内容）である．

　理解を促すためにパソコンの比喩を用いる．ここでは，パソコンのディスプレイ＝意識（認知結果），ハードディスク（HD）内の情報＝貯蔵された記憶（認知命題），パソコンにつながった外部入力端子（例：ビデオ入力端子）やキーボードなどからの入力＝感覚を通した外的環境からの入力，にたとえられる．通常パソコンには HD が装備されており，ここに情報を貯えている．また，キーボードや外部入力端子を通して外からの情報を入力する．われわれは，キーボードなどから情報を入力し，画面上で編集し，必要な情報を HD に保存する．これは例えば，心理学の講義を聴いて（入力），必要な情報を整理し（編集），記憶にとどめる（保存）というプロセスや，他者と会話し（入力），そこでのやり取りを意識し（編集），エピソードとして記憶する（保存）というプロセスに対応する．また，HD から必要な情報をにアクセスし，ディスプレイ上で編集し，その結果を HD に保存することもある．これは例えば，心理学に関して自分が持っている知識を思い出し（情報へのアクセス），整理したり再構成したりして（編集），自分の中に定着させる（保存）プロセスや，自分に関するいく

8-2 自己注目から見た抑うつ

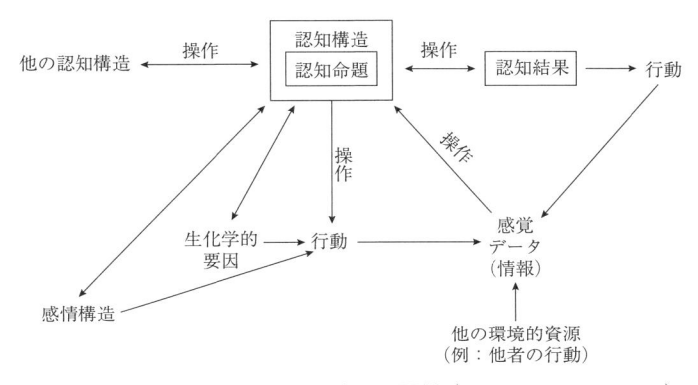

**図 8-2 認知的諸概念の分類枠組み相互の関係**（Ingram & Kendall, 1986）

つかのエピソードを思い出し（情報へのアクセス），自分はどんな人間なのかを考え自己概念を作り上げ（編集），記憶にとどめる（保存）というプロセスに対応する．

　パソコンでは様々な情報を HD に記憶させているが，HD 内に保存されている情報すべてを一度にディスプレイに表示させることはできない．そこで，作業をしていく上で必要となるファイルにアクセスし，ウィンドウを開いてディスプレイに表示し内容を見るのである．これは，われわれの持つ貯蔵された記憶（認知命題：HD 内の情報に対応）は膨大であるが，意識（認知結果：ディスプレイへの表示に対応）に現れるのは一部であることにたとえられる．同じことは自己に関する記憶についても言える．パソコンのように「自己」というフォルダを用意して記憶を整理しているわけではないが，自己に関する様々な情報はネットワークを作って記憶されている．自己に注目すると，記憶されている自己に関する情報がアクセスされやすくなり，意識に上りやすくなる（「アクセスされやすくなる」と述べたが，これがパソコンとの違いである．パソコンの場合，HD 内のファイルを開いたり閉じたりするには意図的なコントロールが必要であるが，記憶の場合，いま意識していることと内容的に関連性の高いものについては意識に上りやすく自動的に意識されることがある反面，関連性の低いものは意識に上りにくいという性質がある）．

　さて，適切さの基準が意識されない状態では，自己に関する様々な情報が意識されやすくなっている．換言すれば，記憶の中の自己や自己に関する様々な

記憶がアクセスされやすくなっている．そのために以下のような心理的変化が起こる．まず，自己が意識されやすくなっているので，自己が関与したできごとについて，その原因を環境よりも自己に求めやすくなる．また，人と話す際に自己に関することを話題にしやすくなったり，自己報告がより正確になったり，その場で経験している感情が強まったりする．ほかにも自己に関する様々な情報（過去の記憶，自己概念など）が意識されやすくなる．

自己注目に見られるこのような影響は，自己の行動を調整する機能がある反面，抑うつや不安などの不適応につながることもある（Ingram, 1990）．以下では，抑うつとの関連に絞って説明していく．

### 8-2-3 抑うつの自己注目理論

自己注目と抑うつとの関連については，両者の間に類似の現象（例：内的要因への原因帰属，自己報告の正確さ，感情の高まり，自己言及の増加，自尊心の低下）が見られることから，両者の関連性を調べる研究が始められた（Smith & Greenberg, 1981）．しかし，例えば，自己注目は快感情も強めることがあるし（Scheier, 1976），ポジティブな結果に対する内的帰属も強める（Fenigstein & Levine, 1984）など，自己注目には抑うつと反する結果をもたらすこともある．

このように「自己注目＝抑うつ」ではないので，両者の関連性を考える際には，自己注目のあり方を詳細に検討する必要がある．坂本（1997; Sakamoto, 2000a）は，Ingram（1990）による認知的諸概念の整理の枠組みを参考に，自己注目と抑うつとの関連を時間軸にあわせて整理し，3段階モデルを提唱した（図8-3）．このモデルでは，関係を3段階（自己注目の始発，作動，持続）に整理し，抑うつの経過と以下のように対応づけている．①自己注目の始発＝抑うつが生じるきっかけ，②自己注目の作動＝抑うつの発生，③自己注目の持続＝抑うつの維持．

① 自己注目の始発＝抑うつが生じるきっかけ：人は注意を自己か環境かに向けているが（Duval & Wicklund, 1972），自己注目の始発の段階とは，何らかのできごとや刺激に反応して注意が自己に向かう段階のことである．パソコンのたとえで言うと，外部入力端子やキーボードといった外部からの

## 8-2 自己注目から見た抑うつ

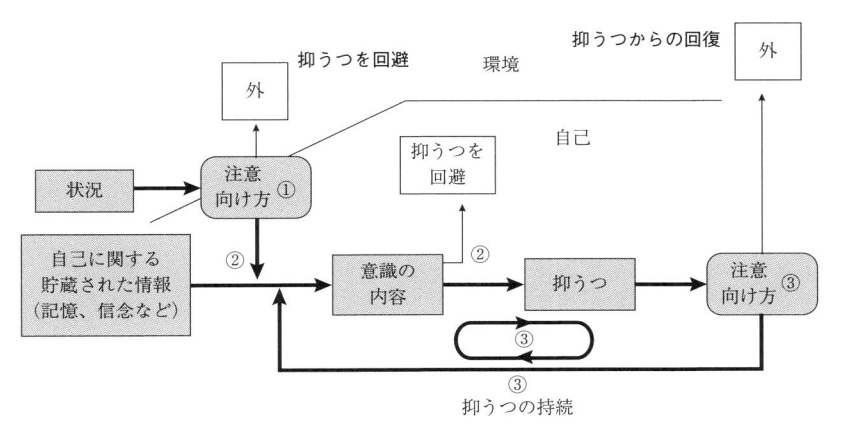

図8-3 自己注目と抑うつの3段階モデル

入力をやめ，HD 内の自己やそれに関連するフォルダにアクセスする状態である．この後の「自己注目の作動」のところで述べるように，抑うつが生じるためには自己に注意を向けている必要があるため，自己に注意を向ける段階（自己注目の始発の段階）は，抑うつが生じるきっかけと対応づけることができる．

抑うつとの関連性については以下のことが見出されている．ネガティブなできごとを経験した後の自己注目，あるいはポジティブなできごとを経験した後の自己注目の回避が，抑うつに結びつく（Pyszczynski & Greenberg, 1987）．気分との関連では，ポジティブな気分の導入後よりもネガティブな気分の導入後に自己注目しやすい（Sedikides, 1992b）．また，例えば「暇で何もすることがない時」「ひとりで家にいる時」といった「ひとり状況」において自己注目することと抑うつとが関連する（Sakamoto, 2000b）．

② 自己注目の作動＝抑うつの発生：自己注目の作動の段階とは，貯えられていた自己に関する情報が処理され，意識に上る段階である．パソコンの例で言えば，自己や自己に関するフォルダ内の情報がアクセスされ，情報がディスプレイに表示される状態と対応する．具体的に言えば，自己の過去の記憶が思い出される，自己のあるべき姿や現在の自己が意識されるなどが，自己注目の作動の結果である．抑うつが生じるのは，多くの場合，

認知結果の内容がネガティブな場合に限られよう．

　自己注目の結果がネガティブなものかそうでないかは，自己注目によって処理される情報の内容がネガティブかどうかで決まる（e.g. Sedikides, 1992a）．一般に，抑うつ的な人は，不合理信念，抑うつ的スキーマ，抑うつ的帰属スタイルなどといった，ネガティブな自己に関する情報や自己に関する情報処理の枠組みを持っている．それが，自己に注目することによって認知的処理を受け，ネガティブな内容の思考が生じる．

③　自己注目の持続＝抑うつの維持：自己注目の持続の段階とは，時間が経過しても，情報処理の素材が自己に関連した情報から環境からの情報に移らず，自己関連情報の処理が続く段階である．パソコンのたとえで言うと，HD内の自己および自己関連の情報にアクセスし続けている状態であると言える．

　気分一致効果（Bower, 1981）からすると，抑うつの時に自己に注意を向けると，自己に関するネガティブな内容が情報処理され意識に上ることになり，その結果として抑うつ気分（およびそれに関連する症状）が強まると考えられる．また，自己注目自体が，その時感じている感情を強めることになるので（Scheier, 1976），抑うつ気分の時に自己に注意を向け続けると，それだけで抑うつ気分（およびそれに関連する症状）がさらに強まると考えられる．

　坂本（1997）は，自己没入（自己に注意が向きやすく，自己に向いた注意が持続する特性）という概念を提起した．自己没入は，私的自己意識特性（自己へ注意が向きやすい特性）と異なり，自己注目の持続をより重視した概念である．例えば，「自分のことについて考え始めたら，なかなかそれを止めることができない」「長い間，自分についてのことで思いをめぐらせていることがよくある」などが自己没入尺度の項目例である．坂本らは自己没入尺度を用い，抑うつとの関連を検討した．それによると，自己没入と抑うつとの相関は，私的自己意識と抑うつとの相関よりも有意に高く（Sakamoto, 1998），4ヵ月の間隔をおいた縦断研究では（Sakamoto, 1999），自己没入的な人はネガティブなできごとの影響を受けやすく，抑うつになりやすい認知傾向であることが示唆された．

　自己注目の対人的な影響として，自己への言及の増加が考えられる（Carver & Scheier, 1978）．自己に言及する（つまり自分のことを話題に出す）典型的な場面

は自己開示である．自己開示には対人関係を発展させるという機能があるが，自己開示の内容がネガティブなものに偏り，それが繰り返されると，人から拒否的な反応を受けることもある．森脇ら（2002）は，話し手の自己没入傾向と自己開示，聞き手の反応および話し手の抑うつとの関連を調べた．その結果，自己没入的な人が不適切な自己開示を行い（例：ネガティブな内容に偏る，同じ内容の自己開示をする），それが聞き手に拒絶的な反応を生じさせ，さらに話し手の抑うつが増加することを見出した．対人相互作用場面では，感情や他者に伝達したいことなど自己の内面に注意を向けるだけでなく，他者の言語的・非言語的な伝達内容やその場の状況にも注意を向ける必要がある．自己没入的な人は，自己に注意を向け過ぎ，他者や状況に注意を振り向けにくいため，自己の内面に敏感になり他者の状態や状況を適切に把握することは難しいだろう．たとえ，相手が自己に関してポジティブな情報を返したとしてもそれに注意を向けることができず，結果的にネガティブな自己開示を繰り返してしまう．このような行動は相手に嫌悪感情を抱かせてしまい，相手から拒否的な反応を喚起させる可能性がある（Coyne, 1976）．

### 8-2-4 精神的に健康な自己注目との違い

3段階モデルは非機能的な自己注目の典型例であるが，自己注目そのものが不適応な機能を持つわけではない．では，精神疾患を生じさせるような非機能的な自己注目は，自己洞察を深めたり，自分の心理・行動的な状態を制御したりする機能的な自己注目と，どのように異なっているのだろうか．

近年，この問題についての研究が進められている．ここでは Trapnell & Campbell（1999），坂本（2005），McFarland ら（2007），Watkins（2008）などを参考にしながら，暫定的ながら表 8-2 のように整理した．なお「自己意識」は，自己に注意を向けること（認知操作）のみならず，注意を向けた結果として意識されている内容（認知結果）も意味することがあるので，前者を自己注目操作，後者を自己注目結果と区別した．また，自己注目操作や自己注目結果の背後には対人的要因があり，これら三つの要因は相互に影響しあっている．自己注目結果がネガティブな場合，抑うつ，対人不安，妄想，摂食障害など自己が

表 8-2 機能的な自己注目と非機能的な自己注目の特徴

| | | 機能的な自己注目 | 非機能的な自己注目 |
|---|---|---|---|
| 自己注目結果 | 認知 | 自己や自己が関連したことがらについての現実を反映した思考内容であり、これにより自己理解が促進される. | 自己と自己が関連したことがらについての、現実を反映していない、ネガティブに歪んだ思考内容. |
| | 感情 | ネガティブな感情は薄らいでいき、穏やかな感情を経験する. | 強いネガティブな感情が生じる. |
| 自己注目操作 | メタ認知機能 | クリティカルに考えることができる（できごとや考えに対し、いろいろな見方をすることができる）. そのため認知の歪みを修正することができる. | メタ認知機能が働いていない. つまり自己に注意を向ける視点が偏っており、ネガティブな考えを思いついた時に、それと距離を取り異なる別の考え方をすることが難しい. そのため、認知の歪みが生じやすいし、生じても気がつかない. |
| | 執着性・強迫性 | 適切に目標を諦め、注意を別のことに向けることができる. | 目標を達成することが難しくても、強迫的に自己調整を続ける（目標を達成するために、自分に注意を向けて行動を調整する）. |
| | 具体―抽象レベル | ネガティブなことがらについて、具体的な下位のレベルで考え、問題解決的な思考に変えることができる. | 抽象的なレベルでのネガティブな思考. ネガティブな自己概念に関して、トップダウン的な思考をする. |
| | 感情価 | ネガティブな感情に焦点をあてすぎない. 気晴らしなどでネガティブな感情を和らげた後で、自己に注目することができる. | ネガティブな感情状態で自己やネガティブなできごとの原因と結果に注意を向け続け、繰り返し考える. |
| | 動機づけ的側面 | 自分を知りたい、正確に理解したいという動機による自己注目. | ネガティブな事態に対する反応として自己に注意を向ける. |
| 対人的要因 | 特徴<br>他者の属性 | 他者との受容的な相互作用. | 偏った人間関係と孤立. ネガティブな自己概念を確認するような相手を選ぶ. |
| | 自己認知 | 被受容感高い. | 被受容感が低い. |
| | ソーシャルスキル | 豊か. | 乏しい. |

強く関連する病理を生じさせるが，自己注目結果のネガティブさの程度が強く病理的な場合，自己注目結果だけでなく，自己注目操作や対人的要因までも含めて介入することが必要である．

　非機能的な自己注目結果とは，自己や自己の関連することがらについての，

現実を反映していない，ネガティブに歪んだ思考内容であり，強いネガティブ感情を伴う．一方，機能的な自己注目結果とは，自己や自己の関連することがらについての現実を反映した思考内容である．ネガティブな感情は薄らぎ，穏やかな感情を経験する．

非機能的な自己注目操作では，例えば思考の歪みに気がつかないなど，ネガティブな自己注目結果をクリティカルに考えることができない（メタ認知機能が不十分）．制御理論では，適切さの基準（目標）を達成する望みが薄い場合には，自己から注意をそらすとされているが，非機能的な自己注目操作では望みが薄い場合でも（あるいは失敗を繰り返し経験していても），執着的あるいは強迫的に自己や自己の関連することがらに注意を向け，苦しい自己調整を続ける．また，ネガティブな思考をする際に具体的なレベルから考えるのではなく（例：「仕事で失敗したのは企画についての上司との意思疎通がうまくいかなかったからだ」），抽象的なレベルで考えてしまったり（例：「仕事で失敗したのは自分のコミュニケーション能力がないからだ」），自己のネガティブな属性を確認するようにトップダウン的な情報処理をしたりすることもある（自己確証：Swann *et al.*, 1992．例えば，仕事ができない人間だという自己概念を確認するできごとに選択的に注意を向ける）．ネガティブな感情状態で，自己やネガティブなできごとの原因と結果に注意を向け続け，繰り返し考えるが，気分一致効果の影響を受けてネガティブな自己注目結果が増幅する．これらの背景には動機づけ的な側面もあり，ネガティブな事態に対する反応として自己に注意を向けている（例：ネガティブな事態で，自分のどこかがおかしいからそうなっていると考え，自己に注意を向ける）．

これに対し機能的な自己注目操作では，まず自己注目結果をメタ認知し，クリティカルに考えることができる．自己へ執着的あるいは強迫的に注意を向けることもない．また，ネガティブなことがらについて，具体的なレベルで，問題解決的な思考をすることができるし，ネガティブな自己の感情に注意を向け過ぎない．これらにより，気分一致効果によるネガティブな気分の増幅を食い止めることができる．動機的な側面としては，自分を知りたい，正確に理解したいという動機から自己に注意を向ける．

非機能的な自己注目操作や自己注目結果の背後には偏った人間関係と孤立が

ある．例えば，ネガティブな自己注目結果を発生させる基となるネガティブな自己概念（認知命題）は，これを確認させるような相手と多くつきあうことで保持されている可能性がある（自己確証）．また，他者から認められ受け入れられることで自己評価が高まると考えられるので（sociometer theory: Leary, 1998），他者からの孤立は自己評価（自己注目結果）をネガティブにする．また，人から受け入れられているという感覚（被受容感：杉山，2002）が弱ければ主観的な孤立感が高まる．孤立は自己注目操作にも影響する．つまり，孤立することで多様な他者の視点を得ることが難しくなり（視野狭窄），自分が経験したネガティブなできごとに対しクリティカルな見方ができにくい．また自己に対しネガティブな態度を持つ重要他者と持続的に接触したために，厳しい他者の目が内在化され，自己に対する厳しい見方が習慣化してしまい機能的な自己注目を妨げている．人間関係で孤立するのはソーシャルスキルが乏しいためかもしれない．

これに対し，機能的な自己注目操作や自己注目結果の背後にある対人的特徴は，他者との受容的な相互作用である．これを可能にしているのは被受容感とソーシャルスキルである．十分な被受容感とソーシャルスキルがあり，様々な他者と相互作用しているために，例えばネガティブな自己注目結果（例：悩みやネガティブな感情）を適切に自己開示できたり，他者からソーシャルサポートを得たりできる．

## 8-2-5 今後の展開

自己への注目には，ポジティブな効果とネガティブな効果が報告されており，この違いがどのようにして生じるのかについて研究が進んでいる．主観的な「意識」を研究することはまさに「ブラックボックス」を研究することであり従来の心理学では限界もある．今後は神経生理心理学の発展にも目を向けていきたい．また，欧米での自己注目研究には臨床心理学の専門家が発表しているものも多数ある．日本でも臨床心理学と社会心理学との協働研究を期待したい．

# 8-3 社会心理学の臨床的ふだん使い1：自己注目

## 8-3-1 セラピストの視野を広く保つ

伊藤絵美

　心理療法においては，セラピストが「生物―心理―社会モデル」という視点を持ち，その視点に基づいてセラピーを進めることが不可欠であると，自戒を込めて筆者は考えている．「自戒を込めて」というのは，何分心理療法であるがゆえに，クライアントの心理ばかりに目が向き，生物および社会の視点がともすれば抜けがちだからである．筆者の専門とする認知行動療法では，①社会的相互作用（環境と個人の相互作用），②個人内相互作用（認知，気分・感情，身体反応，行動の相互作用）の二つを視野に入れたモデルを使ってアセスメントを行うが，①の社会的相互作用の理論的根拠となるのが，社会心理学である．8-1-1によれば社会心理学には五つの研究領域（個人内過程，対人関係，集団・組織，集合現象，文化）があるとのことだが，クライアントを理解しようとする際，この五つを念頭に置いておくだけでも，セラピストが心理主義に陥る危険性が軽減されると思われる．

### クライアントの自己イメージを柔軟かつ多様化する

　心理療法を求めるクライアントの多くが，ネガティブな自己イメージを持つがゆえに苦しんでいる．またそのような自己イメージはえてして強固で柔軟性に欠けることが多い．そのようなネガティブな自己イメージを柔軟にすること，そして多様な自己イメージをクライアント自身が持てるよう援助することこそ，心理療法の大目的と言ってもよいだろう．そもそも人間とは誰しも「この人はこうである」と一元的に説明できるような存在ではなく，誰もが極めて多様な側面を持つ存在であると思われる．しかしこれは単に「私がそう思う」というだけでは説得力がない．「私はそう思わないよ」と言われればそれでおしまいだからである．ところが坂本は「多様な人間観が共存しているところが，よく

も悪くも社会心理学の特徴である」と書いている（8-1-2）．実証研究をベースとする社会心理学において，このような多様な人間観が提示されているというこの事実が，人間の多様性を示すエビデンスであると言えるのではないだろうか．ということは，セラピストとクライアントが社会心理学的なものの見方を身につけることそれ自体が，クライアントの自己イメージの柔軟性を高め，自己イメージや人間観を多様化する助けになると考えることができる．

### 望ましい自己注目のあり方を構築する

「自己注目」（8-2）という概念は心理療法において極めて有用である．まずクライアントの症状のメカニズムを理解したり心理教育したりする際，使い勝手が非常によい．例えば，社会不安障害の場合は「他者視点の自己注目」，パニック障害の場合は「身体感覚に特化した自己注目」，ある種のうつ病の場合は「ネガティブな反芻という形での持続的自己注目」（坂本の言うところの「自己没入」），というように説明ができる．「自己注目」という言葉は，非常に中立的な印象を与えるのか，クライアントの大多数はすんなりとこの言葉を受け入れ，次第に自ら使うようになる．その上で，現在の自己注目のあり様を修正し，新たな自己注目のあり方を構築することが目標となる．ではいったいどのような自己注目のあり方が具体的に望ましいのか，健康的な自己注目とはどのようなものか．それが示されていると，クライアントと共有し，目標とすることができる．そして8-2-4の表8-2における「機能的な自己注目」がまさにそれに該当すると思われる．確かにこのような自己注目のあり様が実現すれば，かなり健やかな心理的状態が得られそうである．したがってわれわれ心理臨床家は，心理療法が目指すべき見取り図として表8-2を活用できるし，クライアントに提示して心理教育を行うこともできるだろう．特に坂本の示す「機能的な自己注目」が，現在認知行動療法において非常に注目されている「マインドフルネス」という概念にかなり近いことが，個人的には非常に興味深いと思った．これらの関連性が示されれば「マインドフルネス」の理論的根拠として，この表8-2を活用することもできるだろう．

## 8-3-2 患者のニーズに応える心理学的方法論

加藤　敬

　これまでの心理臨床の治療モデルは，自己の気づきと洞察，それによる自己の成長に伴って症状が治るというイメージだった．しかしこのモデルに偏りすぎる治療では，洞察に至るまで必要以上にクライアントの忍耐を強いることが多く，そのわりに症状も大きくは変化しないことが多かったと思われる．もちろん，自己の成長は心理学的健康を支える重要なことであり，ないがしろにするわけではないのだが，医療現場，特に外来で心理治療を行っている立場からは，まずクライアントが訴える苦しみを汲み取り，可能な限りこの不安や苦しみを軽減する努力を臨床心理士が行う必要も感じている．したがっていままでのモデルに依存するのではなく，新しい治療モデルを模索していく姿勢が大事だと考えている．

　多くの苦しみを生み出す精神疾患を基礎心理学的観点（社会心理学，認知心理学，発達心理学など）から解明していく営みは，クライアントにとって現在の症状を客観的にとらえる助けになる．さらに坂本の研究を利用することによって，症状に影響されていない過去の行動や認知の状態を知ることができ，本来の自分はこうであったのだという規範が得られる．同時に「何をすれば元の状態に戻るのか」という，クライアント自身が治癒に向かうための大まかな指針が得られるのである．生活しているクライアントにとって「いま自分が何をすべきなのか」という情報は先の見えにくい精神疾患に対する恐怖と不安を軽減するものである．

---

事例：高校1年生　男子B
主訴：社会不安障害
　中学2年生からこれといった原因もわからず不登校が始まった．対人緊張が強く，心療内科に受診したが，継続することができず引きこもってしまった．高校で何とか復帰しようと頑張り，不登校専門の高校に通ったが，再び対人緊張が強くなり登校不能となり，筆者の勤める心療内科に来談した．
　今回の受診も対人緊張の強さのため治療継続に自信がなかったが，社会不安障害に対する詳しい説明（心理教育）によって，何とか治っていくものと希望を持ち治療意欲が向上した．抑うつ的でもあったので，坂本の3段階モデルを紹介した．そこでクライアントは自己没入の姿勢が過剰に自分をネガティブに意識させる点に納得した．

クライアントには社会不安障害での認知の歪みを認知行動療法で扱い，他の生活場面ではなるべく自己に意識を向けない，気をそらす技法を指導した．同時に薬物療法も並行して行うことになった．

実際，クライアントが自己没入的になり，人の目が過剰に意識されるのは，道を歩いている時に感じる他者の視線に対してだった．これに対して治療者と考え出した対策が，ウォークマンを聞きながら歩いている間，歩数を数えるという作戦だった．これはかなり奏功して，外出範囲を広げることになった．

一方認知の歪みでは，「自己関係付け」「読心術」などが抽出され，適応的な思考を習慣づける練習が続き，症状は軽快した．希望の大学に進学した頃には薬物療法も終了した．

## 心因性疾患に対応できるカウンセリングの開発と基礎理論の必要性

事例から，クライアントにとって医学的情報（特に最近の大脳生理学的知見）は薬物療法と心理療法の必要性を納得させるものであり，8-2の坂本の3段階モデルは自己没入の問題性を気づかせ，治療にも即応用されるものであった．また，認知行動療法は患者自らが症状をコントロールする技術を提供するものとして洗練された技法である．

Rogersから出発し，精神分析学を心理臨床の中核にすえてきた世代として重要だったのは「自己の成長」という概念である．この成長概念からカウンセリングは語られてきた観があるのだが，これはあくまで心理臨床家側の理想であった．現場でのクライアントが求めるものは「わけのわからないこの症状」から解放され，楽になりたい，元気になりたいというものである．そうしたクライアント側のニーズに応える，治療に特化したカウンセリング理論が作られてもいいのではないだろうか．筆者は坂本，杉山の基礎研究にそうした萌芽を感じている．

また大脳生理学的な心因性疾患の研究は，認知心理学，社会心理学，行動心理学，発達心理学の研究にも関連して発展するだろうし，われわれ心理臨床家もそうした側面から心因性疾患を理解し治療的方策を持つことによって，クライアントの福祉に大いに役立つことを目指したい．

## 8-4　臨床的ふだん使い1：自己注目へのコメント

### 8-4-1　臨床から
深津千賀子

**社会心理学と精神分析学**

　社会心理学と筆者が心理臨床の基盤とする精神分析学とは，ある意味対極にあるかもしれない．前者は調査研究を基にした実証的な心理学であり，後者は「無意識」という概念を入れ，臨床実践の経験から，人格論，発達論，病態論，治療技法論等を体系化したものである．坂本は心理臨床の基礎としての社会心理学について，第一に，セラピストは対人相互作用場面において，クライアントの持つ自己や周囲に対する態度を適応的なものに変える「態度変容」を援助すること，第二に，クライアント理解には「行動は人と状況との相互作用により生じる」という人間観が役に立っていること，第三に，クライアントの不適応を健常の心理過程の機能不全ととらえることで，「不適応に関する仮説を立て，対処することが可能となるだろう」という3点を挙げている（8-1-3）．

　社会心理学の実証が調査研究であるなら，精神分析学ではセラピスト―クライアント間の相互交流における仮説―介入―反応がまさに「実証」となる．その視点から，この3点は，まさに精神分析を基盤にした心理臨床と共通する．これらを精神分析と対照させると，例えば，第一は，精神分析では過去の対人相互作用の体験の記憶が，どのように現在の「いま・ここ」でのセラピスト―クライアントという対人相互作用に影響を与えているかを考え，セラピストはそこに介入してクライアントの自己観察力，さらには自己洞察力を高め，それまでのクライアントの記憶を書き換えて「記憶の再構成をする」ことを援助する．ただし，そこではセラピスト―クライアントの現実の対人関係だけでなく，記憶の中に蓄積されている内的対象関係も視野に入れる点に大きな違いもある．第二に，精神分析的な心理療法で重視されるのは面接の設定―治療構造論である．すなわち，一定の時間，一定の場所で，セラピスト―クライアントが会う．

その面接室内での双方の言動は,「二人で共有される現実」である．例えば，クライアントの遅刻や休みは，その前のセッションのセラピストの介入に対する反応である，といった理解を双方で共有することができるからこそ，そこでのクライアントの情緒体験や認知の偏り，歪みも扱うことが可能になる．この積み重ねがクライアントの記憶を書き換える助けになる．第三の視点は，精神分析の「連続性の原理（continuity principle）」（Menninger, 1930）である．ここでの連続性には，①健常心理から病態心理まで一貫して働く心理過程としての連続性，②生物としてのヒトが環境に適応するためには，一方では内的なホメオスタシスの維持に務め，他方で環境や社会への適応に務める．つまり，個人を全体的な生命体としてとらえた時，個体内および環境に適応する上での，心身の力動的な連続性，③個人が生まれてから現在まで，健常な時から病態化した時にも，その心理過程の連続性がある．つまり，個人の心身の力動的な内的バランスから，環境への適応という社会心理学的な側面まで，その心理過程はクライアントにもセラピストにも共通しており，心理療法関係の根底に二者の連続性の原理が働いている．単純化を恐れずに言うなら，心理療法では，クライアントとセラピストの健常な自己同士がその目的を共有して契約を維持する努力をし，セラピストは自己の病態的側面でクライアントの病態的側面に共感しながら，クライアントの病態化した自己を共同注視し，健常な自己を使ってクライアントの健常な自己に働きかけ，自己観察力を高めるよう働きかける，といった相互作用の中で展開し，これがさらなる自己認識を変えて，自己洞察を深めることになる．

### 自己注目の心理臨床

認知行動療法ではセラピスト自身が持っている機能的な自己注目の視点から，クライアントの非機能的な自己注目の認知の偏りや歪みを取りあげている（8-3-1）．心理臨床的には，クライアントが，自身の自己注目の「偏り」や「歪み」を認識できるようになるまでのセラピストの介入過程が特に重要であろう．自己注目が生じやすい発達年代の思春期事例を通しての加藤の報告（8-3-2）からは，現状に違和感を覚えているクライアントの願望，「何をすれば元の状態に戻るのか」に関して，自己注目の偏りという問題がセラピスト―クライア

ント間に共有されると，二者の協力体制はより促進され，その後の問題解決までの展開は早いことがうかがえた．

## 8-4-2　基礎から　　　　　　　　　　　　　　　　　　　　坂本真士

　臨床心理学と社会心理学との境界領域で仕事をしていると，両領域間に明確な境界はないと感じる．もちろん，「介入か，理論構築か」とか「個の記述と理解か，一般化か」といった志向性の違いはあるが，個別の研究テーマを見ると，両領域にまたがるものも多い．例えば，「自己」だ．社会心理学では，調査や実験といった実証的な検討を重ねて自己の構造や機能について明らかにしようとするが，そこでわかったことを心理臨床家が活かさない手はない．

　「ネガティブな自己イメージを柔軟にすること，そして多様な自己イメージをクライアント自身が持てるよう援助することこそ，心理療法の大目的といってもよいであろう」と伊藤は述べているが（8-3-1），自己イメージや自己概念に関する研究は社会心理学でも行っている．社会心理学の知見によると，一度作られた自己概念は変わりにくいが，臨床現場で使われている技法のいくつかは，放置していれば変わりにくい自己概念を変えるためのものと考えられる．そして変わりにくくさせる仕組みが研究でわかれば，変えるための対策も立てやすいだろう．

　加藤は坂本の理論をクライアントに対する説明に用い，治療への希望を与え動機づけを高めることに成功した．加藤が述べるように，臨床心理士が大学院教育で教わる「自己の成長」という概念（人間観）は「心理臨床家側の理想」かもしれない．クライアント本人が納得する人間観を現場で用いることも必要だと思う．そのために，社会心理学のみならず基礎心理学の提供する人間観を知っておくことは有用だろう．

　社会心理学にも限界はある．社会心理学では how の質問を立てて「どのようにしてそうなったか」を調べるが，実証的な答えの見出しづらい why の質問はしたがらない．「自己注目すると抑うつ的になる」ことは示せても，「なぜこの人が自己注目を繰り返すのか」といったより根本的な問いは棚上げである．今後は臨床心理学とも協働して why の問いへの答えも探っていきたい．

## 8-5　ソーシャルサポート

福岡欣治

「ソーシャルサポート」(social support：「社会的サポート」「社会的支援」の表記もしばしば使われる）は学際的な概念であり，看護学や社会福祉学などの領域でも数多くの研究が行われている．しかしながら，とりわけその基礎的なメカニズムに関する研究は，心理学（社会心理学，健康心理学，臨床心理学）の分野に負うところが大きい．本節では，主に社会心理学の立場から見たソーシャルサポート研究の展開について概説する．

### 8-5-1　ソーシャルサポートとは

ソーシャルサポートの概念が登場したのは，1970年代の半ば頃である．1960年代後半からのソーシャルネットワーク研究（Lowenthal & Haven, 1968; Mitchel, 1969）や生活ストレス研究（例えば，Holmes & Rahe, 1967）などを背景としつつ，地域精神衛生（コミュニティ・メンタルヘルス）の専門家であるCaplan（1974）は，人々の精神的疾患に対する予防的資源としての"ふつうの人々どうしのつながり"の重要性を強調し，これを比喩的に「ソーシャルサポート・システム」と表現した．

> 「重要な他者［家族や親友など］は，人が自らの心理的な資源を動員して，情緒的な負担をのりこえる助けとなる．重要な他者は，いっしょになって問題にとりくんでくれたり，お金や物や道具や技術を提供してくれたり，どのように考えればよいかアドバイスしてくれたりする．それらは，その人が状況に対してうまく対処できるようにするのに役立つのである」(p. 6).

抄録誌 *Psychological Abstracts* に 'social support networks' というキーフレーズが登場したのは1982年のことであるが，その後現在に至るまで，ソーシャルサポートの概念はこのような意味における「(精神的，身体的）健康・適応に役立つ心理社会的資源」の一つとして位置づけを与えられている（浦，

2009).そして,ソーシャルサポートに関する厳密な意味での定義は存在しない(浦,1999)が,日本でのこの概念の紹介者の一人である久田(1987)が述べた「ある人を取り巻く重要な他者(家族,友人,同僚,専門家など)から得られるさまざまな形の援助(support)は,その人の健康維持・増進に重大な役割を果たす」(p. 170)という考え方は,ソーシャルサポートの研究者およびこの概念に関心を持つ実践家によって共有されている.

## 8-5-2 ソーシャルサポートの内容

前述のCaplan(1974)の考え方にも見られるように,ソーシャルサポートはいくつかの内容を含むとされている.結論的に,これらは大きく「情緒的サポート」と「道具的サポート」に大別できると考えられている.前者は,個人の心理的な不快感を軽減したり,自尊心の維持・回復を促すサポート,後者は個人が抱えている問題そのものを直接ないし間接的に解決することに役立つサポートである.

例えば,「ソーシャルサポート」の概念を初めて具体的に定義した研究者として知られるCobb(1976)は,ソーシャルサポートを,①ケアされ,愛されている,②尊敬され,価値ある存在として認められている,③互いに義務を分かち合うネットワークの一員である,という三つのうち少なくとも一つ以上についてその人に信じさせてくれるような「情報」であるとした.また,同時期にHouse(1981)は,①情緒的:共感したり,愛情を注いだり,信じてあげたりする,②道具的:仕事を手伝ったり,お金や物を貸してあげたりする,③情報的:問題への対処に必要な情報や知識を提供する,④評価的:人の行動や業績に最もふさわしい評価を与える,という四つの機能を挙げ,それらのうち一つないしそれ以上の要素を含む相互作用がソーシャルサポートであると定義した.

表8-3は,彼らを含む様々な論者の指摘するソーシャルサポートの内容を,情緒的サポートおよび道具的サポートの二つに整理したものである(Vaux,1988; 橋本,2005).

表 8-3 ソーシャル・サポートの内容 (橋本, 2005)

|  | 広義の道具的サポート | | | 広義の情緒的サポート | | |
|---|---|---|---|---|---|---|
|  | 物理的介入 | 行動的介入 | 問題解決的助言 | 情緒的支援 | 自己評価支援 | 所属感確保 |
| Barrera | 物質的支援 | 行動的援助 | ガイダンス | 親密な相互作用 | フィードバック | ポジティブ相互作用 |
| Brim |  | 援助 | 信頼 | 関心 |  | 望ましい相互作用 |
| Caplan | 具体的支援 | 実践的サービス | 問題解決的情報 | 情緒の統制 | フィードバック | 休息と回復 |
| Cobb(1) | ─── | ─── | ─── | 愛情 | 評価 | 所属 |
| Cobb(2) | 物質的サポート | 活動的サポート | 道具的サポート | 情緒的サポート | 自尊心サポート | ネットワークサポート |
| Cohen |  | 物質的サポート | 評価的サポート | 自尊心サポート | 評価的サポート | 所属的サポート |
| Foa | 金品 | サービス | 情報 | 愛情 | 地位 | ─── |
| 福岡 | 物質的・金銭的サポート | 具体的行動 | アドバイス・指導 | なぐさめ・はげまし情緒維持 | アドバイス・指導 | ─── |
| Gottlieb |  | 問題解決 | 認知的ガイダンス | 情緒的サポート | 社会的強化 | 社会化 |
| Hirsch |  | 実体的援助 | 情緒的(環境的)サポート | 情緒的サポート | 情緒的(評価的)サポート |  |
| House |  | 道具的サポート | 評価的関わり | 親密な関わり | 評価的関わり | 集団結束 |
| Kaplan | 有形サポート |  |  |  |  |  |
| Lin |  | 情緒的サポート |  |  | 表出的サポート |  |
| Pattison |  | 道具的サポート |  |  | 情緒的サポート |  |
| 嶋 |  | 道具的・手段的サポート | 問題解決サポート | 心理的サポート |  | 娯楽関連サポート |
| Tolsdorf |  | 実体的援助 | 忠告 | 非実体的援助 | フィードバック |  |
| Vaux | 金銭の援助 | 実践的援助 | 助言・ガイダンス | 情緒的サポート | ─── | 社会化 |
| Walker | 物質的支援 | サービス | 多様な情報 | 情緒的サポート |  | 社会的アイデンティティ維持 |
| Weiss | 信頼の連盟 | 養育・養成 | ガイダンス | 愛着 | 価値の保証 | 社会的統合 |
| Wills |  | 道具的サポート | 情緒的(環境的)サポート | 動機づけサポート | 評価的サポート | 社会的比較 |

## 8-5-3 ソーシャルサポートの測定

　ソーシャルサポートの概念が登場した初期の段階では，一口にソーシャルサポートといっても様々な指標が使われていた．そこで，これらを分類整理する試みがなされ，例えば，Cohen & Syme（1985）は「構造的測度」と「機能的測度」の二つに分類した．前者は，例えば特定の対人関係（婚姻など）の存在，関係の数ないし大きさ，関係の密度など，後者は対人関係の中で果たされる機能ないし提供される資源を指す．ただし，構造的測度は単に関係の有無や構造を問題にするのみであることから，特に心理学分野の最近の研究では，機能的測度がソーシャルサポートの指標であると見なされている（福岡，2006）．

　現在，心理学的研究においてソーシャルサポートの把握に用いられている指標は，「知覚されたサポート」「実行されたサポート」「サポート・ネットワー

## 8-5 ソーシャルサポート

ク」の3種類に分類することができる（福岡，2006）．知覚されたサポートは，必要な時にサポートが得られるという利用可能性（availability）の知覚あるいは期待の程度を表すものであり，前項で紹介した Cobb（1976）の考え方に近い．実行されたサポートは，一定期間内にある人から他者に提供された実際の資源の量ないし行動の頻度を表すものであり（受け手からの表現として，しばしば「受容（受領）されたサポート」とも呼ばれる），サポートを「相互作用」として定義した House（1981）の考え方に通じるものである．他方，サポート・ネットワークは，サポートを必要な時に提供してくれると期待される人，あるいは実際に何らかのサポートを提供してくれる人を，「そのような人の存在」という形で問うものである（これ以外に，単に「親しい人」の存在をもってソーシャルサポートを測定したと見なす研究もあり，これもサポート・ネットワークの指標に分類される）．これは知覚されたサポートや実行されたサポートをいわば間接的に測定するものでもあるが，回答のしやすさもありしばしば採用されている．これらの区別は，次項で述べるソーシャルサポートの効果に関する考え方とも関連しており，それぞれの指標が異なる意味を持つものと考えられている．

なお，実際のソーシャルサポートの測定にあたっては，「誰からの」サポートか，つまりサポート源の種類についても考慮する必要がある．例えば，知覚されたサポートの尺度として知られる Cohen & Hoberman（1983）の ISEL（Interpersonal Support Evaluation List）は，特定のサポート源を設定せず，対人関係全般について利用可能性の回答を求めるものであるが，このような測定方法では，回答者のパーソナリティ特性による影響が比較的強く表れがちである．また，サポート・ネットワークの測度とされる Sarason ら（1983）の SSQ（Social Support Questionnaire）でも，挙げられたサポート源の総人数や全体的な満足度の指標は，パーソナリティ特性と有意に相関することが報告されている（Sarason et al., 1987）．これに関連して，Thoits（1982）や Antonucci（1985），稲葉（1998）らは家族と友人のサポートが異なる基準で評価されることを指摘しており，福岡（2000）も計8種類の対人関係におけるサポートの利用可能性の評定に基づき，父母などの血縁者と同性友人に代表される非血縁者の2因子を抽出している．これらのことから，一般にはそれぞれの研究の対象者において重要と考えられる対人関係を設定した上で，あるいは事後にそれらを特定でき

るやり方で測定を行うのが適切であると考えられる（福岡，2007b）．なお，Dakof & Taylor (1990) はガン患者を対象とした研究で，有効と評価されるサポートの内容が，配偶者や家族・友人と専門家（医師，看護師など）で大きく異なることを報告しているが，これもサポート源の問題を考慮することの重要性を示す知見と見なすことができる．

## 8-5-4 ソーシャルサポートの効果

**心理的ストレス過程とソーシャルサポート**

Caplan (1974) の考え方にも既に登場している通り，ソーシャルサポートの概念は，当初からストレスへの対処と密接に関連づけてその効果が考察されてきた．

現在広く受け入れられている Lazarus ら（e. g. Lazarus & Folkman, 1984）の心理的ストレス・モデル（トランスアクショナル・モデル）では，潜在的なストレッサー（できごと，状況）に直面した場合，そのストレッサーを自分との関わりにおいてどのように評価するか，そしてその評価に基づきどのようにできごとに対処するか，が結果として生じるストレス反応を左右するとされている．

そこで Cohen & Wills (1985) は，ソーシャルサポートの効果をこの心理的ストレス・モデルの中に位置づけた（図8-4）．Cohen & Wills (1985) によれば，ソーシャルサポートは二つの時点でストレッサーが疾病をもたらす過程に影響する．一つ目は何らかのストレッサーが生起した場面であり，ソーシャルサポートがあることによってストレッサーへのネガティブな評価が軽減される．二つ目はそのストレッサーに何らかの対処を行う場面であり，ソーシャルサポートによって実際の適切な対処行動が促進され，再評価も促される．前者で想定されるのは主としてサポート・ネットワークや知覚されたサポートであり，後者で想定されるのは，これらに加えて実行されたサポートである．

なお，8-5-1 で紹介した通り，現在ソーシャルサポートは心理社会的資源の一つとして位置づけられている．浦（2009）によれば，心理社会的資源は，①直面する状況の困難さの過大評価を抑制するとともに，②困難への実際的な対処に役立つ，という二つの機能を果たすとされる．Cohen & Wills (1985) のモ

## 8-5 ソーシャルサポート

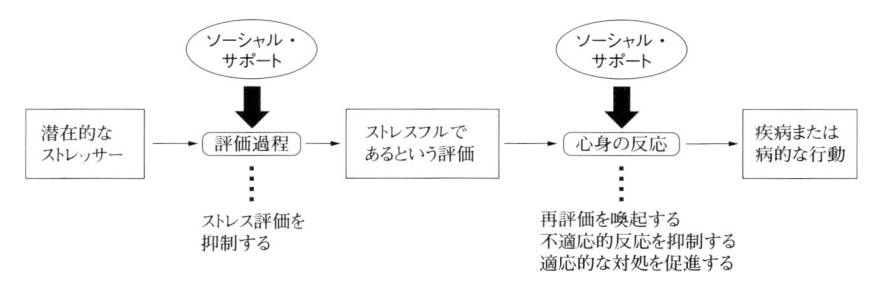

```
                  ソーシャル・                    ソーシャル・
                   サポート                        サポート
                      ↓                             ↓
┌─────────┐      ┌─────────┐      ┌─────────┐      ┌─────────┐      ┌─────────┐
│ 潜在的な │─────→│ 評価過程 │─────→│ストレスフルで│─────→│ 心身の反応│─────→│ 疾病または│
│ストレッサー│     └─────────┘      │あるという評価│     └─────────┘      │病的な行動│
└─────────┘           ⋮           └─────────┘          ⋮            └─────────┘
                ストレス評価を                    再評価を喚起する
                   抑制する                       不適応的反応を抑制する
                                                  適応的な対処を促進する
```

**図 8-4 心理的ストレス過程におけるソーシャルサポートの影響**（Cohen & Wills, 1985）

デル化は，心理社会的資源としてのソーシャルサポートの位置づけとも合致している．浦（2009）は，特に前者の機能を実証する最近のいくつかの研究を，神経科学的観点からのものを含めて紹介している．

### ストレス緩衝効果と直接効果

ソーシャルサポートの効果について実証的な研究の中で数多く取り上げられてきた現象に「ストレス緩衝効果（stress-buffering effect）」がある．ストレス緩衝効果とは，ストレッサーを体験した場合に，もしその人にソーシャルサポートが乏しければ心身の不調に陥りやすいが，もしソーシャルサポートが豊富にあれば健康状態が維持されるというものであり，図 8-5・左のように図式化される．日本でも複数の研究がこのストレス緩衝効果の有無を検討する形で行われ，一定の成果を上げてきた（e.g. Hisata *et al.*, 1990; 福岡・橋本, 1997）．

他方，このストレス緩衝効果の考え方に対して「直接効果」と呼ばれるものがある．ストレス緩衝効果が「ストレッサーが存在する時」のソーシャルサポートの効果を問題にしているのに対して，ストレッサー経験の有無にかかわらずソーシャルサポートは心身の健康や適応に有益である，というのが直接効果の考え方である．実際の研究では，ストレッサー経験のいかんにかかわらずソーシャルサポートが健康や適応の指標と正の相関を示し，ストレッサー経験の水準が低い人でもソーシャルサポートの多寡によって健康度に差が生じる（図 8-5・右を参照），という結果となって現れる．

伝統的にソーシャルサポート研究の中心となってきたのはストレス緩衝効果の考え方であるが，現在では両者は対立的なものではなく，相互補完的にとら

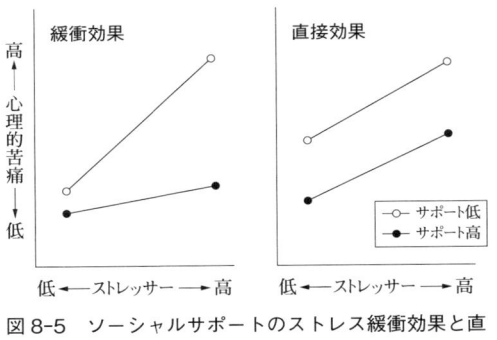

図8-5 ソーシャルサポートのストレス緩衝効果と直接効果の模式図 （福岡，2006）

えられるべきものと考えられている．その理由はいくつかあるが，例えば，旧来より構造的指標あるいはネットワークに関する測度では直接効果が，知覚されたサポート，特に情緒的サポートでは緩衝効果が見出されやすいことが指摘されてきたこと（松井・浦，1998），ストレッサーの水準から両者が共存する現象を説明できること（福岡，2006），さらに直接効果の存在に積極的な理論的意義を見出すことが可能であること（Rhodes & Lakey, 1999）などを挙げることができる．特にRhodes & Lakey（1999）は，初期の理論的研究において，ストレス緩衝効果とは異なるソーシャルサポートに関する多様な見方が含まれていたことを指摘し，その例として，①ソーシャルサポートは人間の基本的欲求を満たす，②親密さやアタッチメントは（ストレス緩衝作用のゆえではなく）それ自体で心理的健康に不可欠である，③ストレスとは有意味な情報の欠如，ソーシャルサポートとはその提供であり，サポートは個人の社会的な適切さ・アイデンティティを保障する，という考え方の存在を指摘している．これに関連する議論として，Baumeister & Leary（1995），Leary & Baumeister（2000）は，進化論的な視点を絡めて所属欲求（need to belong）が人間の基本的な欲求の一つであることを主張している．

ストレス緩衝効果と直接効果の考え方は，日常的な場面およびストレッサー直面時において，サポート・ネットワークや知覚されたサポートを高めるような介入が健康・適応の維持向上に有効であることを示すものである（福岡，2007a．介入に関する議論はCohen et al., 2000も参照）．

### サポートの動員モデル／減衰モデル

前述したストレス緩衝効果の考え方では，ストレッサーとソーシャルサポートは少なくとも概念的には独立であると仮定されている．ストレッサーが生じ

た時に，あらかじめ持っているソーシャルサポートが多いか少ないか，が問題になるというわけである．ところが，現実には必ずしもそうではなく，ソーシャルサポートがストレッサーの生起を左右したり，またストレッサーの生起によってソーシャル・サポートのほうが影響を受けることもある．

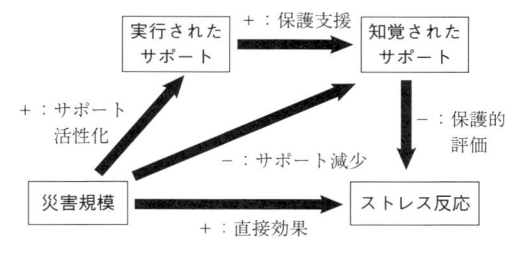

図 8-6 ソーシャル・サポートの減衰防止モデル
（Norris & Kaniasty, 1996 より作成）

このうち，特に後者に該当するものとして，ソーシャルサポートの動員モデル（mobilization model）および減衰モデル（deterioration model）と呼ばれる考え方がある．一般に，ある変数 A が別の変数 B に影響を与え，さらに変数 B の増減が第三の変数 C に影響をおよぼす時，この変数 B のことを（変数 A と C との関係に対する）「媒介変数（mediator）」と呼ぶ（Baron & Kenny, 1986）．動員モデルと減衰モデルは，ストレッサーと心身の健康・適応との関係に対する，媒介変数としてのソーシャルサポートの効果を表す．

ソーシャルサポートの動員モデルとは，ストレッサーに直面した結果，周囲からサポートが提供されるようになる場合を指す．例えば，自然災害の被災者に対して周囲から援助の手が差し伸べられた場合，被災者にとっては災害への直面というストレッサーがもたらした実行されたサポートの増加を意味することになる．他方，ソーシャルサポートの減衰モデルとは，ストレッサーに直面した結果，サポートを提供してくれるべき周囲との関係性が損なわれることにより，結果的に得られるサポートの水準が低下してしまう現象を指す．例えば，病気や災害によって肉親を失ったり，親しい人との関係が壊れたりしてしまった場合，それ自体が当座のストレッサーであると同時に，サポート源の喪失によって長期的にも提供されるサポート量の減少を招くことになる（図 8-6）．

Norris & Kaniasty（1996），Kaniasty & Norris（2001）は，災害が周囲の人たちからのサポート提供を規定し，それがサポートの利用可能性の知覚にも影響する（例えば，サポートを多く受けることができればその後のサポートの利用可能性を高く見積もることができるが，逆に提供されるサポートが乏しければ後のサポートの利

用可能性が低くなる）ことを指摘している．

これら動員モデルおよび減衰モデルの考え方は，研究面から見て，ストレッサーへの直面によって実際にどのような（誰からの，どんな内容の，どの程度の）サポートが提供されており，またどのようなサポートの提供が必要となるのか，に目を向けることの重要性を指摘するものである．同時に，ストレッサーへの対処過程において，実行されたサポートの観点から見た介入の有効性を示唆するものでもあると考えられる．

## 8-5-5 ソーシャルサポートがネガティブな影響をおよぼす場合

8-5-4 で，ソーシャルサポートが心身の健康や適応によい効果をもたらすメカニズムについて述べてきた．ところが，皮肉なことにソーシャルサポートがかえって悪影響をおよぼす可能性も，実際には存在する．福岡（2007a）が述べているように，「ソーシャルサポートが常に有効であるわけではない」ことは，逆説的に，この概念に対する注目を維持させ続けている一つの要因であるかもしれない．

対人ストレスとソーシャルサポートを対比させながら論じた著書の中で，橋本（2005）は，ソーシャルサポートの有効性が減じられるいくつかの条件の一つとして，「送り手はサポートのつもりで行った対人的相互作用が，受け手にはネガティブに評価される」ことの持つ危険性を指摘している．送り手に悪意がないことは，受け手にとってはかえって対応に苦慮する事態を招くかもしれない．加えて，もし期待するサポート効果が得られないばかりか受け手からネガティブな反応が寄せられたなら，送り手側は困惑し，受け手と送り手の長期的な関係性をも悪化させてしまうかもしれない．

Wortman & Lehman（1985）は，サポートの送り手の観点から，ストレス状況にある他者に直面した際に，結果として不適切なサポートを行ってしまう可能性をモデル化している（図 8-7）．彼らによれば，サポートの潜在的な送り手は，本来持つべきでないネガティブな感情を抑えるために率直な感情表出が難しくなったり，適切なサポートの経験がないためにむやみな励ましをしてしまったり，逆に過剰で細かすぎるサポートをしてしまったりすることで，受け手

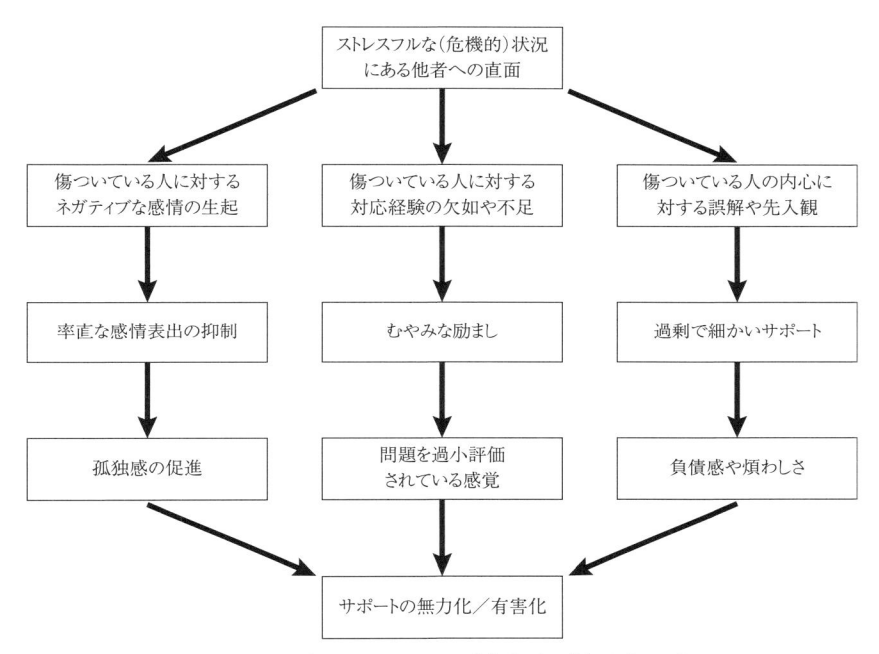

```
        ┌─────────────────────┐
        │ ストレスフルな(危機的)状況│
        │   にある他者への直面    │
        └─────────────────────┘
          ↙        ↓         ↘
┌──────────┐ ┌──────────┐ ┌──────────┐
│傷ついている人に対する│ │傷ついている人に対する│ │傷ついている人の内心に│
│ネガティブな感情の生起│ │対応経験の欠如や不足│ │対する誤解や先入観│
└──────────┘ └──────────┘ └──────────┘
     ↓            ↓            ↓
┌──────────┐ ┌──────────┐ ┌──────────┐
│率直な感情表出の抑制│ │ むやみな励まし │ │過剰で細かいサポート│
└──────────┘ └──────────┘ └──────────┘
     ↓            ↓            ↓
┌──────────┐ ┌──────────┐ ┌──────────┐
│ 孤独感の促進  │ │問題を過小評価  │ │負債感や煩わしさ│
│          │ │されている感覚  │ │          │
└──────────┘ └──────────┘ └──────────┘
          ↘        ↓         ↙
        ┌─────────────────────┐
        │  サポートの無力化／有害化  │
        └─────────────────────┘
```

**図 8-7 サポート意図にもかかわらず介入が不適切となるプロセス**
(Wortman & Lehman, 1985; 橋本, 2005 より作成)

にネガティブな感情を抱かせ,結果的にサポートが有益でなくなる場合があるという.

また,浦(2009)は先行研究のレビューから,サポートが受け手を結果的に傷つけてしまう事態を招く原因として,サポートの「可視性」「期待との不一致」「正当性のなさ」の三つを挙げている.「可視性」とは提供されるサポートが受け手にとってまさに「サポートである」と認識される度合のことであり,可視性が高いサポートほど受け手にとって情緒的なコストが大きくなる(例えば,送り手が自分の能力が低いと見なしているように感じる)という(Bolger *et al.*, 2000; Bolger & Amarel, 2007).「期待との不一致」とは文字通り期待した水準でのサポートが得られないことを指す.稲葉(1998)は,サポートへの期待が大きいほど,またサポートの提供が規範化されているほど,その欠如は潜在的なサポートの受け手に不満や心理的苦痛を生じさせるという「文脈モデル」を提唱

しており，中村・浦（2000）は大学新入生を対象とした縦断的研究でこのモデルを検証している．なお，中村らの研究では期待以上に多くのサポートを友人から受けた場合も健康状態が悪化することが報告されており，浦（2009）はこれを上方比較による無力感の生起（本来対等であるべき友人からサポートが提供されることで，自分自身が劣っているという認識を持たざるを得なくなる）という観点から説明している．最後に「正当性のなさ」とは，サポートを提供するに相応しい人であると受け手に見なされるかどうかという問題である．菅沼・浦（1997）は，友人とペアで課題に取り組む際に友人から何らかの言葉をかけられる，という実験室的な方法により，この問題を検証している．

　本項で紹介した「サポートのネガティブな影響」の可能性は，とりわけストレッサーに直面した人を支えようとする人にとって極めて重大な問題であり，日常的な対人関係においてもまた臨床的な介入においても十分に留意しなくてはならない．

## 8-5-6　人が人を支える

　ソーシャルサポート研究は，過去30年以上にわたって「人が人を支える」という人間のいわば基本的な営みをめぐって行われてきた．言うまでもないことであるが，この「人が人を支える」という行為は，日常的な人間関係と心理臨床場面の人間関係に通底する問題である．このことは，ソーシャルサポート研究の視座が，社会心理学的にも臨床心理学的にも意味を持つことを示している．

　本節では主に社会心理学的な観点からの研究動向を紹介したが，より実践的・臨床的な研究も行われてきている（例えば，田中・上野，2002）．今後，両者の相互リンクをさらに進展させていく必要がある．

## 8-6　社会心理学の臨床的ふだん使い2：ソーシャルサポート

### 8-6-1　心理療法とソーシャルサポート　　　　　　　　　　　伊藤絵美

　心理療法でソーシャルサポートについて検討する場合，以下の2点に分けて考えると整理しやすい．一つは，日常生活においてクライエントを取り巻くソーシャルサポートであり，もう一つが心理療法それ自体におけるソーシャルサポートである．

**クライアントを取り巻くソーシャルサポートについて**
　心理療法では，まずクライアントの抱える問題や困りごとをアセスメントすることから始める．筆者が志向する認知行動療法の場合，①クライアントを取り巻く環境的要因（ストレッサー），②それに対するクライアントの反応，の相互作用をとらえた上で，②の反応を，認知，気分・感情，身体反応，行動の4領域に分け，それらと環境要因を合わせた5領域の間において生じている悪循環を把握し，ツールに外在化することがアセスメントの一環として行われる．図8-8は，筆者が日常的に用いている認知行動療法のアセスメント・シートである．
　図8-8の上部が認知行動療法の基本モデルであり，ここに悪循環が記載される．しかしどのクライアントも悪循環にやられっ放しになっているわけではなく，悪循環から抜け出すために何らかの工夫を試みていたり，他者からのサポートを受けていたりするはずである．そこで図8-8の下部に，それらのコーピングやサポート源を記載する欄を設け，それらを含めて問題の全体像を把握しようとするのである．図8-8の上部に似たような悪循環が同定されたとしても，それから脱出するためのコーピングやソーシャルサポートを豊富に持っている人といない人では，状態や予後が異なる可能性が高いし，コーピングやサポート源まで含めて理解すると，より問題の全体像に接近できると思われるからである．実際，コーピングやサポート源をクライアントと一緒に共有し，書き出

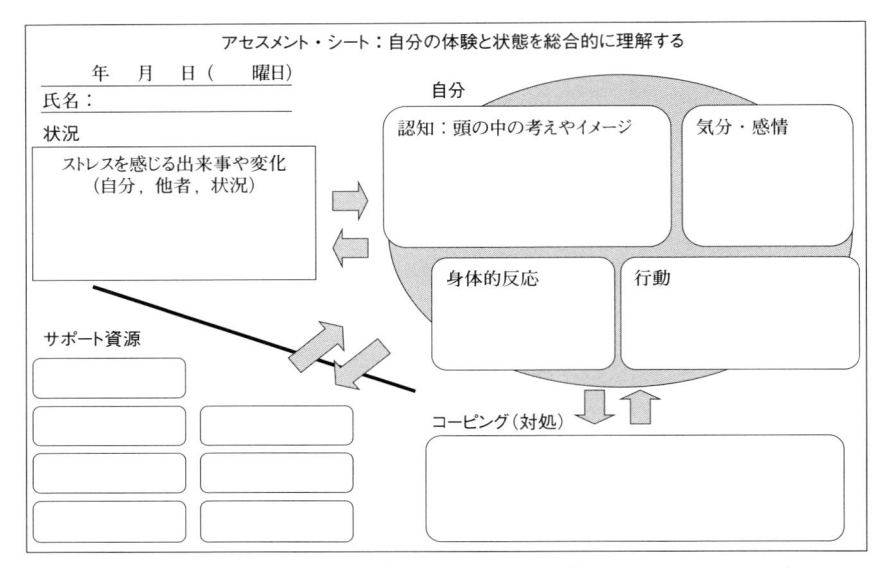

**図8-8 アセスメント・シート**（© 洗足ストレスコーピング・サポートオフィス）

すことによって，クライアント自身の自己理解も進み，アセスメントの質が高まるということを，筆者は日々経験している．

　8-5を読んでまず考えたのは，筆者はこれまでサポート源を思いつくままにクライアントに挙げてもらい，それを書き出すにとどめていたが，挙げられたソーシャルサポートがストレッサーとどう関連しているか（評価過程に関連するのか，心身の反応に関連するのか），サポートの効果は直接的か緩衝的か，動員モデルおよび減衰モデルでとらえると何が言えるか，といったことまで，きめ細かく検討することが，アセスメントの質やクライアントの自己理解をさらに高めるために有効だろう，ということである．特にトラウマの問題を抱えるケースの場合，トラウマをめぐる立場や意見の齟齬から，当事者と周囲の関係が悪化し，当事者が受けられるサポートの水準が低下し，その結果，クライアントの状態がさらに悪化するという，ソーシャルサポートまでをも巻き込んだ悪循環が起きることが少なくない．このような現象を関係者と共有する際，セラピストが「動員モデル／減衰モデル」を知っており，専門的な知見に基づいて心理教育を行うことができれば，悪循環解消の一助になるのではないかと思う．

### 心理療法それ自体におけるソーシャルサポートについて

心理療法，特に個人療法では，セラピスト自身が，クライアントにとっての「よきソーシャルサポート」として機能する必要がある．またセラピストは時に家族面接や上司面接などを行い，クライアントを取り巻く周囲の人々に，「よきソーシャルサポート」としていかに機能してもらうか，という取り組みを行う場合がある．それらの場合，いずれにせよ，8-5 に挙げられた様々な概念をセラピストが知っておくことで，セラピスト自身や周囲の人々が，クライアントに対してどのように役立っているか，もしくは役立っていないかを，きめ細かく検討することができ，それは必ず心理療法の進行にプラスに働くだろう．中でもサポートがうまくいっていない場合，それがどのようにうまくいっていないかを検討・分析することは不可欠で，その際，8-5-5 で紹介された図 8-7 は非常に役に立つと思われる．

最後に，8-5-5 で論じられている「ソーシャルサポートがネガティブな影響をおよぼす場合」というのは，心理療法においては非常に重要なテーマであると思われる．特に重篤な強迫性障害や社会不安障害，種々のパーソナリティ障害（特に境界性パーソナリティ障害，回避性パーソナリティ障害，依存性パーソナリティ障害）は，ソーシャルサポートが豊富にあることが，むしろ回復の妨げになり得るからである．その意味でも，「ほどよいソーシャルサポートのありよう」について，実証的な研究からさらなる知見が提示されると，現場の心理臨床家としてはたいへんありがたいと思うのだが，いかがだろうか．

## 8-6-2　人間関係の中で生きる「人」

杉山　崇

「人」は人間関係の中で生きる存在であることは臨床心理学の文脈でも様々な形で扱われている．例えば，Klein に影響を与えたことで知られるフェレンツィ（2007）は，傷ついた「大人の中の子ども」が存在感のある他者による共感によって癒されることを指摘し，また心理療法という特殊な空間に限らない「日常的な存在」としての人間の治療的価値についても言及している．日常生活の情緒的サポートの意義に言及する指摘の一つと思われる．このような言及

は経験科学的資料に基づいたものだが，社会心理学におけるソーシャルサポートの研究は実証科学的な資料に基づいており，両者は補完的であってほしいと筆者は考えている．

またソーシャルスキルがストレス過程の認知的評価と対処で十分に機能していればストレス反応はかなり軽減される．ただし，臨床的には実生活のソーシャルサポートの機能が不十分なので来談に至る場合もあると思われる．ソーシャルサポートは「構造より機能」と指摘されているので，どのようなサポートが不足しているのか丁寧なアセスメントを心がけ，心理臨床家自身が治療構造の限界の中で十全に「機能」するように配慮したい．8-5-2の表8-3はそのための参考になると思われる．

### ソーシャルサポートとパーソナリティ

他者を同定しないソーシャルサポートの測定はパーソナリティの測定に近いとの指摘にあるように，サポート源や実際に受けたサポートの認知は個人の自己―他者関係に関するスキーマ（近藤，1994はこれを自己―他者体系と呼んでいる）の影響を受けると思われる．面接場面ではクライアントの発話から置かれている状況や環境をアセスメントすることになるので，筆者は参与観察においてアタッチメント・スタイルや被受容感などクライエントの自己―他者体系に関係するパーソナリティに注意している．8-3によるとこのような注意はソーシャルサポートの実証研究と照らしても妥当性があるように思えることが心強い．

### 心理―社会過程モデル

またソーシャルサポートを得にくいパーソナリティ，ソーシャルネットワークをストレスフルにするパーソナリティも心理臨床では考慮する必要がある．そこで筆者は2002年以降「心理―社会過程モデル」というアセスメント・モデルを作成して，パーソナリティと人間関係のダイナミズムをとらえられないかと試みた．

例えば，日常生活で感じた自己への不全感から自己注目が高まると気分一致効果の影響で自己のネガティブな側面を考え続ける．自己没入傾向が高い個人の場合，認知資源の多くが自己のネガティブな情報の処理に奪われてしまう．

仮にサポーティブな他者やサポートの提供が身近にあってもうまくコンタクトできないかもしれない．また他者に配慮する余裕も失うと思われるので，森脇ら（2002）の指摘する不適切な自己開示やJoinerら（1999）の指摘する再保証の希求など配慮に欠ける行動や態度が増えると思われ，必然的に他者の感情を害する可能性が高まるだろう（心理教育では筆者はこの状態を「痛いKY（空気が読めない）」と呼んでいる）．

　他者の感情を害した結果として他者から疎まれやすくなり，ソーシャルサポートを受けるチャンスを失うばかりか，ソーシャルネットワークそのものがストレスフルになる可能性もある．すると，さらに不全感が増してこの過程を繰り返してしまう．繰り返される個人の言動は一種のパーソナリティに見えるだろうし，臨床ではこの繰り返される言動やそこに伴う情緒を対象とすることも少なくない．例えば，自己没入傾向は他者から疎まれているという感じ方（被拒絶感）と関連があることが指摘されているが，他者からサポートを得られない状況とサポートを知覚しにくいパーソナリティの循環がその背景として考えられる．

## 個人のダイナミックなアセスメントと面接に向けて

　このように心理臨床では，ソーシャルサポートが個人のパーソナリティに影響を与える可能性も考慮してアセスメントを行うことが効果的な場合もあると思われる．実際の活用としては，心理―社会過程という一種のメタ認知を持つ余裕がある成人の場合はアセスメント内容を共有して，クライアントの望む心理―社会過程に向けて話し合う場合もある．学校臨床や教育相談では環境への影響力のある成人（教師，保護者など）と連携して，アセスメント内容を基に手立てを検討する場合もある．このほかにも心理教育など様々な活用が考えられるが，臨床的な状態像を個人のパーソナリティに還元せずにソーシャルサポートを含めてダイナミックなアセスメントを行うように心がけたい．

　最後に8-5-5の図8-7は心理臨床家の「べからず集」のように思われた．筆者自身が肝に銘じるとともに，次世代の心理臨床家育成にも活用できるのではないかと感じている．

## 8-7 臨床的ふだん使い2:ソーシャルサポートへのコメント

### 8-7-1 臨床から

西井克泰

　伊藤は，クライアントの日常生活におけるソーシャルサポートに注目したアセスメントを冒頭で紹介している (8-6-1)．これ自体にクライアントの自己理解をもたらすという狙いがあり，そこに伊藤の臨床実践の一端をうかがうことができる．次に，心理療法それ自体における，つまり認知行動療法場面におけるソーシャルサポートでは，実証的研究の成果を知ることで，クライアントにどのように役立っているのか，役立っていないのか，きめ細かく検討できると述べる．つまり，伊藤の言うふだん使いとは，「セラピスト自身が，クライアントにとっての『よきソーシャルサポート』として機能する」という点に集約されてくる．

　杉山の場合，臨床的ふだん使いの冒頭で，実証科学と経験科学との補完性を取り上げている (8-6-2)．これは，クライアントにとって日常生活での情緒的サポートがいかに大切であるか，そのために重視すべき人間関係を Ferenczi の言葉を引用して強調したかったのであろう．次に，パーソナリティとソーシャルサポートとの関連性を指摘した後，「心理―社会過程モデル」というアセスメント・モデルによって，パーソナリティ（個人）と人間関係（社会）のダイナミズムをとらえる試みが述べられる．実際には，アセスメント内容を共有して，クライアントの望む心理―社会過程に向けて話し合いを行う．要は，ソーシャルサポートを生かすことと，ダイナミックなアセスメントということが並行して実践されることを，杉山は目指しているようである．

#### 心理臨床場面におけるサポート

　心理臨床場面で，クライアントが自らの症状や悩みを語る時，その内容は主観性を帯びている．この主観性こそが症状や悩みを形成していると言える．他

方，この主観性は，治癒や解決への道を切り開く源でもある．セラピストがクライエントの主観性へどのように接するか，それが心理臨床場面のサポートのありようとなる．その意味で，心理臨床場面へ日常のソーシャルサポートが生かせるとは限らないし，実証的研究の成果が単純に通用するものでもない．

しかし，認知行動療法の場合は，クライエントの客観的レベルにアプローチしようとするので，実証的データが直接適用可能となっている．伊藤はこの点が徹底している．杉山は折衷的あるいは統合的な立場から補完性を目指そうとする．

**認知行動療法の質的検討**

認知行動療法家は，エビデンス・ベーストの技法を駆使する技術者を目指しているわけではないだろう．録画やワークブックを用いた独習よりも，生身の人間同士が「いま・ここ」で関わりあうほうが，はるかにセラピーとして効果があることに異論はないと思われる．そこには，クライエントの刻々とした変化にあわせ，応答するセラピストの存在があるからではないだろうか．社会との関係に悩みを抱えたクライエントにとって，セラピストとの関係の体験は，社会へ適応し，つながっていくために重要である．

前述したように，心理臨床場面におけるサポートは，ソーシャルサポートという量的なものでは説明しつくせない質的な次元を有する．それでもなお，質的なものを排除し量的なアプローチを拡大徹底していくのか．量的なものと質的なものとの統合を試み，適用範囲を少しでも広げようとするのか．これは認知行動療法の効用と限界にもつながる大きな問題を内包しているだけに，「臨床的ふだん使い」の中に伊藤と杉山の対照的な見解が示されたことは，たいへん印象深いものとなった．

## 8-7-2　基礎から　　　　　　　　　　　　　　　　　　福岡欣治

ソーシャルサポート研究の基礎的知見について，臨床実践に活かす方向でのコメントを得たことには，筆者にとって大きな意味を持っている．なぜなら，筆者は心理臨床家ではないが，ソーシャルサポート研究に関心を持つ中で，そ

れが「実際に，誰のために，どのように」有益であり得るかということに注意を向けざるを得ないと感じてきたし，同時に，その問いに十分答えられていないことに反省の念を抱いてきたからである．もちろん，今後その取り組みをさらに発展させていかねばならないのは言うまでもない．

伊藤はソーシャルサポートを，クライアントの日常生活を支えるものと心理療法それ自体におけるものに分けて言及している（8-6-1）．筆者はソーシャルサポートを専門家によるサポートと対比させてとらえているため（福岡，2007），「セラピスト自身がよきソーシャルサポートとなる」という表現の使用には慎重である．しかしながら，セラピストもまた，ある時点においてクライアントを取り巻く人間関係の一部であることに間違いはない．それゆえ，その人間関係が，全体としてクライアントの回復に向けてポジティブな影響力をおよぼすように配慮すべきである，という趣旨の伊藤のコメントには意を強くさせられた．

伊藤と杉山は，ともにパーソナリティないしパーソナリティ障害とソーシャルサポートの関連に言及している．筆者はかつて過度の依存性がサポートの受領や活用を妨げること，互恵性の観点からみた「一方的な受け手になること」の持つ適応へのネガティブな影響などに言及したことがある（福岡，2005）が，おそらくこれらは伊藤，杉山の問題意識と重なりを持つであろう．杉山の「心理―社会過程モデル」（8-6-2）を構成する要素の一つでもあるソーシャルサポートを，パーソナリティを含めた諸変数との相互関連の中に位置づけることも必要である．

伊藤，杉山のコメントは，筆者にとって，心理臨床家としてのソーシャルサポート概念活用の一例であると同時に，基礎研究への新たな示唆を含むものであると感じられた．基礎と臨床の両面で，ソーシャルサポートの概念が今後さらに重要なものとなることを期待したい．

学習を進めるための参考図書
〈社会心理学全般〉
　社会心理学の教科書には臨床に役に立つことがたくさん書かれている．いろいろな本を手に取ってみて，気に入ったものを1，2冊，手元に置いてほしい．臨床心理学と社会心理学との接点について「臨床社会心理学」と呼ばれる領域があり，以下のような書籍が参考になる．丹野・坂本（2001）は臨床心理学の入門書であるが，社会心理学的な視点から解説されている．専門書としては，コワルスキ＆リアリー（2001）があり，読み応えも内容も十分である．日本での臨床社会心理学の研究や実践をまとめたものとして坂本ら（2007）や田中・上野（2002）がある．

コワルスキ，R. M., & リアリー，M. R. 安藤清志・丹野義彦（監訳）（2001）．臨床社会心理学の進歩——実りあるインターフェイスをめざして　北大路書房：臨床社会心理学の研究と実践が進んでいる海外でまとめられた専門書である．社会心理学を専攻にする人にも読み応えがある．

坂本真士・佐藤健二（編著）（2004）．初めての臨床社会心理学　有斐閣：「臨床社会心理学」の入門書である．臨床に関わる社会心理学のテーマについて平易に記述されている。社会心理学になじみのない方はまずこれを読んでみるとよい．

坂本真士・丹野義彦・安藤清志（編著）（2007）．臨床社会心理学　東京大学出版会：臨床心理学と関連する社会心理学のテーマについて書かれた良書である．また，抑うつについては，坂本真士ほか（編）『抑うつの臨床心理学』（東京大学出版会，2005）にも社会心理学からのアプローチがまとめられている．

田中共子・上野徳美（編）（2002）．臨床社会心理学——その実践的展開をめぐって　ナカニシヤ出版：臨床社会心理学というと基礎的・理論的な本が多かったが，本書は社会心理学が実践にどのように役に立つのかを論じた良書である．社会心理学の実践面について知りたい方に特に薦める．

丹野義彦・坂本真士（2001）．自分の心からよむ臨床心理学入門　東京大学出版会：精神疾患のうち，抑うつ，不安，統合失調症（主に妄想）を取り上げ，どのようにしてその状態になるのかを社会心理学の視点から説明した入門書である．

〈自己注目〉
押見輝男（1992）．自分を見つめる自分——自己フォーカスの社会心理学　サイエンス社：自己注目についての基礎的な事項がわかりやすく説明されている．入門書として最適．

坂本真士（2009）．ネガティブ・マインド　中央公論新社：抑うつや不安の根底にある認知の仕組み（「ネガティブ・マインド」）について平易に解説している．抑うつの症状・尺度や疫学調査といった基礎事項，抑うつの軽減に関する認知行動的技法についてもふれられており，参考になる．

〈ソーシャル・サポート〉
橋本　剛（2005）．ストレスと対人関係　ナカニシヤ出版：対人ストレスとの対比という視点からソーシャルサポートに関する従来の研究成果を概説している．情報量が多く網羅的な解説がなされている．

松井　豊・浦　光博（編著）（1998）．対人行動学研究シリーズ7　人を支える心の科学　誠信書房：援助行動とソーシャルサポートの研究者が寄稿しており，理論的な整理がよくなされている．

水野治久・谷口弘一・福岡欣治・古宮　昇（編著）（2007）．カウンセリングとソーシャルサポート——つながり支えあう心理学　ナカニシヤ出版：ソーシャルサポートに関連する話題が多面的に解説されており，研究の広がりと研究者によるこの概念に対するスタンスの違いが理解できる．

浦　光博（1992）．セレクション社会心理学8　支えあう人と人——ソーシャル・サポートの社会心理学　サイエンス社：ソーシャルサポートに関する初期の研究をわかりやすく解説した入門書．

浦　光博（2009）．セレクション社会心理学25　排斥と受容の行動科学——社会と心が作り出す孤立　サイエンス社：現代の社会状況を意識して「排斥と孤立」に主眼がおかれているが，その対立概念としてのソーシャルサポートに関する近年の基礎研究が数多く紹介されており，2000年以降の研究動向を知るのに役立つ．

## 引用文献

安藤清志（1995）．社会心理学の視点　安藤清志・大坊郁夫・池田謙一　現代心理学入門4　社会心理学　岩波書店　pp. 2-14.
Antonucci, T. C. (1985). Social support: Theoretical advances, recent findings and pressing issues. In I. G. Sarason, & B. R. Sarason (Eds.), *Social support: Theory, research, and applications*. Martinus Nijoff. pp. 21-37.
Baron, R. M., & Kenny, D. A. (1986). The moderator-mediator variable distinction in social psychological research: Conceptual, strategic, and statistical considerations. *Journal of Personality & Social Psychology*, **51**, 1173-1182.
Baumeister, R. F., & Leary, M. R. (1995). The need to belong: Desire for interpersonal attachments as a fundamental human motivation. *Psychological Bulletin*, **117**, 497-529.
Bolger, N., & Amarel, D. (2007). Effects of social support visibility on adjustment to stress: Experimental evidence. *Journal of Personality & Social Psychology*, **92**, 458-475.
Bolger, N., Zuckerman, A., & Kessler, R. C. (2000). Invisible support and adjustment to stress. *Journal of Personality & Social Psychology*, **79**, 953-961.
Bower, G. H. (1981). Mood and memory. *American Psychologist*, **36**, 129-148.
Caplan, G. (1974). *Support systems and community mental health*. Behavioral Publications.（近藤喬一・増子　肇・宮田洋三（訳）1979　地域ぐるみの精神衛生　星和書店）
Carver, C. S., & Scheier, M. F. (1978). Self-focusing effects of dispositional self-consciousness, mirror presence, and audience presence. *Journal of Personality and Social Psychology*, **36**, 324-332.
Carver, C. S., & Scheier, M. F. (1981). *Attention and self-regulation: A control theory approach to human behavior*. Springer-Verlag.
Cobb, S. (1976). Social support as a moderator of life stress. *Psychosomatic Medicine*, **38**, 300-314.
Cohen, S., & Hoberman, H. M. (1983). Positive events and social supports as buffers of life change stress. *Journal of Applied Social Psychology*, **13**, 99-125.
Cohen, S., & Syme, S. L. (1985). Issues in the study and application of social support. In S. Cohen, & S. L. Syme (Eds.), *Social support and health*. Academic Press. pp. 3-22.
Cohen, S., & Wills, T. A. (1985). Social support and the buffering hypothesis. *Psychological Bulletin*, **98**, 310-357.
Cohen, S., Underwood, L. G., & Gottlieb, B. H. (2009). *Social support measurement and intervention: A guide for health and social scientists*. Oxford University Press.
Coyne, J. C. (1976). Toward an interactional description of depression. *Psychiatry*, **39**, 28-40.
Dakof, G. A., & Taylor, S. E. (1990). Victims' perception of social support: What is helpful from whom? *Journal of Personality & Social Psychology*, **58**, 80-89.
Duval, S., & Wicklund, R. A. (1972). *A theory of self-awareness*. Academic Press.
Fenigstein, A., & Levine, M. P. (1984). Self-attention, concept activation, and the causal self. *Journal of Experimental Social Psychology*, **20**, 231-245.
Fenigstein, A., Scheier, M. F., & Buss, A. H. (1975). Public and private self-consciousness: Assessment and theory. *Journal of Consulting & Clinical Psychology*, **43**, 522-527.
フェレンツィ，S.　森　茂起・大塚紳一郎・長野真奈（訳）（2007）．精神分析への最後の貢献――フェレンツィ後期著作集　岩崎学術出版社
福岡欣治（2000）．ソーシャル・サポート内容およびサポート源の分類について　日本心理学会第64回大会発表論文集，144.
福岡欣治（2005）．日常的な関係の中での支え合いが，うまくいかないとき――ソーシャル・サポート研究から　日本心理学会第69回大会発表論文集，W36.
福岡欣治（2006）．ソーシャル・サポート研究の基礎と応用――よりよい対人関係を求めて　谷口弘一・福岡欣治（編著）対人関係と適応の心理学――ストレス対処の理論と実践　北大路書房

pp. 97-115.
福岡欣治（2007a）．ソーシャル・サポート　坂本真士・丹野義彦・安藤清志（編著）臨床社会心理学　東京大学出版会　pp. 100-122.
福岡欣治（2007b）．ソーシャルサポートとは何か——理論的導入　水野治久・谷口弘一・福岡欣治・古宮　昇（編著）カウンセリングとソーシャルサポート——つながり支えあう心理学　ナカニシヤ出版　pp. 17-33.
福岡欣治・橋本　宰（1997）．大学生と成人における家族と友人の知覚されたソーシャル・サポートとそのストレス緩和効果　心理学研究，**68**, 403-409.
橋本　剛（2005）．ストレスと対人関係　ナカニシヤ出版
久田　満（1987）．ソーシャル・サポート研究の動向と今後の課題　看護研究，**20**, 170-179.
Hisata, M., Miguchi, M., Senda, S., & Niwa, I. (1990). Childcare stress and postpartum depression: An examination of the stress-buffering effect of marital intimacy as social support. *Research in Social Psychology*, **6**, 42-51.
Holmes, T. H., & Rahe, R. H. (1967). The social readjustment rating scale. *Journal of Psychosomatic Research*, **11**, 213-218.
House, J. S. (1981). *Work stress and social support*. Adison-Wesley.
稲葉昭英（1998）．ソーシャル・サポートの理論モデル　松井　豊・浦　光博（編）対人行動学研究シリーズ7　人を支える心の科学　誠信書房　pp. 151-175.
Ingram, R. E. (1990). Self-focused attention in clinical disorders: Review and a conceptual model. *Psychological Bulletin*, **107**, 156-176.
Ingram, R. E., & Hollon, S. D. (1986). Cleaning up cognition in depression: An information processing perspective on cognitive therapy of depression. In R. E. Ingram (Ed.), *Information processing approaches to psychopathology and clinical psychology*. Academic Press. pp. 259-281.
Ingram, R. E., & Kendall, P. C. (1986) Cognitive clinical psychology: Implications of an information processing perspective. In R. E. Ingram (Ed.), *Information processing approaches to psychopathology and clinical psychology*. Academic Press. pp. 3-21.
伊藤絵美（2007）．臨床心理学からみた臨床社会心理学——認知行動療法の実践から考える　坂本真士・丹野義彦・安藤清志（編著）臨床社会心理学　東京大学出版会　pp. 205-213.
Kaniasty, K., & Norris, F. H. (2001). Social support dynamics in adjustment to disasters. In B. Sarason & S. Duck (Eds.), *Personal relationships: Implications for clinical and community psychology*. John Wiley. pp. 201-224.
近藤邦夫（1994）．教師と子どもの関係づくり　東京大学出版会
Lazarus, R. S., & Folkman, S. (1984). *Stress, appraisal, and coping*. Springer.
Leary, M. R. (1998). The social and psychological importance of self-esteem. In R. M. Kowalski & M. R. Leary (Eds.), *The social psychology of emotional and behavioral problems*. American Psychological Association. pp. 197-221.
Leary, M. R., & Baumeister, R. F. (2000). The nature and function of self-esteem: Sociometer theory. In M. P. Zanna (Ed.), *Advances in experimental social psychology* (Vol. 32). Academic Press. pp. 1-62.
Lowenthal, M. F., & Haven, C. (1968). Interaction and adaptation: Intimacy as a critical variable. *American Sociological Review*, **33**, 20-29.
松井　豊・浦　光博（編）（1998）．対人行動学研究シリーズ7　誠信書房
McFarland, C., Buehler, R., von Ruti, R., Nguyen, L., & Alvaro, C. (2007). The impact of negative moods on self-enhancing cognitions: The role of reflective versus ruminative mood orientations. *Journal of Personality & Social Psychology*, **93**, 728-750.
Menninger, K. A. (1930). *The human mind*. A. A. Knopf.（草野栄三郎（訳）（1950-51）．人間の心　上・下　日本教文社）
Mitchel, J. C. (1969). *Social networks and urban situations*. Manchester University Press.

森脇愛子・坂本真士・丹野義彦（2002）．大学生における自己開示の適切性，聞き手の反応の受容性が開示者の抑うつ反応に及ぼす影響――モデルの縦断的検討　カウンセリング研究，**35**, 229-236.

中村佳子・浦　光博（2000）．適応および自尊心に及ぼすサポートの期待と受容の交互作用効果　実験社会心理学研究，**39**, 121-134.

Norris, F. H., & Kaniasty, K.（1996）. Received and perceived social support in times of stress: A test of the social support deterioration deterrence model. *Journal of Personality & Social Psychology*, **71**, 498-511.

小沢牧子（2002）．「心の専門家」はいらない　洋泉社

Pyszczynski, T., & Greenberg, J.（1987）. Self-regulatory perseveration and the depressive self-focusing style: A self-awareness theory of reactive depression. *Psychological Bulletin*, **102**, 122-138.

Rhodes, G. L., & Lakey, B.（1999）. Social support and psychological disorder: Insight from social psychology. In R. M. Kowalski & M. R. Leary（Eds.）, *The social psychology of emotional and behavioral problems: Interfaces of social and clinical psychology*. American Psychological Association. pp. 281-309.

坂本真士（1997）．自己注目と抑うつの社会心理学　東京大学出版会

Sakamoto, S.（1998）. The preoccupation scale: Its development and relationship with depression scales. *Journal of Clinical Psychology*, **54**, 645-654.

Sakamoto, S.（1999）. A longitudinal study of the relationship of self-preoccupation with depression. *Journal of Clinical Psychology*, **55**, 109-116.

Sakamoto, S.（2000a）. Self-focus and depression: The three-phase model. *Behavioural & Cognitive Psychotherapy*, **28**, 45-61.

Sakamoto, S.（2000b）. Self-focusing situations and depression. *Journal of Social Psychology*, **140**, 107-118.

坂本真士（2005）．社会心理学と認知行動療法　理論心理学研究，**7**, 53-56.

坂本真士（2007a）．基礎学としての社会心理学　杉山　崇・前田泰宏・坂本真士（編著）これからの心理臨床――基礎心理学と統合・折衷的心理療法のコラボレーション　ナカニシヤ出版　pp. 40-57.

坂本真士（2007b）．「対人認知」からの解釈――自己開示と自己意識　杉山　崇・前田泰宏・坂本真士（編著）これからの心理臨床――基礎心理学と統合・折衷的心理療法のコラボレーション　ナカニシヤ出版　pp. 164-166.

坂本真士・安藤清志・丹野義彦（2007）．臨床社会心理学は何をめざすのか　坂本真士・丹野義彦・安藤清志（編著）臨床社会心理学　東京大学出版会　pp. 3-26.

Sarason, B. R., Shearin, E. N., & Pierce, G. R.（1987）. Interrelations of social support measures: Theoretical and practical implications. *Journal of Personality & Social Psychology*, **52**, 813-832.

Sarason, I. G., Levine, H., Basham, R. B., & Sarason, B. R.（1983）. Assessing social support: The Social Support Questionnaire. *Journal of Personality & Social Psychology*, **49**, 469-480.

Scheier, M. F.（1976）. Self-awareness, self-consciousness, and angry aggression. *Journal of Personality*, **44**, 627-644.

Sedikides, C.（1992a）. Attentional effects on mood are moderated by chronic self-conception valence. *Personality & Social Psychology Bulletin*, **18**, 580-584.

Sedikides, C.（1992b）. Mood as a determinant of attentional focus. *Cognition & Emotion*, **6**, 129-148.

Smith, T. W., & Greenberg, J.（1981）. Depression and self-focused attention. *Motivation & Emotion*, **5**, 323-331.

菅沼　崇・浦　光博（1997）．道具的行動と社会情緒的行動がストレス反応と課題遂行に及ぼす効果――リーダーシップとソーシャル・サポートの統合的アプローチ　実験社会心理学研究，**37**, 138-149.

杉山　崇（2002）．抑うつにおける「被受容感」の効果とそのモデル化の研究　心理臨床学研究，**19**, 598-597.
杉山　崇（2007）．村瀬孝雄の基礎学論再考――心理臨床における「基礎」はいかにあるべきか？　杉山　崇・前田泰宏・坂本真士（編）これからの心理臨床――基礎心理学と統合・折衷的心理療法のコラボレーション　ナカニシヤ出版　pp. 21-39.
Swann, W. B. Jr., Wenzlaff, R. M., Krull, D. S., & Pelham, B. W. (1992). Allure of negative feedback: Self-verification strivings among depressed persons. *Journal of Abnormal Psychology*, **101**, 293-306.
田中共子・上野徳美（編著）（2002）．臨床社会心理学――その実践的展開をめぐって　ナカニシヤ出版
丹野義彦・坂本真士（2001）．自分のこころからよむ臨床心理学入門　東京大学出版会
Thoits, P. A. (1982). Conceptual, methodological, and theoretical problems in studying social support as a buffer against life stress. *Journal of Health & Social Behavior*, **23**, 145-159.
Trapnell, P. D., & Campbell, J. D. (1999). Private self-consciousness and the five-factor model of personality: Distinguishing rumination from reflection. *Journal of Personality & Social Psychology*, **76**, 284-304.
浦　光博（1999）．ソーシャル・サポート　中島義明・安藤清志・子安増生・坂野雄二・繁桝算男・立花政夫・箱田裕司（編）心理学辞典　有斐閣　p. 541.
浦　光博（2009）．排斥と受容の行動科学――社会と心が作り出す孤立　サイエンス社
Vaux, A. (1988). *Social support: Theory, research, and intervention*. Praeger.
Watkins, E. R. (2008). Constructive and unconstructive repetitive thought. *Psychological Bulletin*, **134**, 163-206.
Wortman, C. B., & Lehman, D. R. (1985). Reactions to victims of life crisis: Support attempts that fail. In I. G. Sarason & B. R. Sarason (Eds.), *Social support: Theory, research, and applications*. Martinus N;joff. pp. 463-489.
山本和郎（1991）．臨床心理学と社会学，社会心理学的視点　河合隼雄・福島　章・村瀬孝雄（編）臨床心理学大系1　臨床心理学の科学的基礎　金子書房　pp. 212-230.

## コラム4　進化心理学から見た適応

長谷川寿一

　一般に心理学では，適応とは，ある状況において自律神経系によるストレス・コーピングがうまく作動し平穏な状態を保つ望ましいことと見なされるが，進化的時間の中で作られる生物学的適応は，それよりもずっと相対的な概念である．すなわち，ある環境でその形質や行動が生存や繁殖の成功に貢献していれば適応的であると呼ばれるが，時代が変わり，繁殖成功に貢献できなくなってしまえばその形質や行動の適応的意義は失われる．例えば，鳥の翼は，空を飛ぶことに対する適応的形質として素晴らしい進化を遂げてきたが，地上に外敵のいない島に暮らすドードーでは，適応的意義を失った翼はたちまち「退化」してしまった．また，同じ形質や行動であっても，ある環境条件では適応的だが（例：餌がふんだんにある環境では，貪欲に食べることは，すばやく成長し繁殖する上で有利），別の環境条件では非適応的になったり（例：餌が少ない環境では，餌を貪欲に食べる動物は餓死しやすい），文脈によってトレードオフがあったりする（例：求愛のために高らかに鳴く行動は，配偶という文脈では適応的だが，同時に捕食者も引きつけてしまうので生存上は不利になる）．

　心理学的適応にしても，そもそもなぜ適応することが望ましいのかといえば，生体がスムーズに生活していく上で貢献するからであり，究極的には生存や繁殖にどこかで結びついている場合がほとんどであろう．社会適応ができている人は，統計的に見れば，より健康であり，長寿であり，配偶者を見つけやすく，子育ても安定しているだろう．ただし，従来の心理学では，適応を相対化して考えることがほとんどなかったので，適応に関する見方は，どちらかというと一面的だったように思われる．

　その一例が，不適応行動の扱いである．不適応は，臨床心理学や健康心理学において中心的な研究テーマであり，それをいかに改善あるいは治癒させるかが重要な課題である．もちろん，不適応や逸脱行動は，それが重篤な場合や社会的危害を生じかねない場合には，医療や法律に頼ってでも，治すべきものである．しかし，それが軽微な場合には，いわゆる不適応行動のメカニズムや機能を解き明かすにあたっては，より大局的な見地から見直すことも有意義だろう．関連して発熱を例にとると，40度を越すような高熱が続く状態は，治癒すべき病気だが，発熱それ自体は生体の防御反応であり，安易な解熱剤の利用がかえって回復を遅らせる場合がある．このような進化医学の基本的な視点については，ウィリアムズ（2001）を参照されたい．

　抑うつを考えてみると，自傷や自殺未遂を繰り返したりするほど深刻なうつは治療対象であるが，誰もが経験する落ち込みや抑うつ気分には，必ずしも不適応とは言えないポジティブな側面がある（ネシー・長谷川，2002）．異常心理学でも指摘されるように，抑うつ気分には現在進行中の目的を現実的に見直し，体制を立て直す機能がある．逆に抑うつが極端に働かない人を考えると，自己制御が効かずにけがを負いやすかったり，反社会的行為に走ったりする傾向が高まる可能性がある．

　同様に，不安も自律神経系の過活動を引き起こすので「障害」と見なされることが多いが，状況によっては潜在的あるいは明示的な危機状況において，適応的な回避行動を動機づける．例えば，進化的な古環境において広場恐怖を抱くことは，捕食獣や攻撃的な隣接民族からの攻撃を回避する上で適応的だったことだろう．様々な不安について，もしもそれらが作動しなかったらどういう不適応が生じるかを考えてみる必要があるだろう．

## コラム 4　進化心理学から見た適応

　動物心理学においても，例えば神経病理モデルとして被験体を無気力にした場合，それが研究目的通りの不適応反応なのか，あるいは生体にとって悪条件時の適応反応なのかを明確に区別するのは難しい．筆者の専門外ではあるが，うつや不安の適応性，またはそれらを発現させなかった時の不適応性に関する動物実験研究は，非常に興味深いテーマである．

　攻撃性もまた，適応と不適応という単純な二分法では割り切れない二面性を持っている．人間社会では，過剰な攻撃行動は反社会的であり制御が必要とされるが，その対極として攻撃性が低すぎる場合，競争的な事態でうまく対応できない．動物においては，有限な資源（限られた食料や異性，高順位など）をめぐるコンテスト場面では，一般に攻撃性が有利に作用するが，その一方で，攻撃性の高い個体は，致命傷を負いやすかったり，捕食者に狙われやすかったり，免疫機能を犠牲にしたり，よりおとなしい雄を好む雌に敬遠されたりと，様々なコストを負っている．殺人という究極の攻撃行動は，言うまでもなく最大の犯罪であり，それを犯す個人にとってもその償いの大きさを考えれば全くペイしない行為だが，殺人を引き起こす強烈な攻撃的な感情には，当人にとって最も価値を置くものを防衛する動機づけが関連する場合がほとんどである（デイリー＆ウィルソン，1999）．

　このように適応と不適応は，両極では区別可能であるにしても，明確な境界がないスペクトラムを形成している．ヒトの精神障害についても，近年，自閉症スペクトラムのように健常と障害を連続体としてとらえる見解が浸透してきたが，生物学的適応の観点に照らしても妥当なことである．

　進化心理学の適応論的な見方に対しては，すべてを適応で解釈しようとする適応万能論ではないかという批判もしばしばなされる．しかし，適応主義者（adaptationist）と呼ばれる進化学者は，万事を適応で割り切ろうとしているわけではない（オルコック，2004）．例えば，先のドードーの翼の退化のように，進化環境と現代環境のずれを考えると，適応と不適応の関係が逆転することも説明できる．人類の例で言えば，甘味や塩味，脂味に対する嗜好性は，そのような食物が乏しく得難かった古環境では，適応的だったはずである．甘い果実や脂ののった獲物に出会ったら，とりあえず腹いっぱい食べるように感覚器もプログラムされてきた．しかし，同じ感覚器や嗜好性を備えた現代人にとっては，ファストフードをはじめとする現代の食環境が，高血圧や糖尿病など生活習慣病の元凶になっている．農業と牧畜が開始されてからの過去1万年の急速な変化に対して，心と身体の生物学的適応は追いつかない状態にある．さらに近代産業化社会では，食品に限らず人間の生得的な欲望を満たすような様々な商品が開発され，猛烈な勢いで市場に投下され続けている．携帯電話や携帯メールの爆発的な普及は，親しい人と頻繁にコミュニケーションしたいという根深い欲求に見事に適合している．しかし，それによって，いつでもどこでも交信活動が止まらない，情報習慣病とも言うべき，古環境ではありえなかった事態が深刻化している．

　人類は，他の動物にはない豊かで高次な精神世界を手に入れることによって，他者の心を理解して共同体生活を築くことができ，道具や技術を発明して飢餓や病気を克服してきた．心の進化は，今日の人類の繁栄の原動力であり，ヒトを人たらしめた最大の生物学的適応であることは否定しようがない．しかし，心や精神生活の肥大化の副産物としての「心の暴走」が，様々な形で現代社会に大きな影を落としている．深刻な民族対立や宗教をめぐる非寛容，薬物依存や自殺の増加といった精神病理は，文化や歴史の文脈で語られ，研究されることが一般的だが，あわせてその進化要因を考察することも非常に重要である．

**引用文献**

デイリー, M. & ウィルソン, M. 長谷川眞理子・長谷川寿一（訳）(1999). 人が人を殺すとき 新思索社

ネシー, R. M. & 長谷川寿一 (2002). 抑うつははたして適応か？ 進化精神医学の見方 分子精神医学, 2 (2), 163-169.

ネシー, R. M. & ウィリアムズ, G. C. 長谷川眞理子・長谷川寿一・青木千里（訳）(2001). 病気はなぜ、あるのか 新曜社

オルコック, J. 長谷川眞理子（訳）(2004). 社会生物学の勝利 新曜社

## おわりに

　3名の編者それぞれが，基礎心理学と臨床心理学のよりよいコラボレーションを図るための「提言」をすることで，本書のしめくくりとしたいと思います．

**基礎心理学の門を叩いてください，そして研究者を叩き起こしてください**
　私は社会心理学を専攻しながら，心の健康の増進に社会心理学が活かせないかを考えてきました．心理臨床の実践に関する知識は浅いですが，それでももし私が役立てるとしたら，それは私が「悩みを解決する人」よりも「悩める人」の側に立ち，心理臨床を外部から考える立場にいるということでしょう．
　悩める人にとっては，専門家も非専門家もありません．自分の悩みが解決されることがまず大切です．そう考えると，「人間の心」を研究している基礎心理学の専門家と「心の問題」を扱う心理臨床の専門家とが協力しあえていない現状に，何か「もったいない」ように感じます．基礎と臨床が協力すれば，悩める人のニーズに応じた，多様な解決策が提示できると思います．
　本書は，基礎心理学の知見を心理臨床家に紹介し，役立ててもらうことを意図しました．しかし私は，基礎から臨床への一方通行のみを考えてはいません．臨床における問題や発見を基礎心理学に伝えるという方向性もあると思います．
　例えばグループワークをやっていてうまくいったとしましょう．よりよい実践のために重要なのは，成功した理由を経験則で終わらせず，科学的に考えていくことです．グループについては，社会心理学のテーマから考察可能です．心理臨床家が社会心理学を一から勉強するのは大変ですし，研究者の門を叩いてみてください．
　いまは，基礎心理学でも社会貢献が求められています．心理臨床家の方は日本心理学会などの基礎心理学系の学会へ参加して研究者と話してください．研究者も叩き起こされるはずです．お互いにとって「未知との遭遇」であり，「目から鱗」の経験をするでしょう．ぜひ，基礎心理学の門を叩いてください．お互いの発展を目指して，そして悩める人の福利のために．　　　（坂本真士）

## 一緒に心理臨床と心理学を進歩させましょう

　心理臨床のクライアントは，時に人生をかけています．私たち心理臨床家も人生をかけてお会いする必要があります．心理臨床を信じて来談したクライアントには，自分自身が信頼できる，そしてクライアントなる存在が必要としている心理的支援を提供するために努力することが，せめてもの誠意です．

　私にとって，Rogersの心理療法は治療関係の妙を，広義の力動的心理療法は二者関係の妙とクライアントの内界を，そしてユング心理学は臨床心理士もクライアントも言葉にできないほど大きな理の中に在ること，そしてその理といかに向き合うべきかを，教えてくれました．私は未熟で凡庸な臨床心理士ですが，これらの学問体系を指導してくださった先生方のおかげで，今日まで臨床生活を続けることができ，深く感謝しています．

　これらの学問体系は天才的な心理療法家のセンスに由来し，先達の心理臨床の経験から磨かれていますが，提供するものをさらに信頼できるように磨くこともクライアントへの誠意です．私たちは臨床心理士（clinical psychologist）という心理学者です．看板に忠実に，心理学者としてより確信と信頼が持てる心理療法を，クライアントに提供しようではありませんか．FreudやJungなどの天才的なセンスは確かに素晴らしく，尊敬に値しますが，現代の心理学の進歩はそれに匹敵する所見を実証的な根拠とともに提供してくれます．例えば第3章の第1・2節ではクライアントの意思を超えて反応する扁桃体の活動が示唆され，セラピストの表情の動きがそれを誘発することが示唆されています．心理学の進歩とともに心理臨床も進歩できるのではないでしょうか．

　私のキャリアは20年にも足りませんが，一度も飽きたことはありません．自分の未熟さが苦しかったことは何度もありますが，これからもずっとこの仕事が私を惹きつけると確信しています．ぜひ一緒に心理学と心理臨床の進歩に立ち会ってください．　　（杉山　崇）

## 基礎心理学へのラブコール――心理臨床家に「お宝」を分けてください

　私は，認知心理学の知見を認知行動療法にどう活かすか，ということをテーマに研究や発言を続けていますが，これまでに何度か残念な思いをしたことがあります．よく覚えているのは，とある学会のシンポジウムでの，ある高名な

認知心理学者の「日常認知研究は臨床にも役立つと思うが，どうせここには臨床の人は来ていないでしょ」という発言です．日常認知研究の最新の成果を臨床にどう活かせるだろうかとワクワクしながらその場にいた私は，その発言を聞いて，がっかりしたのと同時に，「心理臨床家でも，基礎研究にものすごく興味を持ち，臨床に活かしたいと考えている者がいますよ！」ということを，私たちのほうからもっとアピールしなければならないのだな，と痛感しました．本書の作成に私が参加した背景には，このような強い思いがあります．言ってみれば，基礎心理学の先生方に対するラブコールみたいなものです．

　認知心理学に限らず実証的な基礎心理学は，特にエビデンス・ベーストの心理療法（私の場合は認知行動療法ですが）を志向する心理臨床家にとっては，宝の山であると常々感じています．心理臨床家自身が，人間の心理の構造や機能について実証的な視点から理解するというのは，特に心理教育を中心とした臨床実践には不可欠ですし，そもそもエビデンス・ベーストを志向するのであれば，心理療法の基盤となる理論そのものが実証的な研究成果に支えられている必要があるからです．

　そういうわけで，今後も私は基礎心理学の世界に何とかくっついていって，「宝探し」を続けていきたいと思います．基礎心理学の先生方，こういう宝探しをしている者がいるということを知り，どうかこれからも私たちに様々な「お宝」を分けてください．大事に使わせていただきます．　（伊藤絵美）

＊

　今後，基礎心理学と臨床心理学の，いまより実りあるコラボレーションが実現することを私たち編者は心より願っており，またそのために多くの方々と対話を重ねていきたいと思います．そしてそのようなコラボレーションが，心理臨床のさらなる発展に貢献し，ひいては多くのクライアントやユーザーの幸福につながることを祈りつつ，本書を世に出したいと思います．本書が，ささやかながらもその一助になれば，私たちにとっては望外の喜びです．

2009 年 11 月吉日

編者一同

# 人名索引

## 和文

浦　光博　　　215, 218, 223, 224
小野浩一　　　67, 72
河合隼雄　　　114, 118
木村　敏　　　26
近藤邦夫　　　177
坂本真士　　　11, 202
佐藤方哉　　　66, 67, 71
杉山　崇　　　12, 27
戸川行男　　　7
中井久夫　　　26
成田善弘　　　26, 146
橋本　剛　　　222
久田　満　　　215
村瀬孝雄　　　10, 19, 20, 25, 27, 117, 177
安永　浩　　　26

## 欧文

Adolphs, R.　　40, 42
Alexander, F.　　118
Allport, G. W.　　159
Ayllon, T.　　99
Azrin, N. H.　　99
Baltes, P. B.　　127, 129, 131, 132, 147
Bandura, A.　　99
Beck, A. T.　　99, 115
Bower, G. H.　　202
Bowlby, J.　　135, 136, 139
Caplan, G.　　214, 218
Carver, C. S.　　195, 202
Cloninger, C. R.　　24, 159, 162, 163, 168, 177
Cobb, S.　　215, 217
Cohen, S.　　216–218
Costa, P. T. Jr.　　160
Duval, S.　　200
Ellis, A.　　99
Erikson, E. H.　　147
Eysenck, H. J.　　99, 159
Fenigstein, A.　　195
Freud, S.　　8, 135, 136

Gendlin, E. T.　　120
Gray, J. A.　　159
Hayes, L. J.　　75
Hayes, S.　　78
House, J. S.　　215, 217
Hyman, I. E. Jr.　　110, 111
Ingram, R. E.　　195, 198, 200
Ivey, A. E.　　88
Johnson, M. K.　　112
Jones, M.　　99
Jung, C. G.　　145
Klein, M.　　135
Köhler, W.　　99
Korchin, S. J.　　25
Lazarus, R. S.　　26, 218
Lehman, D. R.　　222
Lewin, K.　　191
Lindsay, D. S.　　109
Mazur, J. E.　　72
McCrae, R. R.　　160
Mikulincer, M.　　118
Neisser, U.　　103, 108
Norman, D. A.　　106
Ozonoff, S.　　80
Pavlov, I. P.　　98
Rogers, C. R.　　88, 117, 118
Roisman, G. I.　　140
Rotter, J. B.　　25
Sarason, I. G.　　217
Scheier, M. F.　　195, 202
Siegle, G. J.　　50, 51
Skinner, B. F.　　66, 67, 71, 76, 98, 99
Sullivan, H. S.　　25
Svrakic, D. M.　　168
Tolman, E. C.　　99
Waters, E.　　139
Watson, J. B.　　98
Werner, E. E.　　141
Witmer, L.　　8
Wolpe, J.　　99
Wortman, C. B.　　222

# 事項索引

## あ行

アイデンティティ　163
悪循環　87, 225
アスペルガー障害　79, 80
アセスメント　22, 52, 67, 68, 71, 74, 76, 106, 116, 144, 149, 176, 225, 228-230
アタッチメント　135, 138, 139, 146, 169, 220
　　――・スタイル　27, 140, 146, 178, 228
意識　198, 199
意思決定　192
異常心理学　20
依存　50, 238
遺伝　129, 130, 175, 182
いま・ここ　116, 149, 211, 231
イメージ　110, 112, 113
　　自己――　207, 213
ウェル・ビーイング　57, 133, 170, 172
うつ病　8, 26, 30, 49, 50, 77, 155, 208
エクスポージャー　70, 77
エビデンス　30, 65, 75, 99, 115, 119, 133, 175, 231
援助モデル　150
応用行動分析学　75, 89
オペラント行動　66

## か行

外言　67
外在化　59, 225
介入　74, 89, 143, 220, 222, 224
回避行動　73
カウンセリング　9, 147, 150, 210
科学者―実践家モデル　31
学習障害　8, 79
学習心理学　22, 98
確立操作　68, 74
学校臨床　84, 177
過敏性腸症候群　55
環境　130, 145, 175
　　――整備　76
観照　173
感情　36, 106, 118, 169

緘黙　69, 79, 84
記憶　104, 108, 116, 137, 198, 199, 201, 211
　　偽りの――　109, 113, 116, 118, 120
　　回復された――　109, 120
　　自伝的――　109, 113, 137
記憶結合エラー　118
記憶信念　111
気質　163, 166, 168, 169, 177, 178
記述モデル　116
基礎学　20, 21, 24, 25
基礎心理学　3, 19, 20
機能的磁気共鳴画像法（fMRI）　36
規範モデル　147
気分　36
気分一致効果　202, 205
気分障害　50
虐待　155
　　性的――　109, 113
客観化　59
強化刺激　71, 72
共感　174, 193, 212
　　――的理解　117, 148
協調　165, 168, 169, 173, 177, 178
強迫性障害　55, 70, 77, 227
クオリティ・オブ・ライフ　133
ケア　79, 138, 155, 215
系統的脱感作　58, 77, 99
原因帰属　192
言語行動　67
高機能自閉性障害　79, 80
攻撃　169, 189, 238
高次脳機能障害　54
後続刺激　66, 68
行動　65, 66
行動遺伝学　129, 161, 167
行動随伴性　66, 68, 89
行動分析学　65, 67, 70
行動変容評価　76
行動療法　77, 98, 115
コーピング　11, 138
個人差　47, 132, 141, 159

事項索引

個人内過程　189
コヒーレンス療法　170, 177
小人問題　37
孤立　206
コンプライアンス　69, 70, 74, 78

さ行

サイコパシー　50
罪障感　137
最適化　133
サポート　→ソーシャルサポート
　　──・ネットワーク　217
　　──源　217, 225
　　──の効果　226
参与観察　25
支援システム　85
支援の文脈　85
自覚状態　195, 197
刺激等価性　69
刺激般化　73
資源　92, 218
思考　104
自己開示　193, 203, 206
自己確証　205, 206
自己決定　77
自己志向　164, 168, 169, 178
自己成就的予言　170, 193
自己注目　11, 195, 208
　　──と抑うつの3段階モデル　11, 200–203, 209
自己超越　165, 179, 182
自己調整　197
自己洞察　163, 164, 203
自己没入　202, 203, 208, 209, 228
自己理解　226, 230
自殺　136, 238
事象関連電位　35
失感情症（アレキシサイミア）　55
実験心理学　3
実践的心理学　30
質的研究　119
自閉症スペクトラム障害　81
社会神経科学　42
社会心理学　22, 27, 189, 193, 207
社会性　132

社会的学習　99
社会的判断　41
社会不安障害　208, 209, 227
集合現象　190
修正感情体験　118, 178
縦断研究　135, 139–141, 202
集団行動　189
主観性　133, 135, 230
授業妨害　84
生涯発達心理学　127, 128, 132, 147, 150
情動　36, 53, 72
　　──制御　44, 46, 50, 138
　　──的刺激　40
衝動性　169
情報源　136
　　──識別　112, 113
情報システム　117
情報処理　103, 202
職能資格　31
所属欲求　220
心因性疾患　147
進化心理学　22, 129, 237
神経経済学　39
神経症　99
神経心理学　35
神経生理心理学　206
心身医学　55
心身症　58
心身二元論　37, 66
身体反応　42, 51
心的操作　112
心電図　36
信頼性　160, 165
心理教育　56, 59, 149, 208, 209, 226, 229
心療内科　54, 147
心理療法　52, 107
スキーマ　105–107, 111, 174, 198, 228
スキル獲得　75
スクールカウンセラー　150
ステレオタイプ　42, 46, 189
ストレス　26, 49, 109, 138, 155, 172, 178, 189, 218, 220, 222, 228
スピリチュアル　171, 174, 177
成育史　132
性格　163, 164, 168, 177, 178, 182

制御理論　195
精神病理学　120
精神分析　8, 119, 135, 142, 159, 193, 211
生態学的妥当性　108, 117, 121
成長モデル　144, 149
生物学的基盤　22
生物—心理—社会モデル　52, 175, 182, 207
生理心理学　35
摂食障害　77, 109, 203
セルフケア　78
セルフコントロール　56, 77
セルフモニタリング　74
セロトニン　48, 49, 55, 142, 163, 167
先行刺激　68, 70
前頭前野　44, 50, 53
想起　113
　再構成的――　111, 113
早期支援　81
双極性障害　52
ソウルフル　173
ソーシャルサポート　189, 206, 214, 215, 217, 220, 227, 230
　――のストレス緩衝効果／直接効果　219
　――の動員モデル／減衰モデル　221
ソーシャルスキル　69, 189, 206, 228
　――・トレーニング　77, 80
損傷研究　35

## た行

大うつ病　9, 51
対人関係　12, 84, 117, 140, 141, 189, 203, 216, 218, 224
対人不安　203
態度変容　193, 211
脱感作　69, 90, 99
妥当性　160, 161, 180
　外的基準連関――　161, 168
知能　132
注意　103
注意欠陥／多動性障害　71, 79, 80
治療関係　91
治療効果　31, 58, 77, 115
継時的安定性　161, 165
転移　146, 170, 178
電気生理研究　35

島　39
統合失調症　26, 155
逃避　73
トークン・エコノミー　99
ドーパミン　163, 166
特別支援教育　80
トップダウン処理　104
トラウマ　135-139, 148, 226

## な行

内言　67
悩みのない悩み　145
ナラティヴ　135
ニーズ　150
日常記憶　109
日常認知　108, 116
人間性心理学　119
認知　103, 198
　――の先行性　106
　――の普遍性　105, 116
　――的制約　137
認知機能　22
認知行動療法　24, 30, 31, 51, 53, 99, 115, 119, 171, 177, 182, 207, 210, 225, 230, 231
認知症　54
認知神経科学　35, 36, 55, 105
認知神経心理学　105
認知心理学　22, 103
認知発達　149
認知命題　198, 206
認知療法　99, 107, 115
脳科学　53, 59
脳機能画像法　36, 38
ノルエピネフリン　163

## は行

パーソナリティ　140, 159, 217, 228-230, 232
　――尺度　160
　――7次元モデル　163
パーソナリティ障害　8, 9, 26, 120, 168, 176, 177, 227
　境界性――　27, 176
パーソナリティ心理学　27, 159
パーソン・センタード・セラピー　119
パタン認識　103

発達　127, 146, 147, 155
　——的帰結　142
　——的適所の選択　130
発達障害　75, 120
発達心理学　127, 165
発達精神病理学　155
発達臨床心理学　150
パニック障害　9, 59, 70, 77, 208
場の理論　191
反社会的行動　141
万能感　137
被拒絶感　12, 229
ピグマリオン効果　121
非行　8, 71, 141, 191
被受容感　12, 206, 228
ヒステリー　8
皮膚伝導反応（SCR）　36, 70
ヒューマンサービス　65, 75
表情　40, 42, 45, 51
病理モデル　144
不安　58, 73, 169, 195, 200, 237
不安障害　9, 49, 77
フィードバック　68
副腎皮質刺激ホルモン　43
不適応　106, 193, 200, 211, 237
不登校　71, 76, 79, 84, 117, 144, 145, 147, 209
プラクシス　133
フラッディング　58
文化　191
分子遺伝学　129
分子生物学　166
分析　68, 73
扁桃体　37, 40, 48, 50
暴力　56, 141
ボトムアップ処理　104
ホメオスタシス　138, 212

## ま行

マインドフル　173, 174
見立て　25
ミラーニューロン　55
無意識　211

無気力　238
メタ認知　172, 174, 205, 229
メタ分析　140
面接　228, 229
メンタルヘルス　30, 155, 171
妄想　117, 195, 203
モデリング　58
問題解決　104

## や・ら・わ行

薬物療法　56, 169, 210
養育　155
陽電子放射断層撮影法（PET）　36
抑うつ　11, 27, 58, 109, 117, 142, 155, 169, 195, 200, 203, 237
予後的フォロー　143
予防　54, 59, 76, 143, 149
ライフサイクル　147
ラポール　69, 82
力動的アプローチ　26
リハビリテーション　54, 78, 79
利用可能性　138, 217, 221
リラクセーション　69, 98
臨床心理学　7, 31
ルール　70
レスポンデント行動　66, 72
論理療法　99, 107

## 欧文

Big Five 理論　160, 175
Cloninger 理論　175
DSM　9, 77, 168
EPQ　161
fMRI　→機能的磁気共鳴画像法
ISEL　217
MMPI　161
NEO-PI-R　160
PET　→陽電子放射断層撮影法
PTSD　8
SCR　→皮膚伝導反応
SSQ　217
TCI　162, 163, 175, 176, 178, 180

# 執筆者紹介 (執筆順, *は編者)

| | | | |
|---|---|---|---|
| 坂本 真士* | 日本大学文理学部教授 | はじめに，1，8-1，8-2，8-4，おわりに | |
| 杉山 崇* | 神奈川大学 人間科学部 准教授 | 1，2，5-3，6-3，7-3，8-6，おわりに | |
| 伊藤 絵美* | 洗足ストレスコーピング・サポートオフィス所長 | 1，3-3，5-3，7-3，8-3，8-6，おわりに | |
| 丹野 義彦 | 東京大学大学院総合文化研究科教授 | コラム1 | |
| 大平 英樹 | 名古屋大学大学院環境学研究科教授 | 3-1，3-2，3-4 | |
| 加藤 敬 | こども心身医療研究所・診療所主任臨床心理士 | 3-3，4-3，6-3，8-3 | |
| 津田 彰 | 久留米大学文学部教授 | 3-4 | |
| 山本 淳一 | 慶應義塾大学文学部教授 | 4-1，4-2，4-3，4-4 | |
| 前田 泰宏 | 奈良大学社会学部教授 | 4-4 | |
| 福井 至 | 東京家政大学人文学部教授 | コラム2 | |
| 高橋 雅延 | 聖心女子大学文学部教授 | 5-1，5-2，5-4 | |
| 末武 康弘 | 法政大学現代福祉学部教授 | 5-4 | |
| 遠藤 利彦 | 東京大学大学院教育学研究科准教授 | 6-1，6-2，6-4 | |
| 青木紀久代 | お茶の水女子大学大学院人間文化創成科学研究科准教授 | 6-4 | |
| 菅原ますみ | お茶の水女子大学大学院人間文化創成科学研究科教授 | コラム3 | |
| 木島 伸彦 | 慶應義塾大学商学部准教授 | 7-1，7-2，7-4 | |
| 津川 律子 | 日本大学文理学部教授 | 7-4 | |
| 深津千賀子 | 大妻女子大学人間関係学部教授 | 8-4 | |
| 福岡 欣治 | 川崎医療福祉大学医療福祉マネジメント学部准教授 | 8-5，8-7 | |
| 西井 克泰 | 武庫川女子大学文学部教授 | 8-7 | |
| 長谷川寿一 | 東京大学大学院総合文化研究科教授 | コラム4 | |

臨床に活かす基礎心理学

2010年3月30日　初　版

［検印廃止］

編　者　坂本真士・杉山　崇・伊藤絵美

発行所　財団法人　東京大学出版会

代表者　長谷川寿一

113-8654　東京都文京区本郷 7-3-1 東大構内
http://www.utp.or.jp/
電話 03-3811-8814　Fax 03-3812-6958
振替 00160-6-59964

印刷所　株式会社三秀舎
製本所　株式会社島崎製本

© 2010 Sakamoto, S., Sugiyama, T., & Ito, E., editors
ISBN 978-4-13-012104-0 Printed in Japan

R〈日本複写権センター委託出版物〉
本書の全部または一部を無断で複写複製（コピー）することは，著作権法上での例外を除き，禁じられています．本書からの複写を希望される場合は，日本複写権センター（03-3401-2382）にご連絡ください．

## 心理学 ［第3版］
鹿取廣人・杉本敏夫・鳥居修晃［編］　A5判・364頁・2400円

心理学の全体像を見通し，体系立てて学べるテキストが待望の全面改訂！構成・記述を徹底整理，相互参照を充実し，知覚・障害・脳科学を中心にトピックを刷新．概要をつかみたい初学者から，ポイントをしぼって復習したい大学院受験者まで対応．

## 自分のこころからよむ臨床心理学入門
丹野義彦・坂本真士　A5判・208頁・2400円

「自分のこころ」への興味・関心を臨床心理学につなげ，広げるテキスト．抑うつから，対人不安，統合失調症まで，実際の心理テスト（尺度）に，自分で答えながら生きたこころを研究する方法を学ぶ．

## 臨床社会心理学
坂本真士・丹野義彦・安藤清志［編］　A5判・272頁・3800円

個人から，対人関係，集団，コミュニティまで――臨床心理学が活躍の場を広げる中，不適応発生のメカニズム，適応上の問題，適応を高めるための介入への社会心理学の応用可能性を示し，相互循環的な協働をめざす．

時代の要求に即応した決定版入門テキストシリーズ

## 臨床心理学をまなぶ〈全7巻〉
下山晴彦［編］　A5判・平均240頁・各巻2400～2800円

第一人者が，イラストや実践を視野に入れた事例を多用して，まる一冊をわかりやすく書き下ろし，学部生にも対応．生物―心理―社会モデルや，エビデンスベイスト・アプローチ，協働と専門性の問題など，これからの時代を見すえたテーマを扱い，現場で働く心理職のまなび直しにも有効．

1　これからの臨床心理学　　下山晴彦
2　実践の基本　　下山晴彦
3　アセスメントから介入へ　　松見淳子
4　統合的介入法　　平木典子
5　コミュニティ・アプローチ　　高畠克子
6　質的研究法　　能智正博
7　量的研究法　　南風原朝和

ここに表示された価格は本体価格です．ご購入の際には消費税が加算されますのでご了承ください．